KB152649

프레너미

FRENEMY

FRIEND+ENEMY

영원한 친구도 영원한 적도 없는 국제 관계

프레너미

한국의 신좌표 : 미국인가 중국인가

박한진 | 이우탁 지음

틔움

문정인   연세대학교 정치외교학과 교수

'중국의 부상' 이는 더 이상 허구가 아니라 엄연한 현실이다. 미국과 중국 관계가 21세기 최대의 국제 정치 화두로 등장한 것도 바로 중국의 급격한 부상 때문이다. 중국의 부상은 여러 가지 의문점을 제기하고 있다. 미·중 간에 세력 전이가 이루어지고 있는가? 그러한 세력 전이가 평화롭게 이루어질 수 있을까? 아니면 이 두 국가의 충돌은 피할 수 없는 것일까? 헨리 키신저가 주장했던 G-2 라는 미·중 양두 지도 체제bigemony는 현실적으로 가능할까? 미·중 경합 구도에서 한국은 어떤 전략적 선택을 해야 하는가?

저명한 중국 정치 경제 전문가로 코트라에서 중국 관련 연구와 기업 현장 지원 업무를 맡아왔던 박한진 박사와, 중견 언론인으로 상하이 및 워싱턴 특파원을 지낸 연합뉴스 이우탁 부장이 엮어낸 이 대담집은 이런 의문점들을 이론과 실제의 절묘한 절충을 통해 시의적절하고도 설득력 있게 규명해내고 있다. 이 책은 단순한 대담집이 아니다. 대담의 형식을 빌려 미·중 관계의 변화를 심층적으로 파헤치는 연구서이자 살아 있는 현장 르포라 하겠다.

이 책은 3부로 구성되어 있다. 제1부에서는 미·중 관계를 프레너미frenemy(친구friend와 적enemy의 합성어)로 규정하며 우호와 적

대의 양분법적 시각으로 미·중 관계를 봐서는 안 된다고 경고한다. 제2부에서는 '미국의 시각으로 본 중국, 그리고 중국의 시각으로 본 미국'을 교차 조명하면서 미·중 관계의 현재와 미래를 생동감 있게 그려냈다. 마지막으로 제3부에서는 미·중 간 패권 경합 구도에서 한국이 나아가야 할 좌표 설정의 방향을 구체적으로 제시한다. 여기서 저자들은 '미국과 중국 가운데 선택해야 한다는 생각'을 접고 한국의 실정에 맞는 순발력 있고 경쟁력 있는 외교 전략을 구사해야 한다는 결론을 내리고 있다.

최소한 다음 네 가지 이유로 이 대담집을 강력히 추천한다. 첫째, 분석적 성찰이 돋보이기 때문이다. 저자들은 순수 학자들이 아님에도 불구하고 미·중 관계에 대한 방대한 문헌들을 섭렵, 소화하여 최근까지의 이론적 추세를 간결하게 정리해내고 있다. 결코 쉬운 작업이 아니다. 둘째, 경험적 탐구와 현장 감각이 돋보이기 때문이다. 정치, 경제, 안보, 역사를 통섭한 저자들의 식견에 놀라울 뿐이다. 참신하고 풍부한 중국 관련 경험적 분석 자료를 제시하고 브렉시트Brexit, 사드THAAD 등 최근 쟁점들까지 심도 있게 다루고 있는 점도 이 책이 지닌 강점이다. 셋째, 우리의 미래 좌표 설정과 관련하여 정책적 함의가 넘쳐나는 대담집이기 때문이다. 마지막으로 무거운 주제를 아주 간결한 필체로 예리하게 파헤치는 역저이기 때문이다.

미·중 관계뿐 아니라 국제 정치 일반, 그리고 한반도와 동북아에 관심 있는 모든 독자에게 강력히 권하고 싶은 필독서다.

공로명   동아시아재단 이사장, 전 외무부 장관

세계 최강의 미국과 무섭게 떠오르고 있는 중국은 과연 충돌할 것인가, 아니면 협력을 통해 새로운 국제 질서를 만들어낼 것인가.

최근 한국은 물론 전 세계가 두 나라의 관계 설정 방향에 큰 관심을 갖고 있다. 지정학적으로 미국, 중국, 일본, 러시아라는 4대 강국 사이에 놓여 있는 한반도의 미래는 주변 강국과의 관계를 어떻게 맺어나가느냐에 달려 있다는 사실은 삼척동자도 아는 일이다.

한반도는 역사적으로 강대국과의 관계를 통해 발전했고, 이들의 영향력을 어떻게 활용하느냐에 따라 흥망성쇠를 거듭해왔다. 이 책은 현재의 권력인 미국과 미래의 권력인 중국에 대한 이해를 높여줄 뿐 아니라, 이들과의 생산적이고 효율적인 관계 구축을 통해 한반도가 나아갈 방향을 제시한다. 적절한 시기에 나온 유용한 책이다.

이우탁 기자는 내가 23년 전 외무부 장관으로 있었던 시절부터 알고 지낸 사이다. 그는 2003년부터 3년간 중국 상하이에서, 그리고 또 2011년부터 3년간 워싱턴에서 연합뉴스 특파원으로 활동하며 세계 정치 무대의 중심지에서 국제 관계를 관찰해왔다. 언론인으로서 특별한 경험을 한 셈이다. 박한진 박사도 홍콩과 상하이,

베이징을 거쳐 지금은 대만에서 중국을 분석하는 업무를 하고 있고, 미국 워싱턴에서 방문연구원으로 미·중 관계를 연구하는 등 양국을 오가며 풍부한 경험을 했다.

이렇듯 저자 두 사람은 중국과 미국을 현장에서 오랜 기간 체험했을 뿐 아니라, 학문적 분석의 틀도 갖추고 있으므로 미국과 중국에 관한 이야기를 쉽게 풀어낼 수 있는 적임자다.

감정적 판단은 모든 일을 그르친다. 이 책은 그러한 역사적 교훈과 사실을 기반으로 한 냉철한 분석을 통해 한반도를 둘러싼 국제 정세를 알기 쉽게 정리했다. 또한 모든 선입견과 편견을 거두고 미국과 중국의 전략을 파헤침으로써 한국이 나아갈 방향을 말하고 있다. 특히 이 책에서 미·중 관계를 상징적으로 표현하는 프레너미(어떨 때에는 서로 싸우지만 어떨 때에는 서로 돕는 친구Friend이자 적Enemy) 개념은 현대 국가 간의 복잡한 관계를 이해하는 데 큰 도움을 준다.

한미 동맹의 가치를 최우선적으로 지켜나가면서도 중국과 바람직한 관계를 유지해야 하는 시대적 과제를 적절히 지적한 책이다. 한국의 실정에 적합한 순발력과 경쟁력 있는 외교 전략이 절실히 요구된다는 저자들의 지적에 전적으로 동감하는 바다.

많은 독자들에게 일독을 권한다.

오준   주유엔 대사

세상에서 일어나고 있는 일을 분석하고 설명하고 전망하는 것은
쉬운 일이 아니다. 특히 요즈음처럼 세계가 좁아지고 온갖 정보를
누구나 쉽게 접할 수 있는 시대에는 더욱 그렇다. 과거 미국을 가
본 한국인이 별로 없던 시절, 미국에 가본 사람은 그 경험만 갖고
도 미국에서 일어나고 있는 일에 대해 권위 있는 설명을 할 수 있
었다. 그러나 그런 시절은 이미 오래전에 지났다. 이제는 어떠한
현상이든지 전문가의 분석과 전망이 필요하다.

 박한진 박사와 이우탁 부장이 함께 집필한 이 책은 현재 세계
이목이 집중되고 있는 미국과 중국의 관계 변화를 전문가적 시각
에서 가장 잘 설명하고 있다. 그 경력에서 알 수 있듯 두 저자는
미국과 중국을 진지한 학문의 대상으로, 삶과 일의 터전으로, 취
재와 연구의 대상으로, 그리고 일반인들에게 제시할 수 있는 교훈
의 원천으로 다뤄왔다. 책 전반에 걸쳐 오늘의 미국과 중국을 만
든 역사와 국제 관계, 그리고 국내외적 변화 등을 포괄적이고 예
리하게 분석하고 진단했다.

 특히 이 책은 최근 사드 배치 문제를 계기로 본격화된 한국의
대미, 대중 관계에 대한 국민적 토론에 중요한 참고서이자 지침서

가 될 것이다. "우리는 미국과 중국 사이에서 어떤 선택을 해야 하나?" 또는 "미·중의 대결 구도에서 미래는 어느 쪽의 편인가?" 등과 같은 의문을 가져본 모든 이에게 생각의 폭과 깊이를 더해 주는 데 큰 도움이 된다.

두 저자의 대화 형식으로 전개되는 책 내용은 일방적인 내레이션보다 쉽게 읽히고, 특히 양면성이 있거나 입체적 분석이 필요한 문제들을 효과적으로 설명하고 있다. 물론 모든 문제에 간단명료한 답을 바라는 독자에게는 성에 차지 않을 수 있겠지만, 지나친 흑백논리가 사회의 건강한 대화와 토론을 어렵게 만드는 경우를 흔히 목격하는 상황에서 대화 형식은 오히려 고무적이다.

미·중 관계를 포함한 세상의 모든 일에 절대적이고 단정적인 설명처럼 위험한 것은 없다.

김부겸
국회의원, 기획재정위원회 위원

중국몽中國夢과 미국의 비전Pivot to Asia이 아시아에서 충돌하고 있다. 두 강대국은 이미 아시아로 눈을 돌린 지 오래다. 미국의 아시아 회귀 정책과 중국의 꿈은 경제와 안보에서 아시아가 세계의 중심이 되고 있음을 여실히 보여준다.

그럼에도 한국에는 중국몽과 미국의 비전을 제대로 이해하고 있는 사람이 많지 않다. 역사가 증명하듯 한국은 주변 강대국과 떼려야 뗄 수 없는 관계를 맺고 있다.

지금 이 시점, 우리에게는 미·중 관계에 대한 냉철한 인식과 이를 바탕으로 한 현명한 생존 및 발전 전략이 필요하다. 최근 동북아 최대 현안이 된 사드 논란에서 보듯 한국은 이제 미국과 중국 사이에서 전략적 선택을 해야 하는 상황이다.

한국의 좌표 설정은 미국과 중국의 전략과 목표를 정확하게 이해하는 데서 시작해야 한다. 이 책은 상하이와 워싱턴 특파원을 지냈던 언론인과 30년 동안 중국을 연구해온 전문가의 대담을 통해 미국과 중국의 전략적 속내를 잘 파헤치고 있다.

특히 프레너미라는 틀로 양국 관계를 규정한 것은 매우 인상적이다. 그런 틀에서 이 책은 미국과 중국의 대아시아 미래 전략을 합리적으로 추론하며, 한국의 대 미국과 중국의 경제 및 외교 전략 수립에 큰 도움을 준다.

　이우탁 기자는 20여 년 전 내가 민주당 부대변인 시절부터 인연을 맺어 고비고비마다 진지한 토론을 해온 호형호제 사이다. 박한진 박사는 내가 워싱턴 DC 존스홉킨스대 국제관계대학원SAIS 방문연구원으로 활동한 바로 다음에 SAIS 방문학자로 체류했는데, 우리는 같은 연구실과 책상을 쓴 인연이 있다. 워싱턴에서 미국과 중국 관계에 대해 얼마나 진지한 고민을 했을지, 그의 체온을 느끼며 나도 같은 주제를 천착했던 기억이 있다.

　마지막으로 현명한 외교 전략을 수립하는 과제로 정치 지도자들의 역할을 강조한 대목에서는 나 자신 옷깃을 여미게 된다. 독자들도 함께 고민할 문제다.

나경원

국회의원, 전 외교통일위원회 위원장

미국은 우리에게 가장 중요한 '생존 동맹'이다. 해방 이후 현재까지의 역사가 이를 잘 말해준다. 어떤 일이 있어도 한미 동맹이 흔들려서는 안 된다. 중국은 우리의 이웃이다. 어느덧 세계 2위의 강국으로 성장해 최강대국인 미국도 신경 쓰는 존재가 됐다. 생존 동맹도 중요하지만 이웃과 불편해서는 우리의 삶이 편치 않을 것이다.

중국과 미국이라는 두 강대국 사이에서 한국의 선택은 점점 어려워지고 있다. 한국의 현명한 선택과 전략이 중요한 시기에 적절한 책이 나왔다. 우리의 목표는 한반도 비핵화이고 궁극적으로 분단의 해소, 새로운 단계로 도약하는 대한민국이 돼야 한다는 저자들의 지적에 동의한다.

최근 사드 논란으로 미국과 중국 사이에서 한국이 선택을 강요당하는 듯한 상황에 처해 있는데, 어떤 경우에도 미·중 미사일 전략 게임에 우리가 어설프게 말려들어서는 안 된다. 중국에는 한미 동맹을 흔들 생각은 절대 해서는 안 될 것이라고, 북핵 문제가 해결되면 언제든 사드는 철수할 무기 체계라고 강조해야 한다. 미국에도 '중국 포위 전략'에 한국을 이용하는 상황을 연출해서는 안 된다는 점을 분명히 해야 한다.

사드 문제가 부각돼 미국과 중국 관계가 마치 과거 미국과 소련 간 냉전과 같은 물리적 대결 국면으로 치달을 것 같다는 인식이 퍼져 있지만, 미국과 중국 관계의 속성을 자세히 들여다보면 상호 의존적임을 잘 알 수 있다.

과거 국회 외교통일위원장 시절 미국과 중국 정부의 핵심 인물들을 만나보니 그들 역시 어느 한 국가도 절대적인 국제사회 영향력을 행사하기가 점점 어렵다는 것을 잘 알고 있었다. '친구인 듯하지만 적도 될 수 있다'는 것은 시대를 초월한 진리다. '프레너미의 틀'은 미국과 중국 관계를 이해하고 한국의 향후 역할을 제시하는 데 유용한 개념이다.

이 책은 이런 핵심을 꿰뚫고 있다. 또 미국과 중국을 두루 경험한 저자들이 내용을 이해하기 쉽게 전하고 있다.

세계 최강대국 미국과 부상하는 강국 중국이 '세기의 만남'을 하던 때, 한국의 미래를 이끌 전략이 무엇인지를 놓고 워싱턴에서 이우탁 부장과 벌였던 토론은 내게 소중한 경험이었다. 정치 지도자들의 현명한 역할을 당부하는 두 저자의 대담 마지막을 보면서 새삼 마음가짐을 새롭게 한다.

강대국에 의해 우리의 운명이 결정되었던 역사의 우를 반복하지 않기 위해 미·중 사이에서 우리의 공간을 넓히는 지혜를 이 책에서 얻으려 한다.

원희룡   제주지사, 전 외교통상통일위원회 위원장

제주 해군 기지(민군 복합형 관광 미항) 건설을 놓고 미국과 중국까지 개입된 큰 논란을 겪으면서 한반도의 지정학적 숙명을 고민한 적이 한두 번이 아니다. 최근의 사드 논란도 그 연장선에서 이해할 수 있다.

'청정 제주'에 와본 사람들은 대번에 느끼겠지만 넘쳐나는 중국 관광객, 그리고 그들의 투자는 이미 제주 경제를 좌우할 큰손이 돼 있다. 제주를 넘어 한국 전체가 마찬가지다. 세계 최강대국인 미국과 부상하는 중국이 충돌할 것인지 협력할 것인지는 이미 미래 한국의 방향을 결정할 핵심 요소가 됐다.

부국강병에 실패한 조선이 열강의 틈바구니에서 시달리다 어떻게 식민지로 전락했는지 역사가 말해주고 있다. 이제 다시는 슬픈 전철을 밟아서는 안 된다. 그런 의미에서 이 책은 미국과 중국, 그리고 한국의 선택에 대한 진지한 고민을 하게 해준다는 의미가 있다.

이우탁 부장과의 인연은 시간을 한참 거슬러 올라간다. 이 부장이 2003년 중국 상하이 초대 특파원, 2013년 미국 워싱턴 특파원을 하는 과정에서 함께 소주잔을 기울이며 한미, 한중 관계는 물

론 국내 현안들에 관해 폭넓은 대화를 나누던 추억을 안고 있다.

특히 이 부장의 워싱턴 특파원 시절, 가족까지 함께 모여 멀리 이국에서 애국심에 불타 대한민국의 미래를 이야기하며 하얗게 밤을 새운 기억은 평생 잊을 수 없다. 특파원으로 중국과 미국의 속살까지 들여다보며 국제 관계에 대한 이해를 심도 깊게 넓혀온 이 부장이 평생을 중국 연구에 천착해온 박한진 박사와 함께 흥미로운 책을 냈다.

대한민국은 더 이상 '미국이냐 중국이냐'는 식으로 어느 한쪽을 선택해야 하는 단순한 외교의 틀을 넘어섰다. '국익'을 위해 다층적이고 4차 방정식 같은 동아시아 외교 및 안보 관계를 고민하는 요즘 가장 적절한 내용이 아닌가 생각된다.

그런 의미에서 이 책은 미국과 중국, 그리고 한국의 선택에 대한 진지한 고민을 던진다. 아무쪼록 프레너미인 미·중 관계를 잘 이해하고 대비해서 양국 관계가 좀 더 우호적인 방향으로 나아갈 수 있도록 한국이 큰 역할을 하고, 이를 통해 한반도 비핵화를 넘어 통일의 디딤돌이 되길 바란다.

남경필

경기도지사, 전 외교통상통일위원회 위원장

프레너미frenemy. 서로 협력할 동기를 갖고 있으면서도 필연적으로 경쟁할 수밖에 없는 관계를 묘사한 말로, 1990년대 이후 미국과 중국 관계를 묘사하는 데 이보다 더 함축적인 단어는 없다. 글로벌 정치·경제·군사 질서의 재편을 둘러싼 미·중 간의 복잡미묘한 관계는 지금도 진행 중이다. 아니, 그동안 진행되어온 협력과 경쟁의 이중 구조는 서막에 불과할지도 모른다. 세계화·정보화의 급속한 진행, 인공지능AI과 증강현실AR 등 4차 산업혁명의 새로운 세계는 그 자체가 이를 지탱할 수 있는 신질서의 수립을 필요로 한다.

이러한 신질서 수립 과정에서 한국의 좌표를 제대로 정립하는 것이야말로 우리 미래와 국운을 좌우하는 것이다. 미국의 신고립주의 정책 강화, 중국의 일대일로 추진, 북한의 핵 실험과 내부 균열의 조짐 등은 더 이상 전문가들만의 관심 영역이 아니다. 사드 배치를 둘러싼 미·중의 신경전, 그리고 한중의 미묘한 기류가 이어지면서 기업인뿐 아니라 한류, 관광업계 종사자, 때로는 '유커'를 상대하는 국내 상인들까지도 그 파장에 촉각을 곤두세우고 있다.

그러기에 미·중의 각축 요소를 적절히 완화하면서도 협력을 극대화할 수 있는 방안은 이제 모든 한국인의 관심 사항이 되었다. 이에 대한 적절한 답을 얻기 위해서는 무엇보다 편향되지 않으면서도 동시에 이해하기 쉬운 자료들이 있어야 한다. 유감스럽게도 이 두 가지를 모두 갖춘 서적은 그리 많지 않았다. 한국 내에서도 대표적인 중국 경제통이라고 할 수 있는 박한진 박사와, 상하이·워싱턴 특파원을 동시에 경험한 언론계의 베테랑 이우탁 부장이 의기투합해서 출판한 대담집인 이 책은 가뭄 끝의 단비처럼 반갑다.

대담 형식 자체가 독자들을 빨아들이는 힘이 있고, 여기에 더해 무거운 주제들을 이해하기 쉽게 해석하면서도 수준 이상의 전문적 식견이 책에 담겨 있다. GDP의 다양한 개념을 소개하면서 슈퍼마켓 주인의 종업원 고용을 예로 든 재치에서 나타나듯 실생활의 일화를 응용한 다양한 설명에는 절로 무릎을 치게 만든다. 책 곳곳에 제시된 통계 자료와 관련 전문가 발언 역시 위치 선정과 배열이 최적화되어 있다. 나 또한 국회 외교통상위원장과 경기도지사로서 주변국의 차세대 정치인들과 수년간 다양한 교류를 하면서 현장에서 느낀 점들을 이 책을 보며 정리할 수 있었다.

누구나 밤길 걷는 것을 두려워한다. 어둠이 주는 불분명함과 예측 불가능성 때문이다. 그러나 밤이 되는 것을 막는 것은 인간 능력 밖의 일이다. 미래를 예측하는 일, 더욱이 복잡한 미·중 관계를 제대로 바라보는 일은 밤길을 걷는 것과 비슷하다. 그러나 손전등 하나만 있어도 컴컴한 밤에 목적지를 찾는 일이 그리 어렵지 않다. 이 책은 손전등과 같다.

미국과 중국을 바라보는 새로운 눈

지금부터 45년 전인 1971년 7월. 헨리 키신저는 극비리에 중국
을 찾아 닉슨 대통령의 방중(1972년)과 미·중 수교(1979년)의 첫
단추를 끼운다. 미국과 중국이 공생 관계에 들어간 배경이다. 이
후 두 나라는 꽃과 벌이 되어 주거니 받거니 하며 잘 지냈다. 충돌
은커녕 갈등도 없어 보였다. 미국의 동맹으로 출발한 한국은 한중
수교(1992년)를 분수령으로 25년 동안 중국과도 잘 지냈다. 한국
과 미국, 중국이 서로 복잡하게 얽힐 일이 없었다.

　세 나라 사이에는 경제적으로 환상적인 가치사슬이 작동했다.
한국이 중국으로 원부자재를 수출하면 중국은 이를 가공해 미국
시장에 내다 팔았다. 미국이 있어 중국의 수출이 늘었고, 그런 중
국이 있어 한국의 수출이 늘어난 것이다. 중국은 번 돈을 아껴 미
국 국채를 사 모았고 미국은 그 덕에 경제에 대한 걱정을 덜 수 있
었다.

　정치적으로도 호흡이 맞았다. 중국은 미국이 짜놓은 국제 질서
를 순순히 받아들였다. 미국이 세계 곳곳에 영향력을 미치는 개입
주의 외교 정책과 워싱턴 컨센서스Washington Consensus로 유일
패권 국가를 자처했지만 중국은 전혀 토를 달지 않았다.

"세상은 나뉜 지 오래면 합치고, 합친 지 오래면 나뉘는 법"이라는 말이 있다. 왕조의 흥망성쇠와 이합집산을 그려낸《삼국지연의》의 첫 구절이다. 세상이 합치거나 나뉠 때 강대국들은 친구가 되기도 하고 적이 되기도 한다. 그렇게 하며 새로운 질서가 만들어진다. 예전 같지 않은 기존 강대국 미국과 떠오르는 신흥 강대국 중국이 바로 그런 시점에 서 있다. 역사상 처음 겪는 일이다. 신대륙 발견 이후 동서양 역사가 한 공간으로 연결되고 나서 처음으로 동서양을 대표하는 강국이 맞붙는 시의성도 있다.

두 나라 모두와 떼려야 뗄 수 없는 관계를 맺고 있는 한국은 고민이 깊다. 두 나라 사이에 잘못 끼면 자칫 고래 싸움에 새우 등 터지거나,《오즈의 마법사》에서처럼 회오리바람에 날아가 버릴 수도 있다. 미국과 중국은 친구인지 적인지 모호할 뿐 아니라 앞으로 과연 어떤 새로운 질서가 생겨날지 가늠하기도 어렵다. 한국과 미국, 중국의 '세 나라 이야기'가 중요한 이유다.

우리가 대담집을 엮어보기로 한 것은 이런 배경 때문이다. 문제를 올바르게 풀기 위한 실마리는 세 가지라고 생각했다. "미국과 중국은 충돌할 것인가, 협력할 것인가?" "미국과 중국은 서로를 어떻게 생각하고 있는가?" "한국의 좌표는 어떻게 잡을 것인가?"

미국과 중국 문제를 다룰 때 중요한 것은 다양하고 오랜 경험이며, 그보다 더 중요한 것은 한쪽으로 기울지 않는 시각이라고 믿는다. 한국의 국제 관계를 보며 늘 아쉬웠던 점이 있다. 관료와 기업인들 중에 미국 경력자들은 미국 논리에 갇히고 중국 경험자들은 중국 논리에 갇히곤 한다. '워싱턴 스쿨'이니 '베이징 스쿨'이니 하는 얘기가 그래서 나온 것이다. 일반인들은 보수와 진보의 진영 논리에 따라 미국 혹은 중국을 선택하는 습관도 보인다. 정치 전문가는 정치의 눈으로만 보고, 경제 전문가는 경제만 보려는 경향이 있다. 이렇게 해서는 한국의 발전과 번영, 한반도 국운의 윤곽을 좌우하게 될 미국과 중국 관계를 절대로 제대로 가져갈 수 없다고 생각한다.

우리 두 사람은 2003년 연합뉴스 상하이 특파원과 코트라 KOTRA 중국 전문가로 일하며 처음 만났다. 후진타오 체제가 막 출범하던 당시 중국은 그야말로 욱일승천의 기세로 성장했다. 한국에서도 중국에 관한 호기심이 폭발했던 시기라 현지에서 쓸 거리와 분석 거리가 참 많았다. 자연스럽게 많은 대화를 나눴다.

그 후 10여 년간 서울과 베이징을 오가며 많은 교류를 했다. 2013년에는 다시 워싱턴에서 특파원과 미국 존스홉킨스 대학원의 국제관계대학원SAIS 방문학자로 만났다. 그사이 중국은 세계 초강대국인 미국이 가장 신경 쓰는 또 다른 강대국으로 성장했다.

우리는 그동안 각자 쌓아온 경험을 바탕으로 새로운 도전을 해보기로 했다. 우선 선입견을 철저하게 걷어내고 팩트를 중심으로 미국과 중국을 들여다보았다. 두 나라의 관계를 과연 어떻게 인식할 것인지, 두 나라의 현실적이고 잠재적인 갈등 요인은 무엇이며, 나아가 미래 대전략은 어떻게 구사하고 있는지 등을 통해 미국과 중국의 충돌 가능성을 짚어보았다.

다음으로 우리는 미국의 눈으로 중국을 보려고 했고, 중국의 눈으로 미국을 보려고 했다. 엄청나게 넓고 깊은 양국 관계를 빅 퀘스천big questions이라는 큰 틀에서 핵심을 파헤쳐 보았다. 이를 바탕으로 미국은 무엇을 착각하고 있는지, 중국은 과연 강대국에 걸맞는 위상을 갖추고 있는지에 대해 깊이 있는 분석을 시도했다. 특히 역사상 최대 규모의 구조조정을 진행 중인 전환기의 중국 경제에 대해서는 새로운 각도로 접근해보았다. 이런 일련의 과정을 통해 우리는 미래 한국의 신좌표 설정을 위한 과제들을 조심스럽게 내놓았다.

우리 두 저자가 각자 쌓아온 경험은 이번 대담집을 구성하는 데 큰 도움이 되었다. 박한진 박사는 정치경제학을 바탕으로 중국에서 기업관리학을 공부했고, 코트라에서 기업 현장 지원 업무를 하며 일본과 미국의 대표적인 싱크탱크에서 객원연구원과 방문 학자로 일한 경험이 있다. 이우탁 부장은 대학에서 중국 현대사를 공부한 뒤 미국에서 같은 전공으로 대학원을 다녔다. 우리나라 언론인으로는 처음으로 상하이 특파원과 워싱턴 특파원을 동시에 경험하며 두 강대국의 현장을 누볐다. 미국이 바라보는 중국, 중국이 의식하는 미국의 양면을 현장에서 체험한 두 사람은 '특혜에 대한 보답'을 하는 마음으로 이번 대담에 임했다.

우리는 이 대담집이 독자들에게 이전과는 다른 새로운 차원의 미·중 관계 지식과 시각을 전할 것으로 기대한다. "발견을 위한 진정한 여행은 새로운 땅을 찾아 떠나는 것이 아니라 새로운 눈으로 세상을 바라보는 것이다." 프랑스 대문호 마르셀 프루스트는 우리에게 이전과는 다른 눈으로 미국과 중국을 바라볼 것을 요구한다.

끝으로 이 대답집에 추천사를 써주신 문정인 연세대 교수님, 오준 유엔 대사님, 공로명 전 외교통상부 장관님, 김부겸 의원님, 나경원 의원님, 원희룡 지사님, 남경필 지사님(추천사 도착순)께 깊은 감사의 말씀을 드린다. 미국과 중국 관계에 대해 고민과 토론을 함께했던 이 분들의 추천으로 이 책이 빛을 발하게 되었다.

PART 1

미국과 중국은 충돌할 것인가

PART 2

미국에서 본 중국, 중국에서 본 미국

PART 3

한국의 신좌표

미국과 중국은
충돌할 것인가

FRENEMY

FRENEMY

01

적도 친구도 아니라면

프레너미

이우탁 미국과 중국 관계는 그 자체로 국제 관계를 의미합니다. 우리의 대화를 미·중, 중·미 관계가 친구 관계인지 적대적 관계인지 이야기하는 것으로 시작하면 좋겠습니다. '프레너미frenemy'라는 말이 있습니다. 친구friend와 적enemy의 합성어죠. 이 단어는 겉으로는 공동의 이익과 협력을 추구하면서도 안으로는 칼을 갈고 있다는 어감이 강합니다. 어떤 때는 적이었다가 또 어떤 때는 서로 돕는 관계를 말하기도 하고요. 이 말은 개인적인 인간관계에서도 쓰이고 경제적 관점에서 삼성과 소니, 삼성과 애플, 또는 구글과 애플의 관계를 설명할 때 사용되기도 합니다.[1]

박한진 흔히 미국을 현재의 권력이라고 하고 중국을 미래의 권력이라 표현하죠. 프레너미는 '친구인 척하는 적an enemy pretending to be a friend', '친구인데 라이벌인 관계a friend but also a rival'로도 표현할 수 있습니다. 우리가 이번 책을 기획할 때 이 부장이 처음 제기한 용어가 바로 프레너미였지요. 미국과 중국의 현재와 미래를 프레너미의 관점에서 들여다보고 우리의 좌표를 찾아보자고 한 것에 깊이 공감했습니다. 그래서 이 대담집이 나오게 된 것이고요.

이우탁 프레너미라는 단어가 한국에서는 다소 생소하지만 국제 관계에서 본격적으로 사용된 것은 오래전부터입니다. 1953년 미국의 칼럼니스트인 월터 윈첼Walter Winchell이 당시 소련을 이렇게 부르면서 시작되었으니까요.[2] 냉전 체제를 양분한 미국과 소련이 서로에게 어쩔 수 없이 필요한 동반자였던 동시에 서로의 심장을 겨누는 적이었던 때였습니다. 그리고 이 단어는 한동안 잊혀졌습니다.

2012년 2월, 중국의 5세대 대표 주자가 된 시진핑習近平 당시 중국 국가부주석이 미국 방문길에 올랐습니다. 이때 《LA타임스》가 "프레너미가 왔다"고 보도하면서, 프레너미가 미국과 중국 관계를 설명하는 상징적인 단어로 부활하며 사람들의 관심을 모았습니다.[3] 당시 저는 워싱턴 특파원으로 있었는데, 소련 대신 중국을 프레너미의 범주에 넣은 것만 봐도 미국 내에서 중국을 바라보는 시각이 어떻게 변했는지 체감할 수 있었습니다. 시 부주석의 미국 방문 소식을 전한《월스트리트 저널》은 그로부터 10년 전 후진타오胡錦濤 부주석의 방미 당시를 떠올리며 '격세지감'이라고 전했습니다. 어느덧 중국이 미국과 어깨를 겨루는 강대국으로 성장했고, 그런 중국을 이끄는 지도자를 대하는 미국의 모습은 분명 예전과 달랐습니다.[4]

박한진 프레너미는 냉전 시대에 미·소 관계의 상징으로 생겨난 말이었지만, 글로벌 시대인 지금의 미·중 관계에는 새로운 의미가 있다고 봅니다.[5] 이 문제는 대담을 통해 계속 다루어야 할 부분입니다.

프레너미가 영어 합성어여서 독자들이 다소 까다롭게 느낄 수도 있지만 '친구'와 '적'은 역사적으로 익숙한 개념이고 각국의 문화에도 고스란히 녹아 있습니다. 서양에 "화해한 친구는 이중의 적A reconciled friend is a double enemy"이라는 속담이 있는데, 우리가 지난 역사를 통해 보아온 강대국들의 관계를 담아낸 듯합니다. 아랍 속담에는 "적의 적은 동지The enemy of my enemy is my friend"라는 말이 있습니다. 중국을 포함해 해외에서 큰 인기를 끈한국 드라마 '시크릿 가든'에 나온 대사로 더 유명해졌죠. 이 속담은 국제 관계의 현상과 해법을 모색하는 '전략적 삼각관계strategic triangle' 이론[6]과도 일맥상통합니다.

이우탁 독일의 법학자 칼 슈미트 Carl Schmitt는 도덕에 선과 악이 있고 경제에 이익과 손해가 있듯이 정치에는 친구와 적이 있다고 했습니다.[7] 중국은 과거 미국을 친구라고 부른 시기가 있었는데 최근 들어 분명히 다른 양상을 보이고 있습니다. 남중국해 영토 분쟁에 미국이 개입하기 시작하자 중국이 "우리를 적으로 만들 셈이냐"고 발끈하고 나선 것이 그 사례지요. 미국과 중국은 친구와 적 사이의 공간에서 과연 어떤 관계를 지향할 것인지 양국 관계는 물론 한국과 전 세계에도 큰 영향을 미치는 문제입니다.

박한진 첫 대화의 핵심어로 프레너미를 제기했습니다만 현실적으로 미·중 관계를 표현하는 용어로는 'G2'라는 말이 더 자주 사용되고 있습니다. 저는 미국과 중국 관계는 기본적으로 G2보다는 프레너미로 규정해야 한다고 생각합니다. G2는 단순히 경제 규모만을 가지고 만들어낸 말이라는 느낌이 강하거든요. 반면에 프레너미는 양국 관계의 실질적인 상호작용을 염두에 둔 표현이라 생각합니다.

규모만 가지고 양국을 비교하는 것은 본질에서 벗어날 위험이 있습니다. 미국과 중국을 비교할 때 과학 기술력, 경제력, 군사력

등의 수치만으로 국력을 비교한다면 중국은 여전히 미국의 경쟁 상대가 되지 못합니다. 하지만 현실적으로 중국은 미국의 강력한 경쟁자로 부상했습니다. 이 부분에 대해선 미국도 매우 신경을 곤두세우고 있고요. 또 오늘날 중국의 위상을 만든 일등공신이라 할 수 있는 경제적 실적만으로 중국의 경제력을 판단하는 것도 오류입니다.

이우탁 G2는 '그룹 오브 투Group of Two'라는 말을 축약한 것인데 미국의 세계적인 싱크탱크인 피터슨국제경제연구소PIIE의 프레드 버그스텐Fred Bergsten 박사가 2004년 미국과 중국 관계를 네 개의 두 나라 관계 중 하나로 지목한 것이 시초입니다. 그 후 2006년 《블룸버그》의 유명 칼럼니스트인 윌리엄 페섹William Pesek이 "앞으로 세계 경제는 G2가 주도할 것"이라고 말하면서 G2라는 용어가 세계적으로 유명해지기 시작했습니다.[8] 저도 이 말이 경제 규모에서 출발한 개념이라고 생각하지만, 현실적으로는 경제뿐 아니라 정치적으로도 2000년대 중반 이후, 특히 2008년 미국발 서브프라임 사태 이후 신흥 강국으로 부상한 중국과 기존의 초강대국인 미국이 세계에 막강한 영향력을 행사하는 두 국가가 되었다는 의미로 볼 수 있다고 생각합니다.

박한진 G2는 글로벌 권력의 메커니즘에 지각 변동이 일어나고 있음을 상징적으로 표현한 말이지만 미·중 관계의 본질을 담아내기엔 아무래도 좀 부족합니다.

 G2는 표현이 모호한 말입니다. 저는 미국과 중국 관계를 G2로 보지 않습니다. 몇 가지 배경이 있습니다. 첫째, 실체에 관한 문제입니다. G7, G8, G20은 실제로 주요국 정상들이 만나 공식적인 어젠다를 협의하는 장이지만, G2는 중국의 부상에 따른 미·중 관계 내지는 국제 관계의 재편을 상징화한 표현이라고 할 수 있습니다. 둘째, G2의 당사자인 중국은 이 말에 대해 환영 내지는 수용 의사를 보이지 않고 있습니다. 이유는 간단합니다. 중국이 스스로 생각하기에도 세력 측면에서 아직 미국을 직접 상대할 정도로 강하지 않다고 판단했을 수 있고요. 만약 미국과 함께 G2 체제가 공식적으로 자리 잡게 된다면 중국이 국제사회에서 큰 부담과 의무감을 이행해야 하는데, 그러기에는 중국 내에 너무나도 복잡한 문제가 많다는 측면도 있습니다. 설령 중국 내 문제가 복잡하지 않아도 중국이 세계를 경영 내지 관리하려는 의도는 아직 현실적으로 찾아보기 어렵습니다.

이우탁 중국이 국가는 크고 강하지만 1인당 국내총생산GDP 수준이 여전히 낮고 지역·계층 간 격차가 엄청나게 큰 상황에서 G2라는 말을 받아들인다면 듣기엔 좋을지 모르지만 부담이 훨씬 더 커져버릴 수 있다는 판단이 작용했겠지요.

박한진 실제로 이 말은 서방에서 만든 것이고, 다분히 서방의 생각이 반영된 것으로 보아야 합니다. 제가 워싱턴 DC에서 방문학자로 연구할 때 유력 싱크탱크에서 미국의 국제 관계 전문가들을 만나 대화하는 과정에서 그런 점을 자주 느꼈습니다. 그런데 유독 한국에서만 G2라는 말을 자주 씁니다. 아마도 미국은 비록 중국이 세계 2위라고는 하지만 아직 자신의 적수가 못 된다고 생각해서 이 말에 호감

"G-0 세계에서의 승자와 패자"
"Winners and Losers in a G-0 world"
이언 브레머Ian Bremmer 유라시아 그룹 회장

이언 브레머의 저서 《리더가 사라진 세계Every Nation for Itself》의 부제. 저자는 미국 등 기존 리더십 국가의 영향력 감소 속에 브릭스 국가들도 국제 문제에 대해 책임질 생각이 없어 글로벌 리더십을 발휘할 국가가 없는 상태를 G-제로라고 설명. 모든 국가와 기업은 스스로 살아남아야 한다는 메시지.

을 느끼지 않을 수 있습니다. 일본은 자신이 빠져 있으니 가급적 회피할 것이고요. 그런 의미에서 한국이 G2라는 말을 쓰는 것은 다소 앞서나간 것입니다.

미국과 중국의 국력 비교

이우탁 일단 현시점에서 최대한 객관적인 시각으로 두 나라의 국력 차이를 한번 살펴보죠. 두 나라, 우선 엄청나게 큽니다. 세계에서 가장 큰 나라가 러시아(1709만 8242제곱킬로미터)이고 그다음이 캐나다(998만 4670제곱킬로미터)입니다. 세계 3위와 4위를 다투는 나라가 바로 두 나라지요. 미국 CIA 자료에 따르면, 자치령 등을

빼고 육지 영토 기준으로는 중국(932만 6410제곱킬로미터)이 미국(914만 7593제곱킬로미터)보다 넓습니다. 하지만 미국은 물 면적(68만 5924제곱킬로미터)에서 중국(27만 550제곱킬로미터)을 크게 앞서 총면적으로는 세계 3위이며 중국은 4위입니다. 어쨌든 두 국가의 영토는 거의 비슷하다고 볼 수 있네요.

대학 시절 경험을 소개할까 합니다. 동양사 입문을 배울 때인데요, 고 민두기 교수께서 칠판에 커다랗게 '地大物博'이라고 쓰고는 "중국을 생각할 때 한번 떠올려보라"고 말하셨지요. 지대물박이란 말 그대로 '땅이 넓고 산물이 많다'는 뜻인데요, 다른 나라의 물품은 필요하지 않으며, 다른 나라와의 무역은 오로지 외국에 은혜를 베푸는 행위라고 인식했다는 뜻입니다. 중화 사상으로 연결되는 중국의 특성을 상징하는 단어인데, 살짝 비틀어 보면 다른 어떤 나라와 교류하지 않더라도 상당 기간 자립할 수 있는 그런 엄청난 인력과 자원의 힘을 가진 나라, 자신들이 갖고 있는 에너지를 활용하면 세계가 떠는 나라로 자국을 표현했다고 볼 수 있습니다. 이 관점을 미국에 적용해보면 미국도 지대물박의 대표 국가에서 빠지지 않습니다.

박한진 국력이라고 하면 무엇보다도 경제력부터 봐야 할 겁니다. 2015년 국제통화기금IMF이 발표한 각국의 국내총생산GDP입니다.

미국이 여전히 압도적이지만 중국도 10조 달러를 넘어섰습니다. 3위 일본과 비교해보면 차이가 두드러집니다.

미국	중국	일본	독일	영국	프랑스	인도	이탈리아	브라질	캐나다	한국	호주	러시아	스페인	멕시코
17조 9682억	11조 3848억	4조 1162억	3조 3710억	2조 8649억	2조 4228억	2조 1820억	1조 8190억	1조 7996억	1조 5728억	1조 3930억	1조 2408억	1조 2359억	1조 2044억	1조 1615억

2014년 10월 IMF는 〈세계 경제 전망〉이라는 보고서를 발표했
는데, 구매력 평가PPP를 기준으로 미국의 경제 규모는 17조 4000
억 달러이고 중국은 17조 6000억 달러라고 밝혔습니다.[9] PPP는
소득과 현지 물가를 고려해 경제 규모를 평가하는 것입니다. 당시
발표 자료를 놓고 전문가들 사이에서 여러 논란이 있었습니다. 상
대적 평가는 하나의 지표로만 활용해야 한다는 것이 주류였지만,
어쨌든 공신력 있는 기관에서 나온 경제력 순위에서 중국이 미국
을 제친 것은 이때가 처음이었습니다. 일부 언론은 세계 1위 경제
대국의 순위가 뒤바뀐 것은 미국이 영국을 제친 1872년 이후 142
년 만의 일이라고 의미를 부여하기도 했습니다.

물론 이는 종합적 분석이 아닙니다. 중국은 세계무역기구WTO
에 가입한 이후 경제가 급속도로 팽창했습니다. WTO는 미국

"GDP로 국가 경제를 측정하는 것은, 대차대조표는 들춰보지도 않고 분기 수익만으로 회사를 판단하는 것과 같다."

"Gauging an economy by its GDP is like judging a company by its quarterly profit, without ever peeking at its balance-sheet."

영국 경제 주간지 《이코노미스트》 2012년 6월 30일

"국가의 진정한 부The real wealth of nations"에서 GDP 수치만으로는 국가의 경제력을 정확하게 판단 혹은 비교하기 어렵다고 지적.(http://www.economist.com/node/21557732)

이 짜놓은 경제 질서의 상징입니다. 이는 미국이 언제든 중국 경제를 흔들 수단을 갖고 있다는 것을 의미합니다. 하지만 세계 최대 인구를 갖고 있는 중국의 발전이 얼마나 빠르고 큰 충격을 줄 수 있는지 말해주는 것만은 인식해야 합니다.[10]

이우탁 군사력도 반드시 고려해야 합니다. 영국의 국제전략문제연구소IISS가 발표한 〈밀리터리 밸런스Military Balance 2016〉을 보면, 2015년 기준 각국의 국방 예산은 미국(5975억 달러), 중국(1458억 달러), 사우디아라비아(819억 달러), 러시아(656억 달러), 영국(562억 달러), 인도(480억 달러), 프랑스(468억 달러), 일본(410억 달러), 독일(367억 달러), 한국(335억 달러) 순입니다.[11]

국방비만 놓고 보면 미국은 2위인 중국부터 10위인 한국까지의 국방비를 모두 합한 것(5555억 달러)보다 많은 국방비를 지출합니다. 미국과 중국의 국방비를 단순 비교하면 4배 이상 차이 납니다.

국방력은 당장 전쟁이 일어났을 때 승패를 좌우하는 가장 직접적이고 일차적인 전력입니다. 중국이 가장 두려워하는 것은 역시

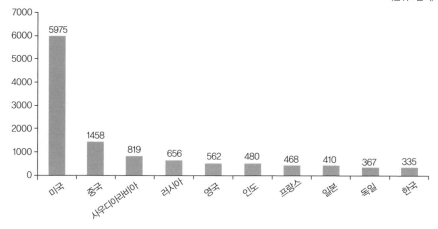

미국의 군사력입니다. 중국이 국력 신장을 바탕으로 군 현대화에 총력을 기울이고 있지만 아직은 미국의 상대가 되지 않는다고 봐야 합니다.

대표적인 예를 들어보죠. 최근 중국은 우크라이나 모델이지만 자체 개조한 항공모함 랴오닝함을 실전 배치한 데 이어 자국 기술로 2025년까지 핵항모 2척을 포함해 모두 6척의 항모를 추가 배치하는 계획을 진행 중인 것으로 알려졌는데, 미국은 이미 13개 항모 전투단을 운용하고 있습니다.

항공모함 외의 다른 분야에서는 이미 중국이 상당한 위협으로 다가가고 있습니다. 영국의 항공 전문지《플라이트 인터내셔널Flight International Magazine》이 발표한 〈세계 공군력 발전 보고서〉(2013)에 따르면, 중국은 군용 작전기를 2470대 보유한 미국에 이어 두 번째로 많은 1453대를 보유하고 있죠. 중국은 미국 F-22에 대응하기 위해 이미 스텔스 기능을 갖춘 J-20과 J-31 개발을 완료했고 J-20은 늦어도 2019년, J-31은 2020년 이후 실전 배치를 구상하고 있습니다. J-31은 미국의 F-35를 견제하기 위한 5세대 스텔스 전투기입니다. 군사력 분야는 향후 미국과 중국 관계를 들여다볼 때 꼭 고려해야 할 변수입니다. 앞에서도 언급했지만 현재까지는 중국이 미국의 상대가 되지 못합니다. 어쩌면 중국의 성장을 미국이 아직까지 용인하는 이유로 볼 수도 있습니다.

국력을 그 국가가 갖고 있는 모든 에너지의 총합으로 볼 때 과연 중국의 국력이 미국과 비교하여 어느 수준인지 평가하기는 어렵습니다. 다만 앞서도 언급했듯이 지대물박의 조건을 갖춘 두 나라는 지금까지 강대국의 흥망사와는 다른 궤적을 그리면서 관계를 유지할 것으로 예상됩니다.

이 시점에서 중국인의 의식 성향을 거론하고 싶습니다. 상하이에 있을 때 많이 경험했지만, 중국인은 서양과의 관계를 말하면서 아편전쟁의 뼈아픈 기억을 자주 언급하곤 했습니다. 게다가 같은 동양 국가지

"500킬로그램이나 되는 판다가 계속 자는 척할 수는 없다."

"The half-tonne Chinese panda cannot indefinitely manage to pretend to be asleep and escape notice"

앨런 비티Alan Beattie 《파이낸셜 타임스》 국제 부문 에디터

500킬로그램짜리 판다(중국)가 지금은 세계 2위 자리를 애써 거부하지만, 시간이 지나면 구석진 곳에서 나와서 서커스단(세계)을 움직일 것이라며 언급.

만 재빠르게 서구 제국주의의 길을 선택한 일본과의 전쟁(청일전쟁) 패배는 아직도 큰 충격으로 남아 있습니다. 그래서인지 2005년 베이징과 상하이를 휩쓸었던 거대한 반일 시위에서는 거의 맹목적이고 감정적인 일본 배격 의식을 고스란히 드러냈습니다.

중국의 부흥이랄까, 100년 만에 다시 국제사회의 패자로 등장하는 중국을 보면서 한국은 100년 후 중국이 어떤 길을 갈 것인지에 관한 냉철한 인식이 필요합니다.

중국은 기존 질서를 바꾸려 하는가

박한진 오늘날 국제 환경 내지는 국제 역학 관계의 변화를 가장 잘 파악할 수 있는 장場이 스위스 다보스에서 열리는 세계경제포럼WEF일 것입니다. 각국 국가원수와 총리, 장관 들도 대거 참석해 정상회담과 고위급 회담이 열리기도 해서 세계 이목이 집중되고 세계의 흐름을 가늠해볼 수 있는 곳이기도 하죠.

2015년에는 1월 21일부터 24일까지 열렸는데, '새로운 세계 상황The New Global Context'을 핵심 의제로 해서 분권화된 세계화와 지역 간 갈등, 글로벌 저성장, 비정상적인 통화 정책의 정상화, 에너지 헤게모니, 이상기후, 청년실업, 소득 불균등 등에 관한 문제를 다루었습니다.[12]

이 자리에 참석한 중국의 리커창李克强 총리가 중국의 향후 경제 정책 방향을 밝혀 비상한 관심을 끌기도 했는데, 사실 미·중 관계라는 입장에서 보면 2014년 제44차 다보스포럼이 훨씬 더 의미가 있었습니다. 당시 워싱턴에서 이 문제에 관해 이 부장과 대화를 나누기도 했죠.

이우탁 그렇습니다. 2014년 다보스포럼도 매우 인상적이었습니다. '세계의 재편The Reshaping of the World: Consequences for Society, Politics and Business'을 공식 주제로 소득 불균형, 청년실업, 기후변화 등 세계 경제의 위험 요인과 미국의 양적 완화 축소에 따른 신흥국 통화 가치 하락 등 시장 변동성 문제를 비중 있게 다루었습니다.[13] 그런데 이런 이슈들보다 특히 주목을 끈 부분이 있었는데, 오랫동안 부진의 늪에 빠져 있던 미국 경제가 앞으로 어떻게 될 것인가에 관한 토론이었습니다. 당시 영국 《파이낸셜 타임스》의 국제 부문 선임 칼럼니스트인 기드온 래치먼Gideon Rachman은 '세계를 위해 없어선 안 될 나라, 미국의 쇠퇴에 대비하라 Get ready, the indispensable Americans are pulling back'라는 제하의 칼럼에서 '미국의 귀환America is back', 즉 미국 경제의 원기 회복에 관해 깊이 있게 풀어냈습니다.[14]

박한진 국제 역학 관계 측면에서 볼 때 2014년 이래 최대의 관심사항은 '글로벌 금융위기 이후 위상이 떨어진 미국이 원기를 회복했는가'라는 문제였습니다. 세계 각국에서 열린 국제 포럼에서 이 문제를 정말 많이 다루었습니다. 한국에서는 아산정책연구원이 '미국의 귀환?Is the U.S. Back?'을 주제로 포럼을 개최했고요(2015년 4월).[15]

저는 미·중 관계의 전개 양상과 중국의 속내와 관련해서 2014년 5월의 상징적인 장면들이 뇌리에 깊이 남아 있습니다. 당시 오바마Barack Obama의 외교 독트린에 대해 미국 정가의 반응이 참 다양하고 복잡했는데요. 미국 육군사관학교 졸업식에 참석한 오바마 대통령은 이에 아랑곳하지 않고 역사적 시기에 역사적인 명연설을 했습니다.

연설 중에 이런 말이 있었습니다. "좋은 망치를 가졌다고 모든 못을 다 박으려고 해서는 안 됩니다.Just because we have the best hammer does not mean that every problem is a nail." 정말 기막힌 비유입니다. 오바마의 외교 독트린을 제한적 개입주의 내지는 다자적 개입주의로 볼 때 이보다 더 좋은 표현은 없다는 생각이 들었어요. 오바마는 이런 얘기도 했습니다. "미국은 세계 유일의 최강국입니다. 지난 100년도 그랬고 앞으로 100년도 그럴 것입니다.The United States is the one indispensable nation. That has been true for the century passed, and will likely be true for the century to come."[16] 누가 들어도 중국을 겨냥한 발언이었습니다.

이에 대한 중국의 반응이 궁금해 중국 외교부 정례 브리핑을 들어봤습니다. 서방 기자들에게 아주 유명한 인물이죠. 친깡秦剛 당시 중국 외교부 대변인은 중국 시간으로 5월 29일이니 오바마 연설 후 바로 논평을 내놓았습니다. "세계의 만형이 기분이 좋은가 봅니다. 국제 관계에도 미래를 예측할 수 있는 문어 폴Paul이 있는지 모르겠군요.看来当世界老大的感觉不错. 我不知道在国际关系中有没有能够预测未来的章鱼保罗."[17] '지난 100년도 앞으로 100년도 우리 세상'이라는 미국에 대한 중국의 속내를 절묘하게 담았습니다. 아시다시피 지난 2008년 남아공 월드컵 때 놀라운 적중률로 슈퍼스타가 됐던 문어 폴은 이미 죽었고, 국제 관계를 예측하는 문어는 아직 나타나지 않았지요.

여담입니다만 저는 워싱턴 DC에서 연구 활동을 하면서 중요한 이슈가 있을 때마다 미국과 중국이 각각 어떤 발표문을 내놓는지 유심히 살펴보았는데요, 양국 모두 최고의 비유법을 동원해 함축적으로 핵심을 전달하는 장면을 자주 목격했습니다. 한국도 국제 관계 업무를 할 때 이런 점에 더 신경 쓰면 좋겠다는 생각이 들었습니다.

이우탁 오바마 연설문과 중국 외교부의 정례 브리핑에서 우리가 지금 다루고 있는 토론의 소주제인 '중국은 기존의 국제·지역 질서를 바꾸려 할 것인가'와 관련된 내용을 정말 잘 끄집어냈네요.

박한진 중국이 기존 질서를 송두리째 바꾸려 한다고 볼 수는 없습니다만 적어도 미국이 독주하는 질서에 반기를 드는 것만은 분명합니다. 중국이 원하는 것은 "파이를 내게 달라"가 아니라 "파이를 나누자"입니다.

02

중국의 화평굴기

박한진 이 부장은 학부에서 동양사학을 공부하고 워싱턴 주립대학원에서 동아시아 국제 관계학을 전공했죠. 또 오랜 언론계 경험 가운데 국내에서 외교부 출입을 꽤 오래 했고요. 그뿐 아니라 중국의 경제 중심지 상하이에 이어 미국 워싱턴 DC에서도 특파원 생활을 해서 누구보다도 국제 관계의 많은 장면들을 직접 목격했습니다. 취재 현장에서 볼 때 어떤 때 "이 나라가 대국大國이구나" 하고 느낍니까?

이우탁 재미있는 질문입니다. 중국 외교부와 미국 국무부 브리핑 현장에서 "중국(미국)은 ~을 주시하고 있다", "~을 지지한다"는 말을 자주 듣는데요. 바로 이런 발언을 들을 때 그렇습니다.

박한진 네, 그렇죠. 미국이 전에 북한의 일본인 납치 문제와 관련해 냈던 논평이 기억에 남습니다. 당시 미 국무부 젠 사키Jen Psaki 대변인이 "미국은 일본이 투명한 방식으로 납치 문제를 해결하려는 노력을 계속 지지한다We continue to support Japanese efforts to resolve the abductions issue in a transparent manner"고 했죠(2014년 5월 29일).[18] 또 이라크 사태의 긴장이 고조되자 중국 외교부 화춘잉华春莹 대변인은 "중국은 최근 이라크 사태를 주시한다. 이라크 정부의 안전과 안정 노력을 지지한다中方十分关注伊拉克近期安全局势, 支持伊拉克政府维护国内安全和稳定的努力"라는 논평을 냈고요(2014년 6월 13일).[19]

이우탁 이런 논평에 대해 주변국 혹은 관계국들이 긴장하거나 특별히 신경을 쓴다면 그런 논평을 낸 국가는 대국이라고 볼 수 있습니다. 하지만 시각을 조금 달리해 보면 얼마든지 다른 판단도 가능합니다.

2006년 11월 13일부터 24일까지 중국의 CCTV-2가 '대국굴기大國堀起'라는 12부작 역사 다큐멘터리를 방영했습니다. 저는 이 프로그램에 큰 의미를 부여합니다. 중국의 국제무대 등장과 그로 인한 국제 관계 재편이라는 측면에서 그렇습니다. 대국굴기란 '대국이 우뚝 일어서다'라는 뜻인데요, 참으로 많은 것을 시사해준 프로그램이었습니다. 우리나라에서도 EBS가 소개한 적이 있습니다. 포르투갈과 스페인에서 시작해 네덜란드·영국·프랑스·독일·일본·러시아·미국 등 9개국의 발전 과정과 전성기를 다루었고, 마지막에는 결론이라 할 수 있는 대도행사大道行思를 넣어 총 12부작으로 구성되었습니다. 중국민주법제출판사中國民主法制出版社는 같은 제목으로 단행본을 출간하기도 했습니다.

박한진 역사상 9대 강대국의 굴기 과정을 정말 흥미진진하게 서술한 것이지요. 물론 중국적 시각으로 관찰했고요. 중국 국민이 그 프로그램에 지대한 관심을 보였고, 중국이 역사 속의 대국들로부터 배우고 그것을 실천하려는 의지가 느껴졌습니다.

이우탁 '대국굴기'는 사회주의 혁명 4세대 지도자인 후진타오가 중국의 팽창을 적극 추진하기 시작하던 시점에 나온 것입니다. 중국은 이를 통해 역사상 대국들이 어떻게 생겨났고 어떤 경로를 거쳐 오늘날에 이르렀는지를 살펴보고자 했는데 많은 시사점이 있습니다.

　가장 먼저 눈길을 사로잡은 것은 왜 포르투갈과 스페인부터 살펴보았을까 하는 것이었습니다. 중국 역시 콜럼버스Christopher Columbus의 신대륙 발견을, 동양과 서양이 진정으로 한 공간에서 만나게 된 역사적 대사건으로 보고 있음을 알 수 있었죠.

포르투갈과 스페인은 인류가 바다에 관심이 없을 때부터 바다로 먼저 나가 항로를 개척한 것이 강대국으로 부상한 원동력이었습니다. 두 국가는 식민지 개척으로 세계 패권을 거머쥡니다. 네덜란드가 강대국이 된 과정을 보면 세계 최초의 주식 개념을 만들고 오늘날의 금융 기법을 고안했다는 점이 강조됐습니다.

박한진 네덜란드 동인도회사는 뉴욕의 증권거래소보다 300년이나 빨랐는데, 금융이 세계 패권을 잡을 수 있었던 힘이라고 설명하고 있습니다. 이는 시사하는 바가 큰데요. 뉴욕 역시 네덜란드가 초창기에 지배했던 장소라고 하지요.

이우탁 영국은 아시는 바와 같이 산업혁명을 통해 세계 패권을 잡았습니다. '해가 지지 않는 제국'이 된 영국은 의회라는 민주주의의 공간을 창출해내기도 했습니다. 여기서 영국과 패권 대결을 벌이던 프랑스가 초기에 패한 원인이 흥미롭습니다. 영국은 해외 식민지에 눈을 돌려 처음부터 잘나갔지만, 프랑스는 유럽 패권을 지향한 터라 공간적으로 좁았다는 것입니다. 하지만 이후 영국에서는 조선 시대처럼 상업을 천시하는 귀족적 사회 풍토가 생산력의 발달을 저해했다는 설명도 나오는데요, 결국 해가 지지 않는다는 영국의 해는 졌고, 프랑스혁명에 성공한 프랑스는 나폴레옹 시대를 열며 전 유럽을 제패하고 세계의 패권을 잡습니다. 이후 통일 독일이 등장해 군국주의로 나가면서 세계대전을 벌이며 패권을 잡으려다 실패합니다. 그리고 대공황에도 무너지지 않았던 소련(러시아)은 계획경제 체제로 공업화에 성공했고 세계대전의 승전국이 되면서 세계 패권을 잡습니다. 소련은 동유럽 국가 다수를 공산주의화할 정도로 영향력이 막강했지만 결국 계획경제 체제의 문제점으로 인해 붕괴됩니다.

박한진 이 다큐멘터리는 미국 부분에서 긴박감을 더했죠. 중국이 탐구 대상으로 설정한 나라가 어디인지를 시사합니다. '신대륙 식민 시대의 서막'에서는 자유를 향한 메이플라워Mayflower 호의 항해부터 험난한 신대륙 개척과 신천지의 시작이 펼쳐집니다. 이후 영국으로부터의 독립, 헌법입국 탄생, 남북전쟁 발발, 노예제 폐지 등 오늘날의 미국 모습이 형성되는 과정이 상세하게 소개됐습니다. 서부 개척의 물결과 산업혁명의 시대를 거쳐 미국 발전의 토대를 구축한 교육과 기술 발전, 그리고 이민 정책 등도 잘 전달하고 있습니다.

'도약하는 미국' 편에서는 금융자본으로 미국 경제를 뒤흔든 JP모건JP Morgan 사태와 생산 방식의 혁명, 자동차 보급, 자유 시장 경제에 대한 정부의 관여와 조정, 대공황과 뉴딜 정책 등이 소개됩니다. 끝으로 '20세기 최강대국 미국'을 통해서는 과학 기술이 주도하는 새로운 시대, 세계 금융 체제를 아우르는 미국의 힘을 생동감 있게 설명했고요.

이우탁 마지막 편은 '대국으로 가는 길'입니다. 그 길은 과연 어떤 것일까요? 자연스럽게 드는 궁금증입니다. 역사 속에서 강대국이 되었던 나라의 핵심적인 공통점은 무엇일까요? 자원과 영토, 인구 모두 중요할 수 있습니다. 하지만 이 다큐멘터리가 강조하는 포인트는 다른 데 있습니다. 그 나라 정치 집단의 주체적 의지가 관건이라고 강조합니다.

박한진 다큐멘터리를 자세히 들여다보면 중국이 지향하는 진정한 강대국은 소개된 9개국과는 다른 길을 가야 한다는 메시지가 숨겨져 있는 것 같은데요. 약소국에 대한 폭력적 침략과 학살의 역사를 거친 지금까지의 강대국과 중국은 달라야 한다는 함의를 느낄 수 있었습니다. 그래서 '화평굴기和平崛起(평화롭게 떨쳐 일어남)'라는 말이 자주 등장하는 것일까요?

이우탁 이런 점에서 중국 지도부의 인식을 엿볼 수 있습니다. 과거 유물론적 역사관을 버리고 전통적 자본주의 시각에서 자본주의 강국을 분석하는 것이 중국의 지도부입니다. '대국굴기'는 세계 패권이 어떻게 변해왔고, 왜 변했으며, 왜 강해지고, 왜 무너지는지를 알려줍니다.

　세계 여러 학자들은 강대국이 되기 위해서는 국민의 내부 역량이 한 국가의 안정된 정치 체제 안에서 응집되어 밖으로 표출되어야 한다는 점을 강조합니다. 세계사의 한 획을 그었던 국가들, 또 세계 무대에서 지금 활약하는 국가들을 보며 왜 한국은 그럴 수 없는가 하는 안타까움을 느낍니다.

박한진 이 다큐멘터리가 중국인들에게 어떤 암시를 주고 있다고 생각하는지요? 중국이 앞으로 세계 패권을 쥘 수 있다는 그런 암시를 주는 걸까요?

이우탁 그럴 수 있습니다. 미국 역시 중국을 자신과 대등하지는 않지만 적어도 2인자 국가로는 인정하고 있지요. 중국 GDP가 이미 일본을 앞지르지 않았습니까.

문제는 한국입니다. 이 급변하는 동북아와 미국의 흐름에서 부존 자원이 없는 한국이 살 길은 국민의 내부 역량을 하나로 응집하여 과학 기술을 발전시키고, 창의력을 바탕으로 인재를 양성할 수 있는 탄탄한 교육 시스템을 확보하는 데 있습니다. 사회 지도급 인사들이 어떻게 해야 하는지 깊이 생각했으면 합니다.

중국이 약속한 화평굴기가 과연 평화롭게 진행될 수 있을지에 대해서는 국제적으로 논란이 많고, 저 역시 조금 더 관찰할 필요가 있다고 생각합니다.

박한진 같은 생각입니다. 어쩌면 중국 스스로도 아직 잘 모르는 문제일 수 있으니까요. 현시점에서 보다 중요한 문제는 알 수 없는 미래에 대해 성급하게 주관적으로 판단하는 것보다, 현재의 권력인 미국과 미래의 권력인 중국이 각축하는 과정에서 한국이 과연 어떤 판단과 행동을 해야 하는가입니다. 한국은 어느 한편에 서기보다는 균형 있는 입장을 취하는 것이 국익에 도움이 될 것입니다.

미국의 피봇 투 아시아

이우탁 아시아 회귀 전략 내지는 힘의 재균형rebalancing으로 통하는 피봇 투 아시아Pivot to Asia 정책이 표면화된 것은 힐러리 클린턴Hillary Clinton 전 미 국무장관이 재임 시기인 2011년 10월 외교전문지 《포린 폴리시》에 기고한 '미국의 태평양 시대'[20]에서 '피봇pivot'이라는 단어를 쓰면서부터입니다.

그 다음 달인 11월 호주를 방문한 오바마 대통령이 호주 의회 연설에서 "미국은 태평양 국가"라는 점을 분명히 밝혔으니, 국무장관이 운을 떼우고 대통령이 공식화하는 형식을 보인 것이지요. 하지만 미국이 아시아로 눈을 돌리게 된 계기 내지 분수령은 2008년 글로벌 금융위기의 여파라고 보는 것이 타당합니다.

박한진 그렇습니다. 당시 미국은 국내 경기 침체와 함께 유례없는 국가 신용등급 강등을 겪는 과정에서 경제적으로 아시아 시장 확보가 필요했고, 국제 관계 측면에서는 중국의 급부상에 대응하는 전략이 필요했죠. 이라크와 아프가니스탄을 포함한 중동에서의 지루했던 전쟁이 마무리된 것도 또 하나의 배경으로 작용했을 것이고요. 하지만 가장 직접적이며 비중 있는 요인은 중국의 급부상이라고 보는 것이 정설입니다.

이우탁 그런데 시진핑 중국 국가주석이 제시한 중국의 핵심 대외 정책 기조인 '신형 대국 관계新型大國關係(중국과 미국이 충돌 혹은 대결을 피하고 상호 존중함으로써 새로운 협력 관계를 형성하자는 시진핑 시대 중국의 외교 전략)'가 모호하다는 평가를 받고 있는 것과 마찬가지로, 미국의 '피봇 투 아시아' 정책도 개념 설명과 비전 제시라는 측면에서 아직 초기 단계라는 평가가 있습니다.

분명한 것은 미국 외교 정책에서의 우선순위가 중동에서 아시아로 조정됐고, 이와 관련된 일련의 프로세스가 진행됐다는 것이지요. 이제 문제는 미국이 아시아에 더 집중할 것인지 여부가 아니라 아시아 지역에 대해 미국이 구체적으로 어떤 생각과 방안resolve을 갖고 있는가 하는 점이며, 나아가 이를 위해 충분한 자원을 동원할 수 있는가입니다.

박한진 아시아태평양 지역은 엄청난 파워와 잠재력을 갖고 있습니다. 21개 회원국을 가진 아시아태평양경제협력체APEC, Asia Pacific Economic Cooperation만을 기준으로 해도 전 세계 인구의 약 40%, 전 세계 국가 GDP의 약 55%, 글로벌 교역량의 44%를 차지합니다. 현재 거주 인구 규모가 세계 총인구의 40% 선인데, 출신 지역을 기준으로 하면 절반 이상일 것입니다.

이우탁 아시아태평양의 중요성은 이 같은 규모뿐만 아니라 최근 전개되는 동향에서도 파악할 수 있습니다. 전 세계에 민주주의를 확산하고 인권과 국제 언론을 감시하는 비정부 기구 프리덤하우스Freedom House 자료를 보니, 아시아태평양은 지난 5년간 세계에서 유일하게 시민들의 정치적 권리와 자유가 신장된 지역입니다.[21]

또한 역내 신흥 시장들의 지속 가능한 성장에 의문이 제기되고 있긴 하지만, 글로벌 금융위기 이후 세계 경제가 비틀거리는 와중에 여전히 가장 활기차고 새로운 기회에 대한 전망이 밝은 곳이 바로 아태 지역입니다. 다른 한편으로 북한의 도발과 핵 위협, 해상 영유권 분쟁, 자연재해, 인신매매, 마약 거래 등으로 안전에 대한 끊임없는 위협이 있는 곳이기도 합니다. 한마디로 미국으로서는 이 지역에 엄청난 전략적 이해관계가 있습니다.

박한진 경제적으로 보면 미국의 최대 수출 지역입니다. 미국의 대아시아 수출 규모는 대유럽 수출액보다 50% 이상 많습니다. 미국의 대아시아 투자와 아시아의 대미 투자는 지난 10년간 2배가량 증가했는데 중국과 인도, 싱가포르, 한국 등 4개국은 미국에 가장 많이 투자한 국가들입니다.

군사적으로는 한국, 호주, 일본, 필리핀, 태국 등이 미국과 동맹 관계이고, 특히 한국과 일본 내 미군 기지는 세계 최강을 자랑하는 미국 군사력의 아시아 핵심 거점입니다. 이 밖에 미국은 브루나이, 인도, 인도네시아, 말레이시아, 뉴질랜드, 싱가포르, 대만과도 중요한 전략적 파트너 관계를 형성하고 있지요. 중국 입장에서 보아도 아시아태평양만큼 국가 이해관계가 동맥처럼, 실핏줄처럼 얽혀 있는 곳이 없습니다.

이우탁 그런데 피봇 투 아시아는 해결해야 할 현안과 과제도 많습니다. 오바마 대통령은 아시아 4개국 순방(2014년 4월 23-29일, 일본-한국-말레이시아-필리핀) 기간에 말레이시아와의 관계를 '포괄적 동반자 관계'로 격상했고, 필리핀 방문을 계기로 미군 병력의 필리핀 기지 순환 배치 확대 협정 체결을 성과로 평가했습니다. 하지만 오바마의 아시아 순방은 현재 미국 외교 정책의 핵심인 '아시아 회귀와 재균형' 정책의 앞날이 순탄치 않음을 보여주는 측면도 있습니다.

박한진 미국의 동맹 협력과 경제 협력은 모두 난관에 부딪히고 있습니다. 일본에서는 미국이 사활을 걸고 있는 TPP 협상 이견 조율이 순조롭지 않았고(물론 TPP는 미국 내에서도 논란거리입니다), 일본을 달래기 위해 내놓은 센카쿠(중국명 댜오위다오) 열도 지지 발언은 중국을 잔뜩 자극했죠. 미·일 간 TPP 협상은 상당히 지연됐고 한국의 참여도 지연되고 있습니다. TPP를 아시아 중시 정책의 최우선 과제로 삼고 있는 미국으로서는 당혹스러운 상황이 아닐 수 없습니다. TPP는 우여곡절 끝에 타결되기는 했지만 각국의 의회 비준 등 국내 절차가 간단치 않아 보입니다. TPP는 높은 수준의 개방을 지향하기 때문에 신흥국들로부터 상당한 저항이 있을 수밖에 없습니다.

이우탁 대개 3가지로 요약할 수 있겠습니다. 첫째, 필요 이상으로 중국을 자극할 수 있다는 지적이 있습니다. 미국은 피봇 투 아시아가 중국을 포위하거나 중국의 전략을 약화하려는 것이 아니냐는 중국의 지적을 의식하고 있습니다. 그리고 중국과의 양자 관계에서 긴장 국면이 발생할 수는 있지만 기본적으로 안정적이라고 계속 말하고 있습니다. 중국과 고위급 전략 회의를 개최하고 군사 교류도 확대하는 등 중국 달래기에 각별히 신경 쓰는 모습을 자주 보았습니다. 하지만 중국의 반응에 따라 피봇 투 아시아의 방향과 강도가 달라질 수 있을 정도로, 중국은 이미 중요한 위치에 있는 것이 사실입니다.

박한진 미국이 아무리 중국보다 강하다고 해도 중국에 신경을 쓰지 않을 수 없겠지요. 지난 2011년 오바마 대통령의 아시아 순방을 전후해 양국 간에 벌어진 일련의 치고 맞받아치기는 미국과 중국이 얼마나 날선 신경전을 벌이고 있는지를 여실히 보여주었습니다. 당시 오바마의 아시아 방문 일정은 호놀룰루에서 시작됐습니다. 오바마는 APEC 정상회의에서 후진타오 당시 중국 국가주석에게 "중국이 이제 많이 성장했으니 국제무역 규칙을 준수하라"며 선공을 했습니다. 며칠 후 인도네시아 발리에 도착한 오바마는 동아시아정상회의에서 원자바오溫家寶 총리를 만나, 중국의 반대에도 불구하고 남중국해에 관한 정치적 문제를 밝히라고 주장했습니다. 중간 기착지인 호주에서는 "미국은 아시아 국가"라고 주장하기도 했고요.

이우탁 이런 움직임은 미국의 판단 및 의도와는 또 다른 차원에서 중국을 자극하기에 충분한 것이었습니다. 당시 중국은 대대적으로 반격하기보다는 신중한 자세를 보였지만 분명한 입장을 밝혔습니다. 중국 외교부는 중국이 책임 있는 국가로 행동할 수 있을지 여부는 국제사회에 달려 있다고 하는가 하면, 원자바오 총리는 인도네시아에서 남중국해 분쟁 문제에 외부 세력이 개입해서는 안 된다는 점을 분명히 강조했습니다.

박한진 아시아 국가들은 바짝 긴장했습니다. 전에 없던 새로운 선택을 하도록 강요받는 형국이었기 때문입니다. 미국 편에 설 경우 중국이 경제적·정치적·군사적으로 급부상하는 상황에서 결과적으로 중국에 맞서는 형국이 될 것이고, 반대 경우라면 미국과 등을 져야 하는 상황이 될 수 있으니까요. 이 부분은 앞으로도 매우 중요한 이슈로 남을 것입니다.

　그때 중국《인민일보》의 국제 뉴스 전문 자매지인《환구시보》가 "아태 지역에서 중국은 미국보다 훨씬 더 많은 능력을 보유하고 있다"며, "아시아 국가들이 안보 문제에는 미국에 의지하면서 경제적으로는 중국에 기대려 해서는 안 된다"고 강하게 경고해 불편한 속내를 드러냈습니다. 역내 투자 협정을 재검토 내지 연기해야 한다고 주장했는가 하면, 미국과의 관계 강화를 위해 노력하는 필리핀을 겨냥해서는 자국민의 해외여행 자제, 수입 금지 등의 강력한 대응 조치 가능성을 내비치기도 했습니다. 물론 피봇 투 아시아가 개방적이고 평화롭고 더 번성하는 아시아태평양 지역을 육성하는 데 목적이 있다는 미국의 입장이 의심받고 있는 것처럼, 이른바 화평굴기와 평화로운 발전이라는 중국의 국가 전략도 주변국들의 의심을 사고 있습니다.

이우탁 피봇 투 아시아에 관한 미국 내 두 번째 시각은, 중동이 여전히 불안한 상황에서 아시아로 무게중심을 대거 옮기는 것은 현명한 선택이 아니라는 비판입니다. 이와 관련해 현재까지 알려진 미국의 입장은 외교 정책이란 결코 제로섬 게임이 아니라는 것입니다. 미국 정부는 미국이 중동에서 전략적으로 패했기 때문에 아시아로 옮겨 가는 것이 아니라 아시아 지역의 전략적 중요성이 커졌기 때문이라는 입장입니다.

박한진 미국이 중동에서 발을 빼고 있지만, 지난 10년간 아시아 국가들이 평화유지군 파견, 재건 사업 참여 등으로 미국의 역할을 대체해왔기 때문에 중동에서 공백 사태가 발생하지 않는다는 점을 강조하기도 했지요. 아시아 국가들이 중동으로 가는 것은 물론 미국의 요구 때문이기도 하지만, 중동의 원유 등 에너지 의존도가 높기 때문에 자원 확보를 위해서도 관심을 가져야 한다는 점이 맞아떨어진 결과로 풀이됩니다.

이우탁 세 번째 문제는 돈입니다. 미국 의회의 예산 삭감 추세에 따라 피봇 투 아시아의 지속성 여부에 관한 문제가 끊임없이 제기되고 있습니다. 앞으로 미국은 피봇 투 아시아 정책을 유지하기 위해 아시아 국가들에게 더 많은 책임과 투자를 요구할 것으로 보입니다. 아시아 국가와의 군사 동맹 내지는 군사 교류 강화 방식을 띠겠지만, 아시아 국가들은 이전보다 더 많은 비용을 부담해야 할 것입니다. 빼놓을 수 없는 부분이 한 가지 더 있습니다. 미국의 재균형 전략이 직면한 또 하나의 중요한 도전 과제는 행정부에서 이 일을 담당할 전문가 그룹이 의외로 약하다는 지적입니다. 인적 자본이 부족하다는 것인데 아태 지역 전문가 양성에 더 많은 투자를 할 것으로 보입니다.

박한진 피봇 투 아시아는 미국 혼자의 힘으로 결코 진행할 수 없습니다. 전략적으로 단기간에 중국을 자극하기보다는 설득 위주의 정책을 펼 가능성이 높고, 상황에 따라 유럽연합EU, Europe Union, 인도와의 협력 강화에도 노력할 것입니다. 또한 미국의 재균형 정책은 규범화가 전제되어야 할 사안이어서 기존 규칙과 규범, 제도를 보완하면서 필요할 경우 크고 작은 새로운 기준을 내놓으려 할 것입니다.

이우탁 미국의 아시아 중시 전략이 잘 돌아가고 있는지 확인하려면 다른 측면에서 관찰해볼 필요도 있습니다. 제 전공 때문에 그런 부분을 생각해보았는데 바로 역사 문제입니다. 2015년 2월 하순, 웬디 셔먼Wendy Sherman 미 국무부 정무차관이 카네기 국제평화재단 콘퍼런스에서 한 발언이 있었죠.[22] 동북아시아 국가들이 미래 지향적이지 않고 과거 역사 문제에 집착하고 있다는 요지의 말이었습니다. 저는 미국 스스로도 피봇 투 아시아 정책이 제대로 작동하지 않고 있다고 생각한다는 느낌을 받았습니다. 미국이 한·중·일 3국의 역사 갈등 문제를 그동안 좌시하고 있다가, 아시아 전략을 본격적으로 추진하려다 보니 이 문제가 큰 걸림돌이 된다고 판단하면서 셔먼 차관의 이 같은 발언이 나왔다고 봅니다.

박한진 공감합니다. 이 문제와 관련해서 국내 한 언론사의 외교전문 기자가 쓴 칼럼(2015년 3월 3일 경향신문, 유신모)[23]을 봤습니다. 미국의 아시아 전략의 두 가지 핵심은 동남아와 동북아인데, 동남아에서는 필리핀, 베트남, 미얀마, 인도 등을 중심으로 대체로 잘 움직이고 있지만 동북아 지역이 문제라고 지적했습니다. 동북아에서 미국은 한·미·일 공조를 통해 중국의 급속한 정치·경제적 부상을 견제해나간다는 것인데요. 문제는 한국과 일본이 미국의 의도대로 쉽게 동조하지 않고 있다는 것입니다. 역사와 영토를 둘러싼 중국과 일본의 직접적이고 표면적인 갈등은 더 큰 문제로 인식되고 있습니다.

이우탁 미국이 현재의 전략적 판단에 따라 한·미·일 공조를 통해 중국 견제에 나서려 하고 있지만, 이것이 성공하기 위해서는 동북아시아의 뿌리 깊은 역사와 문화, 국민 여론 등과 같은 문제들을 감안해야 하는데, 이 부분을 간과하고 있는 것이지요.

박한진 이렇게 본다면 미국의 피봇 투 아시아 정책은 당분간 지속될 수밖에 없지만 일정 부분 노선 수정이 있을 것도 같은데요.

이우탁 국제 관계의 복잡한 문제를

"오늘의 안정이 내일의 평화를 보장하는 건 아니다."
"Stability today does not ensure peace tomorrow."
즈비그뉴 브레진스키 Zbigniew Brzezinski **전 백악관 국가안보좌관**

중국에 통제 불가능한 상황이 발생한다면 모든 안정론은 끝이라고 주장. 그러나 중국은 전쟁보다 부富의 축적에 더 관심이 있고, 미국에 도전하려 하기보다는 경제 발전에 집중할 것이라고 분석.

해결하기 위해서는 현재의 권력 배치와 위상, 전략적 고려가 중요하지만 역사적 고리를 벗어나서는 안 됩니다. 과거 미국이 중동과 남미에서 펼친 정책에서도 이와 유사한 사례를 볼 수 있습니다. 최근 미국에서 피봇 투 아시아에 대한 직접적 언급이 현저하게 줄어든 것을 보면, 미국도 일정 부분 수정이 불가피하다고 판단한 듯하며 실제로 그런 작업을 하고 있지 않나 생각합니다. 물론 기존 정책 기조 자체가 바뀌지는 않을 것입니다.

04

잠재적 전쟁터

미국의 대중국 억지력

이우탁 미국과 중국이 어디서 충돌할 것인가 하는 문제를 살펴보기에 앞서 우선 '억지력deterrence'이라는 개념을 정리해볼 필요가 있습니다. 국제정치학에서는 흔히 '처벌에 의한 억지deterrence by punishment'와 '거부에 의한 억지deterrence by denial'로 나누어 설명하고 있지요. 전자는 상대가 선제 공격을 한다면 감내할 수 없는 몇 배의 반격으로 보복하겠다고 위협하는 것이고, 후자는 상대가 공격을 시도해도 실패하고 말 것이라는 인식을 심어주는 것으로 억지력을 유지합니다.

미국은 과거 냉전 시대에는 처벌에 의한 억지력에 기초했다가, 1970년대 후반 카터Jimmy Carter 행정부의 '길항 전략拮抗戰略,

coun_tervailing strategy' 이후 처벌에 의한 억지력과 거부에 의한 억지력을 혼합해서 구사해왔습니다. 1980년대 레이건Ronald Reagan 행정부의 '전략방위구상MAD, Mutual Assured Destruction'과 2000년대 부시George W. Bush 행정부의 '선제공격 능력 및 미사일 방어망 강화 정책War-Fighting Deterrence'이 그 연장선상에 있죠.

박한진 미국과 중국의 갈등이 깊어진다면 미국의 대중국 억지력이 어떤 양상을 보일지가 중요하다는 얘기군요.

몇 가지 시나리오를 가정해볼 수 있겠습니다.[24] 1970년대 후반 이래의 '처벌+거부'의 혼합형 억지 전략을 계속하거나 과거 냉전 시대로 회귀할 가능성이 있습니다. 앞으로 미국의 대중국 억지 전략은 상황에 따라 얼마든지 변할 수 있을 겁니다. 미국과 중국의 관계, 나아가 오늘날의 국제 관계 내지는 글로벌 의존도가 과거와는 비교가 되지 않을 정도로 훨씬 더 복잡하고 불확실하기 때문입니다. 다만 현시점에서 확실한 것은 비용 부담뿐 아니라 행동의 주체라는 관점에서도 미국이 결코 혼자 나서지는 않으리라는 점입니다.

그런 의미에서 저는 미국의 대중국 정책이 '현실적 억지realistic deterrence' 전략의 성격을 가질 가능성이 크다고 봅니다. '현실적 억지'는 닉슨Richard Nixon 대통령 당시 미국의 국가 안전 보장 정책을 표현한 군사 용어인데요, 미국이 과도한 방위비 부담을 혼자 짊어지지 않으면서도 전쟁 억지 내지는 상대 제압이라는 목적을 달성한다는 구상이었습니다.

당시 미국은 '힘의 우위 유지', '동맹국과의 제휴', '적극적 교섭' 등 3개 항을 실천 과제로 제시했었죠. 앞으로 중국과의 관계에서도 미국은 상대적, 절대적인 힘의 우위를 지키고, 바둑돌로 집을 짓듯 중국의 앞마당을 포위하는 동맹국 제휴를 강화하면서, 중국과의 교섭을 적극적으로 추진할 개연성이 큽니다. '처벌에 의한 억지'와 '거부에 의한 억지'의 관점에서 본다면 '원격 존재감에 의한 억지deterrence by telepresence'라고 할까요?

중국과 베트남·필리핀 충돌은 서막에 불과

박한진 2014년 5월 초순부터 중국과 베트남 간 남중국해 분쟁이 국제적인 핫 이슈로 떠올랐습니다. 이후 일촉즉발의 상황으로 가는 듯하다가 소강 상태를 보였지만 근본적인 해결이 어려운 문제라는 특성에 따라 다시 뜨거운 감자로 떠올랐습니다. 2016년 초반까지만 해도 남중국해 영유권 문제가 해결의 실마리를 찾을 것으로 기대됐지만, 베트남보다 오히려 필리핀이 부각되고 필리핀이 국제중재를 신청하면서 상황이 완전히 달라졌습니다. 특히 네덜란드 소재 유엔 상설중재재판소PCA가 2016년 7월 12일 남중국해 영유권 분쟁 재판에서 중국에 패소 판결을 내면서 미국과 중국 간 긴장은 전방위로 고조되었습니다.

이우탁 그렇습니다. 중국과 동남아권 국가의 문제라기보다는 미국과 중국의 문제가 되어버렸습니다. 사실 남중국해는 중국과 베트남, 필리핀, 인도네시아, 말레이시아, 브루나이 등이 마주 보고 있는데 면적이 124만 9000제곱킬로미터나 됩니다. 이렇게 얘기하면 이야기하기 쉽습니다. 우리가 흔히 세계를 5대양 6대주라고 하잖아요. 남중국해는 오대양(태평양, 대서양, 인도양, 남극해, 북극해)을 제외하면 지구 상에서 면적이 가장 넓은 바다입니다. 석유와 천연가스 등 천연자원이 엄청나게 매장돼 있어 어느 나라도 양보할 수 없는 곳이라 1990년대부터 분쟁이 끊이지 않았습니다. 주로 중국과 다른 관련국들 간의 영유권 분

쟁이었죠. 그 가운데 핵심은 파라셀 군도Paracel Islands(중국명 시사 군도, 베트남명 호앙사 군도)와 스프래틀리 군도Spratly Islands(중국명 난사 군도, 베트남명 쯔엉사 군도)입니다.

박한진 남중국해 영유권 분쟁의 재판 결과보다 중요한 것이 그동 안의 경과를 살펴보는 것이라고 생각합니다. 이 분쟁은 당시 중국 이 이 해역 인근에서 석유 시추를 시작하고 이에 반발해 출동한 베트남 초계함과 충돌하자 베트남에서 전국적인 반중 시위가 일 어나며 시작된 것인데요. 2013년 말까지는 중국과 동남아 국가들 이 잘 지냈습니다. 그래서 처음엔 '뜻밖이다'라는 반응도 있었습 니다. 그런데 지나고 나서 돌이켜보니 잠시뿐이었습니다. 문제의 골이 깊다는 건데요. 중국 지린吉林대학 공공외교학원의 쑨싱지에 孫兴杰 박사는 《파이낸셜 타임스》 기고문에서 이를 두고 "뒤늦은 충돌"이라는 표현을 썼더라고요.[25]

이우탁 중국은 한국과 수교하기 1년 전인 1991년 베트남과 국교 를 정상화했지만 1979년 국경에서 충돌(중월전쟁)한 적이 있고, 1974년에 베트남과의 시사 군도 해전에서 승리한 후부터는 이 지 역에 대해 실효적 지배를 해왔습니다. 해양 석유가스는 베트남 GDP의 3분의 1을 차지할 정도로 비중이 큰 지주산업입니다. 베 트남은 남중국해에 29개 섬과 암초를 자국령으로 두고 있고 여기 서 채굴한 석유가스를 중국에 수출해왔죠. 그런데 중국이 2013년

정부 공식 지도에 자국령으로 표시한 남중국해와 동중국해의 섬과 암초를 29개에서 4배 이상인 130개로 확대했고, 베트남은 이에 반발하기 시작했습니다.

박한진 베트남은 글로벌 금융위기의 충격으로 경제가 급추락했습니다. 2019년 아시안게임 개최권을 재정 악화를 이유로 반납한 것을 보면 경제난으로 얼마나 고민이 많은지 알 수 있습니다. 그런 베트남으로서는 해양 석유가스를 더욱 양보할 수 없을 겁니다.

중국은 해안선 총 길이가 1만 8000킬로미터로 세계에서 가장 길지만 먼 지역까지 세력이 미치는 해양대국은 아닙니다. 우리가 해양海洋을 바다라고만 이해하는데 사실 해海는 가까운 바다, 양洋은 먼 바다를 의미합니다. 그러니까 중국은 해는 있지만 양은 없는 형편이지요.

중국은 후진타오 주석 시대 때부터 해양 파워를 끊임없이 강화해왔습니다. 과거엔 연해 방어 위주의 이른바 '황수이黃水, yellow water' 전략이었는데, 영해와 영토를 수호하는 '뤼수이綠水, green water' 시대를 지나, 지금은 먼 바다와 공해까지 나가서 에너지 수송 노선을 지킨다는 이른바 '란수이藍水, blue water' 단계로 접어들고 있습니다. 그렇다면 인도양과 남중국해는 중국이 결코 놓칠 수 없는 지역이지요.

이우탁 더 큰 문제는 남중국해 분쟁이 중국과 베트남·필리핀만의 갈등이 아니라 중국과 미국 간 실력 행사로 번지고 있다는 점입니다. 중국의 해양굴기海洋崛起가 미국의 피봇 투 아시아와 직접적으로 부딪힌다는 것이지요. 미국은 2010년경부터 필리핀과 베트남을 이용해 중국을 압박해왔습니다. 케리John Kerry 국무장관은 중국과 베트남의 남중국해 갈등이 표면화되자 싱가포르 외무장관과 만난 자리에서, 중국이 남중국해와 동중국해에서 공격성을 띠고 있다고 우려했습니다. 이에 앞서 대니얼 러셀Daniel Russel 국무부 아시아태평양 담당 차관보는 '구단선九段線(중국이 제시한 남중국해 영유권 기준선)'에 대한 입장을 밝히라고 중국을 압박하기도 했습니다.

박한진 미국이 점점 더 깊숙이 개입하고 있고, 베트남과 필리핀은 이 문제를 최대한 국제 이슈화해서 국익을 확보한다는 방침입니다. 동남아시아의 국제 정세는 종래 소극적 현상 유지 상황에서 벗어나 이미 지정학적으로 대변혁의 상황에 접어들었다고 봐야겠습니다. 미국이 직접 당사자가 아니기 때문에 미국과 중국이 직접 부딪힐 가능성에 대해서는 좀 더 지켜보아야 할 것입니다. 한 가지 분명한 사실은 중국이 앞으로 힘든 싸움을 해야 할 가능성이 크다는 것입니다.

남중국해의 복잡한 정치경제학

이우탁 중국은 일본과의 분쟁 지역인 동중국해에 2013년 방공식별구역ADIZ을 설정해 긴장이 고조된 적이 있는데, 그 후 남중국해에도 ADIZ를 설정하려는 움직임을 계속 보여왔습니다. 공해상에서는 자칫 군사적 충돌까지 발생할 수 있다는 점에서 남중국해는 미국과 중국의 잠재적 전쟁터라고 생각합니다.

박한진 남중국해 문제는 겉으로 보기엔 처음엔 중국과 베트남의 갈등으로 시작했고 상황이 전개되면서 중국과 필리핀의 갈등으로 번졌지만 결국은 미국과 중국의 대결입니다. 영유권 분쟁은 앞으로 누가 최종적으로 소유권을 갖느냐의 문제라기보다는 그것이 내포하고 있는 복잡한 정치경제학적 구성 요소와 요인들이 더 중요하다고 생각합니다. 그런 부분에 대해 생각해보았으면 합니다.

동중국해와 남중국해는 국제 분쟁이라는 점에서는 유사해 보이지만 실제로는 성격이 많이 다릅니다. 동중국해 갈등이 연습 경기라면 남중국해 문제는 본 경기입니다. 사실 중국이 동중국해에 ADIZ를 설정한 후 미국·일본 진영과 중국 간에 긴장 수위가 올라가면서 충돌이 우려됐지만 뜻밖에도 미국과 일본은 중국의 ADIZ를 사실상 허용했습니다.

이우탁 중요한 포인트입니다. 2013년 당시 한국 언론도 처음

엔 미·일과 중국의 충돌 가능성을 내놓기도 했지만 곧 보도 수위
가 내려갔는데요. 우선 ADIZ의 속성을 살펴볼 필요가 있습니다.
ADIZ는 어느 한 국가가 배타적으로 점유하는 영공領空이 아니고
공역空域입니다. 바다에는 한 국가가 영토에 인접한 해역에 대해
배타적 주권을 주장하며 통치권을 행사하는 영해領海가 있고, 국
제법상 어느 국가에도 속하지 않고 개방되어 있는 공해公海가 있
죠. 그런 의미에서 공역은 어느 국가에도 속하지 않는 지역입니
다. 어느 국가에도 속하지 않다 보니 역설적으로 어느 국가나 주
권을 주장할 수 있는 분쟁 지역이 되는 것입니다.

박한진 지금 중국은 이곳이 자국령이라고 하면서, 외국이 허가 없
이 진입하면 침범이라고 주장합니다. 반면 미국은 공해이기 때문
에 항행의 자유를 지키기 위해서라며 미군 정찰기를 띄우고 있습
니다. 중국은 남중국해 난사 군도의 암초 7개를 매립했고, 파이어
리크로스 암초(중국명 융수자오)에 3000m 길이의 활주로와 항만
도 만들었습니다.

이우탁 암초는 국제법상 영토로 인정되지 않기 때문에 매립해서
인공 섬으로 만든 것이지요. 물론 필리핀과 베트남도 남중국해 암
초에 매립 작업을 했습니다만 지난 40년간 매립 면적이 0.9제곱
킬로미터에 불과합니다. 이에 반해 중국은 짧은 기간에 12.1제곱
킬로미터나 메웠습니다. 중국은 2016년 말까지는 병원도 세울 것

으로 알려졌는데, 중국 언론 보도에 따르면 이 병원에 최첨단 의료 장비를 갖추고 수술과 원격 진료도 가능할 것입니다. 이 지역의 영유권을 인정받기 위한 조치로, 이미 돼지와 거위 같은 가축도 풀어놓았다고 합니다.

박한진 동중국해와 남중국해 문제가 서로 다르다고 말씀드렸는데, 이 두 지역에 대한 중국의 태도와 조치가 다르기 때문입니다. 중국이 동중국해에 ADIZ를 선포한 후 처음에는 미군기가 이 지역에 진입하기도 했습니다. 하지만 중국이 이를 허용한 것은 당시 중국이 선포만 했을 뿐, 실제로 ADIZ를 운용하기 위한 시설이 하나도 없었기 때문입니다. 레이더와 활주로 말입니다. 이런 시설이 없다면 ADIZ가 별 의미가 없습니다.

그런데 지금 문제가 되고 있는 남중국해는 사정이 전혀 다릅니다. 중국이 지난 2년에 걸쳐 꾸준히 시설을 만들어 레이더와 활주로까지 들어섰으니 동중국해 문제와는 차원이 달라진 것입니다. 동중국해 ADIZ가 선언적 발표였다면 남중국해 ADIZ는 실제적 운용 단계로 격상된 것입니다. 그런 의미에서 제가 동중국해는 연습 경기, 남중국해는 본 경기라고 표현했습니다. 남중국해 중재 재판에서 난 중국 패소 판결은 중국이 진 것으로 끝난게 아니라 앞으로 매우 다차원적이고 복잡하게 전개될 상황의 시작입니다.

이우탁 남중국해는 미국과 중국의 현재와 미래에서 핵심적인 잠재적 전쟁터입니다. 앞으로 이 문제가 어느 방향으로 어떻게 가닥을 잡아가느냐에 따라 양국 관계의 틀과 흐름이 결정될 정도입니다. 지금까지 이 지역에서 전개된 상황은 그야말로 시작에 불과하다는 것이죠.

박한진 앞으로는 미국과 중국의 공세와 대응 수위가 높아지면서 매우 복잡한 시나리오가 예상됩니다. 4가지 차원의 시나리오를 예상해볼 수 있겠습니다.[26)]

첫째는 군사 시나리오입니다. 중국이 정말 남중국해에 ADIZ를 선언하면 미·중 긴장은 급속히 고조될 수밖에 없습니다. 그럴 가능성이 높습니다. 중국이 이곳을 영토 주권의 문제로 간주하기 때문입니다. 영토 주권의 문제는 다른 나라와 협상이나 타협이 불가능한 핵심 국익이라는 것이 중국의 생각입니다. 이 상황에서 미국에는 두 가지 선택이 있습니다. 미군기를 이 지역에 진입시키는 강경 대응을 하거나 혹은 대응하지 않고 묵인하는 것이지요. 전자의 경우는 양국 간 국지적 충돌 혹은 본격적인 충돌까지 예상되고, 후자의 경우는 중국이 미국에 이기는 상황이 되기 때문에 전 세계에 중국의 파워를 과시하는 결과를 낳을 것입니다.

이우탁 전자의 경우라도 대규모 충돌 가능성은 크지 않을 것 같은데요. 이전에도 양국은 위험한 상황에서 교전을 택하지 않고 타협으로 마무리한 적이 많았습니다. 더구나 지금 미국 내 여론은 중국에 대한 거부감이 커지고 있는 것이 사실이지만 전쟁 자체에 대해선 거부감이 더욱 크니까요. 미국 국민들은 지금 국익에 직결되지 않는 전쟁에 지쳐 있습니다. 중국도 예전의 중국이 아니니 미국이 함부로 무력을 행사하기 어려운 측면도 있을 것입니다. 양국 모두 섣불리 행동에 나서기 어려울 것으로 보입니다.

박한진 국제 정치 시나리오도 있습니다. 남중국해 문제의 핵심 이해 당사국인 필리핀은 이 지역 영유권 분쟁이 해결되지 않자 국제중재 기관에 제소하는 등 이 문제를 국제법적 차원에서 접근해왔습니다. 이에 대해 중국은 일찌감치 필리핀과 양자 협의로 풀 문제라는 입장을 밝히며, 국제중재로 가져가는 것에 반대하며 국제중재 참여 자체를 거부했습니다. 국제중재는 결국 필리핀과 미국에 유리하게 결정될 것으로 예상했기 때문입니다.

이우탁 중국은 중재 판정에서 졌지만 별로 개의치 않고 이전 입장을 고수하고 있습니다. 중국이 이렇게 하면 국제사회에서 나쁜 국가로 인식되겠지만 그런 일은 과거에도 여러 차례 있었기 때문에 크게 신경쓰지 않을 수도 있습니다. 한편 중국 관측통들에 따르면, 최근 중국 정부는 국제 관계와 외국과의 우호를 중시하는 외교부 내 국제파들의 영향력을 많이 줄여놓은 것으로 보입니다.

박한진 중국이 국제중재 결정을 수용하지 않는다고 해도 국제사회에서 반드시 나쁜 국가로 인식되지는 않을 수도 있습니다. 중국은 이미 일대일로一帶一路, One belt One road, 아시아인프라투자은행AIIB, Asia Infrastructure Investment Bank과 같은 경제적 조치들을 해놓았기 때문입니다. 다시 말해 중국은 이미 신흥국에 투자와 융자를 제공하는 기반을 구축했고 이것이 신흥국들의 관심과 호응을 받고 있으며, 다른 한편으로 선진국 기업에는 새로운 시장 기회를 제공하고 있습니다. 미국 등 서방 진영은 과거에도 중국을 나쁜 국가로 몰고 간 적이 많은데, 남중국해 문제에서 중국을 또 몰아붙인다고 해도 중국이 새롭게 큰 타격을 받을 일은 많지 않을 것입니다. 중국이 만든 경제적 조치와 기구들에 이미 발을 담근 국가들이 적지 않다는 현실도 중요합니다. 결국 어느 한쪽으로 해결되기가 쉽지 않을 것으로 보입니다. 이것이 남중국해 문제의 국제 경제 시나리오입니다.

마지막으로 시스템 시나리오라는 측면을 고려했으면 합니다. 방금 나눈 얘기와 일맥상통하는데, 앞으로 앵글로색슨Anglo-Saxon 계열의 선악 시스템과 중국의 중화 시스템 간의 대결이라는 구도가 더욱 격화될 것으로 봅니다.

이우탁 앵글로색슨은 독일, 프랑스 등 유럽의 대륙 국가와는 또 다른 유럽 스타일, 즉 유럽 대륙 국가들과 뚜렷이 차이가 나는 영국과 미국의 독특한 사회 경제 스타일을 말하는데, 그 내면에 깊숙이 자리 잡고 있는 선한 자와 악한 자를 구분하는 시스템을 말하는 것이죠.

박한진 그렇습니다. 미국은 남중국해 문제가 난항을 거듭하게 되면 선악 시스템의 기준에 따라 중국을 나쁜 국가로 몰고 갈 것으로 예상됩니다. 이 과정에서 인권과 민주화, 환경 문제 등을 함께 거론할 것입니다. 이른바 선악 시스템은 앵글로색슨 계열이 세계 패권을 구축하고 유지하는 핵심입니다.

이우탁 선악 시스템은 파급 효과가 굉장히 큽니다. 미국이 중동 전쟁에 나설 때나 북한을 다룰 때도 이 기준을 적용합니다. 물론 종래 중국에 대해서도 그렇게 했습니다. 그런데 문제는 후진타오 시대만 해도 이런 처방이 잘 먹혔는데, 시진핑 주석 시대의 중국은 그리 간단하지 않다는 것입니다. 국력과 영향력이 커졌기 때문이죠.

박한진 그렇습니다. 중국이 지금 위안화의 국제화를 야심 차게 추진하고 있는데 이는 단순히 위안화가 세계에서 더 많이 활용된다는 차원에 그치지 않고 중국의 영향력 확대, 나아가 미국에 대항할 수 있는 또 하나의 시스템이 구축되고 있음을 의미합니다.

이우탁 사실 전후 세계 경제에서 달러는 유일한 국제 결제 통화였습니다. 유로도 있고 엔도 있지만 모든 달러의 국제 결제가 뉴욕연방은행을 통하게 되어 있기 때문에, 미국은 제재를 가해야 할 나라에 대해 결제를 중지하며 엄청난 영향력을 행사했습니다. 대북 경제 제재도 그런 맥락이고요. 그런데 최근 진행되는 위안화의 국제화는 차원이 다릅니다. 미국 마음대로 할 수 있는 범위가 갈수록 축소되고 있음을 의미합니다.

박한진 이전 같았으면 미국의 눈밖에 나거나 제재를 받으면 견디기 어려운 나라들이 중국의 부상으로 인해 또 하나의 기댈 언덕이 생긴 것이고, 이것은 다시 중국의 국력 상승을 뒷받침하는 요인이 되고 있습니다. 앞으로 남중국해 문제의 전개도 이런 복잡한 부분들이 한데 맞물려 돌아갈 것으로 봅니다.

하와이 대학 동서센터East West Center의 데니 로이Denny Roy 박사는 "남중국해 문제로 인해 앞으로 미국 중심의 시스템이 과연 유지될 수 있을지에 대한 의문이 제기됐다"며 앞으로 미국이 중국과의 관계에서 만족할 수준의 균형점을 찾을 수 있을지 미지수라고 했는데요. 이 말은 남중국해 문제에서 어느 한 국가가 뚜렷하게 유리한 상황이 아니라는 의미라고 해석됩니다.

이우탁 이제까지 나눈 이야기를 정리해보죠. 세계의 시스템은 이미 미국과 중국으로 양분되기 시작한 것으로 보입니다. 어느 한 국가가 다른 국가를 일방적으로 몰아붙이기 어려워진 것입니다. 다른 한편으로 미국의 관심사는 아시아 지역에서의 영향력 유지에 있고, 중국의 관심사는 이 지역 패권 차지가 아니라 일정한 기득권 획득에 있습니다. 물론 그 기득권은 작은 것을 확보하면 더 큰 것을 원하기 마련이겠지요.

박한진 중국의 목표는 미국을 앞서는 것이 아니라, 미국과는 또 다른 하나의 체제를 만들고 미국이 그것을 인정하게 하는 것입니다. 따라서 양국은 남중국해는 물론 기타 여러 갈등 국면에서도 직접 부딪히기보다는 지루하지만 협상과 타협 분위기로 갈 가능성이 큽니다.

다만 지금 미국과 중국 모두 금융이 불안하기만 합니다. 만약 미국에 또 한 차례 대규모 금융위기가 발생하면 미국의 국력은 급속하게 쇠퇴할 수밖에 없습니다. 미국이 지금은 중국을 나쁜 국가로 몰아세우지만, 그렇게 되면 중국을 세계 경영의 부담감을 줄여주는 착한 국가로 재평가할 수도 있습니다. 지난 2008년 미국발 글로벌 금융위기 발생 후 그런 장면이 목격된 적이 있습니다. 당시 세계 경제가 모두 곤두박질한 상황에서 중국이 대규모 재정 투자에 나서자 세계 많은 국가와 기업들이 거기서 발생한 수요에 크게 의지했었습니다. 미국이 중국을 칭찬하기도 했었죠.

이우탁 불안 요소는 중국에도 있습니다. 지금 중국은 여전히 취약한 금융 구조 속에서 부채 문제가 갈수록 악화되고 있는데, 위기에 봉착하면 중국의 경쟁력도 급속히 떨어질 수 있습니다. 결국 양국은 현재의 세력 관계에서 보아도 그렇고, 앞으로 혹시라도 발생할 수 있는 상황에 대비하는 측면에서 보더라도 날선 대결보다는 지루한 공방을 벌일 가능성이 커 보이네요.

박한진 이런 판단은 한국으로서는 세심하게 고려해야 할 부분입니다. 이 문제를 대화의 결론 부분에서 다시 다루었으면 합니다.[27]

경제 전쟁터 TPP

박한진 미국과 중국의 경제 전쟁이 가장 표면화되고 상징화된 부분은 역시 환태평양경제동반자협정TPP과 역내포괄적경제동반자협정RCEP의 대립이라고 할 수 있습니다. TPP와 RCEP는 2012년 거의 비슷한 시기에 광역 경제 통합 이슈로 떠올랐는데, 미국이 TPP를 통해 아시아태평양 지역에서의 리더십을 회복·강화하려 하자 중국이 RCEP로 맞불을 놓은 모양새입니다. TPP는 앞으로 미국과 중국 양국 관계는 물론 글로벌 경제 전체에도 큰 영향을 미칠 것으로 보는 시각이 많습니다. 한국을 포함한 관계국들로서는 경제적 고려를 뛰어넘어 정치적 이해관계까지 얽혀서 아주 복잡한 형국이고요.

그런데 미묘하지만 아주 중요한 변화가 감지된 적이 있습니다. TPP에 대해 극도의 경계심을 보이던 중국이 TPP 참여 가능성을 검토할 수 있다고 한 것입니다. 여기에 중국 배제 원칙까지는 아니더라도 애매한 입장을 보였던 미국도 중국이 일정한 조건을 갖춘다면 TPP에 참여할 수 있다는 입장을 밝혔죠. 앞으로 상황 전개가 더욱 복잡해질 수 있음을 예고하는 대목입니다.

이우탁 아시다시피 TPP는 미국이 먼저 시작한 것이 아니죠. 지난 2005년 6월 뉴질랜드, 싱가포르, 칠레, 브루나이 등 4개국이 환태평양 전략적 경제동반자협력체제TSEP, Trans-Pacific Strategic Economic Partnership 협정을 체결하고 2006년 5월 발효됐는데요. 2008년 미국이 여기에 참여하기 위해 교섭을 시작하면서 명칭이 TPP로 바뀌게 됩니다. 현재 TPP에는 미국과 일본, 말레이시아, 베트남 등 12개국이 참여하고 있고 한국도 가입을 준비하고 있습니다. 현실적으로 미국이 주도하는 TPP에 대해 중국의 태도가 달라졌다는 것은 대단히 중요한 사안입니다. 중국의 생각이 바뀐 이유를 어떻게 봐야 할까요?

박한진 중국은 후진타오 전 국가주석 집권 후반기에 '신형 대국 관계'라는 카드를 미국에 제안했습니다. 신형 대국 관계가 과연 무엇인지에 대해 여러 전문가들이 다양한 분석을 내놓았는데, 중국의 표현을 빌리면 양국이 패권 경쟁을 하는 전통적인 강대국 관계 모델에서 벗어나 공동으로 세계 평화를 모색하자는 것입니다. 사실 과거에 중국은 대외 관계에서 자신감이 부족했다고 스스로도 인정하고 있습니다. 예를 들어 미국과 그 우방국들이 중국에 불리한 정책을 내놓으면 음모라고 말할 뿐, 제대로 된 대응을 못했다는 것이지요. 후진타오 집권 후반기와 시진핑 집권 이후 중국 대외 정책의 가장 큰 변화는 자신감을 찾으려는 노력이 곳곳에서 관찰된다는 것입니다.

이와 동시에 중국은 TPP에 대해 때로 다소 애매한 입장을 보이기도 했는데요. TPP가 출범하기까지 참여국들이 해결해야 할 현실적 문제들이 너무 많아 쉽게 타결되지 않을 것이라고 봤기 때문입니다. 중국으로선 당황하거나 섣불리 한쪽 방향으로만 가기보다는 침착하게 대응하는 것이 국익에 도움이 된다고 판단했을 겁니다. 예를 들면 베트남과 말레이시아는 미국과의 경제 발전 격차가 매우 크기 때문에 높은 수준의 개방을 전제로 하는 TPP 가입 조건을 소화하기 쉽지 않을 것이고, 경제가 발전한 일본도 농업 개방은 좀처럼 내놓기 어려운 카드입니다. 그런 이유로 TPP는 협상 개시 이후 내용이 많이 바뀌었습니다. 처음엔 아주 높은 수준의 이상적인 시장 개방 방안을 논의했는데 개방의 폭과 범위가 점차 낮아져서, 지금은 무게중심이 개방의 폭을 따지는 것 못지않게 출범 자체에 무게를 두는 체제 개혁 쪽으로 옮겨 간 것으로 보입니다.

이렇게 본다면 중국은 회피 내지는 대립하는 자세를 취하기보다는, 상황에 따라서 참여할 수도 있다는 쪽으로 방향을 전환해야만 국제사회에서 고립되지 않고 향후 발언권도 강화될 수 있다고 판단했을 것입니다.

과거(2001년) 중국이 WTO에 가입할 때도 그랬습니다. 처음엔 WTO 가입에 따른 시장 개방에 대해 "늑대가 온다狼来了"라는 표현까지 쓰며 회피하려고 했지만, 적절한 수준의 개방이 오히려 국가 경제에 도움이 된다고 판단하여 적극적인 가입 추진으로 정책을 바꾼 것이지요. 그래서 WTO 가입에 따른 효과를 톡톡히 본 것이고요. 2000년대 중국의 경제 발전 요인을 꼽을 때 이른바 WTO 보너스 효과라는 요인이 빠지지 않는 이유이기도 합니다.

중국을 TPP 테두리 밖에 두려던 미국이 중국이 조건만 갖춘다면 받아들일 수 있다며 태도 변화를 보인 것은 아주 중요한 움직임입니다.

이우탁 중국을 중심으로 한 가치사슬value chain의 비중이 너무 커졌다는 점을 미국이 인식한 것으로 생각합니다. 중국은 경제 규모 측면에서 이미 일본을 제치고 세계 2위에 올라 있습니다. 중요한 사실은 아시아가 중국을 중심으로 지역적 가치사슬을 확고하게 구축했다는 것입니다. 우리가 중국을 '세계의 공장'이라고 하지만 사실은 '세계의 조립 공장'이라고 하는 것이 보다 정확한 표현입니다. 중국 혼자 모든 것을 다 만드는 것이 아니라, 상품을 생산하기 위한 부품과 소재를 아시아 여러 지역에서 생산하고 이를 중국에서 최종 조립해 완성품을 만드는 구조 때문입니다. 이런 상황에서 중국을 배제한 글로벌 혹은 역내 경제 통합 기구를 만든다면 효과 측면에서 한계가 있을 수밖에 없다는 점을 미국이 고려했을 겁니다.

중국은 TPP 참여국들이 결코 포기할 수 없는 엄청난 시장 수요를 갖고 있습니다. TPP 참여국은 자국 시장을 개방하면서, 중국이라는 거대 시장 없는 TPP에 적극적으로 참여하기는 어렵습니다. 중국이 없다면 아시아의 많은 참여국들은 협상이 진행될수록 자국 시장 보호를 위한 장벽을 자꾸 쌓으려 할 것입니다. 결국 TPP의 틀을 설계한 미국 입장에서는 중국이 참여한다면 적어도 경제적 이해 측면에서 반대할 사안이 아니며, 오히려 중국을 끌어들여야 할 필요성까지 생겼다고 봅니다.

박한진 TPP 쪽에 선 국가들이 중국 시장을 포기할 수 없듯이 RCEP 쪽에 선 국가들은 미국 시장을 포기할 수 없겠지요. 실제로 미국도 RCEP에 초청받은 것을 보면 그런 속내를 확인할 수 있습니다. 우리가 대화를 시작할 때 이 부장이 미국과 중국의 관계를 프레너미라고 표현하며 화두를 던졌는데, TPP에 대해 미국과 중국이 약속이나 한 듯이 태도가 변한 것을 보니 '따로 또 같이'란 말이 생각납니다.

이우탁 중요한 지적입니다. 아시아태평양 경제의 판도가 미국 주도의 TPP와 중국 주도의 RCEP로 나뉜다고 해도, 미국과 중국은 거대 시장 확보라는 측면에서 결코 서로를 포기하지 못할 것입니다. 과거 냉전 시기라면 TPP와 RCEP가 상호 배제 일변도로 가겠지만, 글로벌화와 상호 의존도가 심화된 새로운 국제 경제 구조에서는 공통분모를 지속적으로 찾아가는 것이 서로의 국익에 도움이 될 테니까요.

박한진 같은 생각입니다. 상호 의존도가 높은 현재와 앞으로의 국제 경제 구조는 "네 안에 나 있고, 내 안에 너 있는" 형국이 불가피할 것입니다. 상품 무역에 비유하면 예전에는 '내가 만든 상품과 네가 만든 상품을 교환'했는데 지금은 '내가 만든 상품 안에 네 이익이 있고, 네가 만든 상품 안에 내 이익이 있는' 그런 구조입니다. 상호 배제보다는 협력하는 것이 윈-윈할 수 있다는 것이지요. 중국은 개혁·개방 이후 30여 년 동안 미국과 서방이 주도한 수많은 국제 조직에 참여하고 이를 통해 이익을 확대해왔습니다. 서방이 중국을 일방적으로 고립시키기 어렵고, 중국도 서방으로부터 완전히 벗어나기는 어렵다고 봅니다.

이우탁 미국과 중국 관계를 대립 차원에서 보는 시각이 갈수록 커지고 있는데 상호 의존도 역시 확대되는 것이 양국의 현실입니다. 물론 정치·군사적 요소들이 불시에 양국 경제 관계에 타격을 줄 수도 있습니다. 하지만 미국과 중국이 경제와 정치의 평형점을 찾는 노력을 하지 않는다면 양국 모두 손해를 볼 수밖에 없을 것입니다. 그런 사실을 두 나라 모두 잘 알고 있고요. 그런 의미에서 TPP와 RCEP는 분열 일변도보다는 상호 수렴할 가능성도 배제할 수 없다고 봅니다.

박한진 흔히 TPP와 RCEP를 대립 관계로만 간주해 국제 경제 구조의 일대 탈바꿈을 예고하는 '태풍의 눈'으로 지목하기도 하지만, 양자 간 대립 자체는 '찻잔 속 태풍'에 그칠 가능성도 배제할 수 없습니다. 적어도 국제 관계라는 측면에서 보면 말이죠.

TPP 관련해서 한 가지 더 짚고 넘어가야 할 부분이 있습니다. 2016년 말에 있을 미국 대선을 앞두고 공화당과 민주당 양당 후보 모두가 기존의 국제 무역 협정에 대해 불만을 드러내고 있다는 점인데요, 앞으로 미국의 통상 정책에 일대 변화가 불가피해 보입니다.

이우탁 같은 생각입니다. 공화당은 미국 우선주의America First에 입각한 무역 협정 정책을 펴겠다고 공언했습니다. 민주당도 미국의 국익에 맞는 방향으로, 이미 맺은 무역 협정에 대해서도 재검토하겠다는 입장이어서 누가 대통령이 되더라도 미국은 FTA 재협상에 나설 가능성이 커 보입니다.

박한진 이렇게 된다면 양자 FTA는 물론 TPP와 같은 다자 FTA 정책에도 변화가 불가피해질 것입니다. 다만 TPP 정책 자체를 철회하기보다는, TPP를 추진하되 철저하게 미국의 국익에 부합하는 방향으로 갈 가능성이 커 보입니다.

미·중 갈등의 핵심 영역

박한진 미국과 중국의 갈등 영역은 잠재적으로 양국 간 경쟁의 장이 될 수 있는 곳입니다. 양국의 갈등 영역은 미국과 중국이 매년 개최하는 전략·경제대화 현안을 보면 일목요연하게 알 수 있습니다.

이우탁 그렇습니다. 2016년 6월 베이징에서 열린 제8차 미·중 전략·경제대화에서 양국은 치열한 기싸움을 벌였고 벼랑 끝 같은 대립 양상도 보이면서도, 갈등으로 남길 건 남기고 일단 봉합할 사안은 봉합하는 복합적인 모습을 보였습니다.

박한진 갈등 영역은 남중국해 영유권 문제, 대북 제재 이행 견해 차이, 사드(THAAD, 고고도미사일방어체계) 한반도 배치 문제, 공급과잉, 위안화 환율 문제 등 대개 다섯 가지로 볼 수 있습니다. 이 문제들을 하나씩 짚어보면 좋겠습니다.

우선 남중국해 영유권 문제가 본격적으로 이슈화된 것은 중국과 대립하고 있는 필리핀, 베트남 등에 대해 미국이 지지를 표명하면서부터인데, 미국과 중국이 이미 여러 차례 협의했지만 오히려 대립이 격화됐습니다. 이 문제는 서로를 견제하는 양국의 핵심 이해관계에 관련된 것이어서 충돌 가능성이 고스란히 남아 있습니다. 앞으로도 양국 관계에서 가장 큰 갈등 요인으로 남게 될 것으로 봅니다. 하지만 우리가 앞서 지적했듯이 양국은 상대를 몰아붙이기보다는 조심하고 견제하면서 지루한 공방 국면으로 갈 가능성이 더 커 보입니다. 사드 한반도 배치 문제도 같은 맥락에서 볼 수 있을 것입니다.

이우탁 대북 제재에 관해선 최근 북·중 관계 개선으로 북한이 추가로 도발할 여지를 주고 있다는 것이 미국의 주장이고, 중국은 한반도 문제 3원칙(비핵화·평화 안정·대화를 통한 문제 해결)을 견지하고 일정 수준에서 대북 제재에 동참하면서도 대화를 통해 해결하자고 주장하고 있습니다. 이 문제는 성격이 좀 다르긴 하지만 남중국해와 유사한 판세입니다. 양국 모두 상대국을 견제하는 지렛대로 활용한다는 것이죠.

박한진 중국의 공급 과잉은 다른 갈등 요인들에 비해 비교적 최근 부각된 문제입니다. 환율과 함께 중요한 통상 마찰 요인이기도 합니다. 미국은 중국의 공급 과잉 구조가 미국과 세계 경제를 해치고 있다면서도, 이 문제를 다소 부수적으로 보고 있어 양국이 대립 일변도로 갈 가능성은 크지 않아 보입니다. 공급 과잉은 중국 스스로도 해결을 위해 노력하고 있지만, 다소 시간이 필요한 문제입니다. 미국이 일방적으로 압박할 수 있는 사안이 아니라는 것이죠. 환율의 경우 미국은 중국에 인위적 환율 개입을 자제하라는 입장이고, 중국은 위안화와 미 달러는 사정이 다르다고 대응하고 있는데, 과거에도 양국이 위기 국면까지 가면 성의 있는 조치와 유화적인 대응이 나왔기 때문에 앞으로도 큰 문제가 될 것으로 보기는 어렵습니다.

이우탁 사이버 안전 얘기를 해볼까요? 사실 이 문제는 우리가 이 책을 기획했던 2년 전에는 양국 관계에서 가장 민감한 사안 중 하나였습니다. 그런데 지난 2015년부터 양국이 합의점을 찾기 위한 노력을 기울여 2016년 6월까지 두 차례에 걸쳐 고위급 회담을 열었고 사이버 범죄에 공동 대응해나가기로 뜻을 모았습니다. 지금까지는 미·중 핫라인을 설치하기로 하고 세부 운영 계획, 즉 행동 규범에 합의했고 정보 공유, 협력 강화 등에 노력하기로 했습니다.

박한진 양국이 첨예하게 대립하던 사이버 문제가 대화와 타협 국면으로 전환된 것은 상호 공방을 벌이기보다는 협력을 통해 얻을 수 있는 이익이 더 크다는 판단에 따른 것입니다. 특히 사이버 해킹 문제는 미국과 중국, 양측 모두 완전히 자유로울 수 없다는 측면도 있기 때문이겠지요.

이우탁 중국이 급부상하면서 나타난 두드러진 현상 중 하나가 외국 기업들을 사들이는 것입니다. 이른바 '저우추취走出去'로 불리는 중국 기업들의 해외 진출 가운데서도 가장 적극적이고 공격적인 방식이 외국 기업을 직접 인수하는 것입니다.

박한진 그렇습니다. 모든 산업 분야에 걸쳐 중국이 가장 아쉬운 부분이 바로 기술력입니다. 중국은 종래 외국 기업에 대해 시장을 개방할 테니 기술을 달라는 이른바 '이시장환기술以市場換技術' 전략을 펼쳤습니다. 하지만 시장은 개방했지만 외국 기업들이 기술을 내놓지 않아 손해를 보았다는 인식이 강합니다. 그래서 대안으로 외국 기업을 직접 사들이게 된 것이라 볼 수 있습니다. 그런데 중국의 인수합병M&A 대상 기업이 일반 제조업 혹은 서비스업이 아니라 군사 기술 분야라면 양국 간 첨예한 대립 양상을 야기하게 됩니다. 지금 그런 움직임들이 나타나고 있고요.

이우탁 핵심 군사 기술 분야는 2016년 미·중 전략·경제대화에서는 구체적으로 다루어지지 않았지만 미국과 중국의 소리 없는 전쟁터입니다. 미국은 핵심 군사 기술이 중국에 넘어가지 않도록 방벽을 쌓고 있고, 그런 가운데서도 중국은 기술을 확보하기 위해 온갖 방법을 다 쓰고 있습니다. 군사 기술을 가져가는 방법은 예전에는 스파이 혹은 해킹 등이었으나 이제는 새로운 방식으로 기업의 인수합병이 나타난 것입니다. 물론 이를 둘러싸고 양국은 치열한 물밑 싸움을 계속하고 있습니다.[28]

박한진《포브스》는 중국의 국영 항공기 제작사인 중국항공공업집단공사AVIC가 미국과 유럽의 항공기 제조사들을 사들이기 시작했다고 보도했습니다.《포브스》에 따르면, AVIC는 캘리포니아에 있는 소형 적자 회사들을 사들인 데 이어 영국에 본사가 있는 항공우주 군사 전문 기업을 인수하기 위한 협상을 벌이고 있습니다. 이 영국 회사의 기술은 중국의 스텔스와 무인기 기술 향상에 큰 도움이 될 것으로 알려졌습니다. AVIC는 중국 군사용 드론의 선두 주자여서 앞으로 기술력이 크게 탄력받을 수 있을 것입니다.

이우탁 놀라운 것은 중국이 미국에서 사들인 기업체 수가 2009년만 해도 10여 개에 그쳤는데 이제는 곧 연간 100개를 넘어설 추세라는 점입니다. 중국의 미국 기업 인수가 공세적이긴 하지만, 기업을 샀다고 해서 그 회사의 지적 재산권이 모두 바로 중국에 넘어가는 것은 아니지 않습니까?

박한진 그렇습니다. 기술이 중국에 넘어가서 군사적으로 사용되는 것을 막기 위해 미국은 이미 법적 조치들을 취해놨습니다. 중국이 미국 회사를 샀다고 해서 모든 기술을 마음대로 가져갈 수 있는 것은 분명히 아닙니다. 그런데 문제는 AVIC가 기업을 M&A 한 후에는 기업의 서버에 접근할 수 있게 될 텐데, 이렇게 되면 양국 간에 기술을 빼앗고 지키기 위한 싸움이 새로운 국면에 접어들게 된다는 점입니다. 중국은 이 영역에서 일부 성과를 내고 있습니다. 중국이 공세를 펼친 터라 일단 공은 미국에 넘어간 양상입니다. 이제 미국은 군사 기술이 중국에 넘어가는 것을 막기 위해 보다 강력하고 근본적인 조치를 내놓으려 할 것입니다.

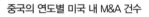

중국의 연도별 미국 내 M&A 건수

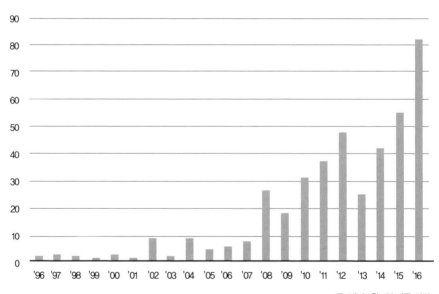

주: 매년 2월 5일 기준 실적

출처: Dealogic(Andy Kiersz/Business Insider 재인용)

이우탁 미국과 중국 간 군사적 충돌 가능성을 상정하는 일부 시각이 있습니다만, 미국의 군사 기술을 획득하려고 애쓰는 중국의 모습을 보면 양국 간 군사적 충돌 가능성은 크지 않다고 봅니다. 현실적으로 싸움이 되지 않기 때문이며, 앞으로 상당 기간 동안에도 중국은 미국의 군사적 맞수가 되기는 어려울 것으로 생각합니다. 오히려 이 기간 동안 중국은 어떻게 하면 미국의 군사 기술을 더 많이 가져올 수 있을까를 고민할 것입니다.

물론 이런 갈등과 마찰 양상과는 달리 양국이 공감대를 이루어 순조롭게 합의한 영역도 있습니다. 양자투자협정BIT 조속 체결은 중국 경제 연착륙에 도움이 된다는 판단에 따른 것입니다. 시리아, ISIslamic State 척결 등 테러 대책과 파리협정 준수, 환경 문제 해결 노력 등 기후변화 대책 분야 협력 강화 등은 양국 모두의 국익에 필요한 분야입니다.

박한진 이렇게 본다면 양국 간에는 갈등 요인이 많고 잠재적 전쟁터도 존재하지만, 맞붙기보다는 비록 더디더라도 공방 속에서 협상과 협력을 모색할 가능성이 더 커 보입니다.

"지금 대통령 아래의 미국은 은퇴까지는 아니라고 해도 퇴보하는 초강대국이다."

"America under this president is a superpower in retreat, if not retirement."

니얼 퍼거슨Niall Ferguson 하버드대 교수

오바마 집권 1기 4년간의 공약 이행 부진을 지적하는 《뉴스위크》 기고문(2012년 8월 20일)에서, 중국이 세계 최고의 초강대국인 미국을 이미 대체했거나 궁극적으로 그렇게 된다고 믿는 미국인이 46%, 중국인이 63%라고 강조.

05

미래 파워 지도

미국의 대전략

박한진 작가이자 정치 평론가인 피터 밴 뷰렌Peter Van Buren은
2016년 4월《르몽드 디플로마티크》기고문에서, 지난 2012년에
이어 2016년에도 미국 대선 후보들은 세계에서의 미국 존재 가치
에 관해 답해야 할 것이라고 지적했습니다. 구체적으로 "세계에서
미국은 정확히 어떤 존재이며, 어떤 국가가 되고자 하는가?", "지
구 상 최고 국가가 되기 위한 전략을 홍보할 것인가, 아니면 글로
벌 공동체 안에서 자리를 찾을 수 있을 것인가?", "언덕 위의 빛나
는 도시shining city on a hill(성경 마태복음에 나오는 구절로, 미국 정치
인들이 미국을 빗대어 즐겨 사용하는 말)라는 일반적 은유에만 기대지
않고 세계 속 미국의 비전을 말할 수 있는가?" 하는 것입니다.

중국과의 관계에서 미국 전략은 결국 후퇴, 경쟁, 공유라는 3가지 시나리오로 귀결될 것입니다.[29] 미국이 아시아에서 일정 부분을 중국에 양보하는 것이 '후퇴'이고, 중국의 거센 도전에 대응하는 것이 '경쟁'이며, 아시아에서의 지위를 유지하면서 중국과 권력을 나누되 새로운 질서를 모색해나가는 것이 '공유'입니다. 이 문제는 아시아에서 미국의 존재 가치와 직결된 것입니다.

이우탁 세 가지 시나리오를 중심으로 미국의 대중국 전략을 가늠해보는 것이 좋겠습니다. 우선 미국이 중국의 공세에 부딪혀 아시아에서 후퇴한다는 첫 번째 시나리오는 성립되지 않을 것으로 보입니다. 미국은 그동안 이 지역을 관리한 유일한 초강대국이었습니다. 아시아 많은 국가들이 미국의 존재를 필요로 했고, 미국으로서도 적은 비용으로 국익에 부합하는 성과를 거두었습니다.

  미국 대선 과정에서 트럼프Donald Trump 같은 후보가 아시아 국가들의 방위비 분담률을 올리지 않으면 빠져나올 수도 있다는 발언을 했는데, 이것은 정말 나가려는 것이라기보다는 비용의 문제에 관한 것이라 생각합니다. 아시아가 세계의 중심으로 떠오르고 있는 상황에서 미국은 아시아를 떠나기보다는 아시아의 리더로 계속 남아 있으려 할 것입니다.

박한진 같은 생각입니다. 다른 차원도 고려해볼 수 있습니다. 만약 미국이 아시아를 떠나게 된다면, 그리고 중국이 그 리더십을 이어

받게 된다면 어떻게 될까요? 중국과 아시아권 국가들의 현재 관계를 고려하면 중국은 미국과 같은 리더십을 순조롭게 행사하기 어려울 것으로 보입니다. 오히려 인근국과의 마찰이 커진다는 얘기지요. 그렇게 되면 중국으로서도 미국의 존재감이 아쉬울 수도 있습니다.

두 번째는 미국이 중국의 도전에 맞서 압박으로 나서는 '경쟁'인데 이 또한 가능성이 커 보이지 않습니다. 중국은 영토와 영해 문제를 국가 주권에 관련된 것으로 보며 절대 양보할 수 없다는 입장입니다. 따라서 미국이 아무리 정치적 영향력을 행사해도 중국은 물러서기보다는 대응 모드로 나설 가능성이 예상됩니다. 물론 수위 조절은 하겠지요.

이우탁 공유 시나리오는 미국이 중국과 리더십을 공유하는 방안을 찾아 아시아 권력 지형을 재배치하는 것이라 볼 수 있습니다. 이것은 미국과 중국 모두에 아쉬움이 남지만 각자 피해를 줄일 수 있는 현실적인 방안, 즉 차선책이라고 봅니다. 미국은 아시아에 남아 영향력을 계속 행사할 수 있습니다. 또 중국은 국내 경제 건설에 필수적인 역내 안정을 얻을 수 있다는 이점이 있습니다. 그러나 이 시나리오는 양국의 지루한 협상을 거쳐 이뤄진다는 전제 조건이 있습니다. 이 과정에서 대립과 갈등이 상당 기간 지속될 가능성도 큽니다.

박한진 공유 시나리오는 역사적으로 볼 때 아주 드문 국가 간 권력 분점 양상입니다. 하지만 리더십 공유 방안을 잘 설계한다면 미국에는 현실적인 차선책이 될 수 있습니다. 또 중국은 어차피 아시아를 독차지하기보다는 미국과 권력을 분점하는 데 관심이 더 많기 때문에, 공유가 중국에도 가장 바람직한 시나리오라고 볼 수 있습니다. 이는 미국이 아시아에 머물 것인지 떠날 것인지가 아니라 미국의 아시아 존재 방식에 관한 문제입니다. "A냐 B냐"가 아니라 "어떻게how"와 관련된 것이죠.

이우탁 전후 70년 동안 미국의 세계 전략의 핵심은 아시아와 유럽에서 미국을 위협하는 세력이 등장하는 것을 철저하게 저지하는 것이었습니다. 만약 아시아에 지역 강대국regional power이 세력을 키워간다면 결국 태평양을 넘어 서쪽에서 미국을 위협하게 될 것입니다. 마찬가지로 유럽에 그런 세력이 등장한다면 대서양을 건너 동쪽에서 미국을 위협하게 될 것이고요.

박한진 미국이 두 차례 세계대전에 개입한 가장 근원적인 이유가 바로 유럽에 독일이라는 강력한 세력이 등장해 대서양으로부터 생기는 위협을 좌시할 수 없었던 것이고, 또 아시아가 일본의 수중에 들어가면 태평양을 넘어올 것이 분명했다는 점입니다. 냉전 시대 미국이 소련과 심각한 대립 양상을 보였던 것도 유럽이 소련에 넘어가는 상황을 막아야 했기 때문입니다. 미래 미국의 세계대전략도 변함없이 바로 이런 기초에서 출발할 것입니다.

이우탁 그런 의미에서 본다면 최근 중국의 급부상은 냉전 시절 소련이 하던 행동을 이제는 중국이 하기 시작한다고 미국이 판단할 수도 있겠지요. 사실 돌이켜보면 2001년 9.11 테러 이후 미국은 테러와의 전쟁에 매달리는 과정에서 아시아에 다소 소홀했는데, 그사이에 중국이 훌쩍 커버린 것입니다. 미국의 미래 전략 지도에서 중장기적으로 국익을 위협하는 가장 큰 요인은 테러리스트가 아니라 중국이라고 하는 것이 보다 정확합니다.

박한진 그렇습니다. 최근 중국 경제가 불안한 양상을 보이고 있고 일각에서는 중국 경제 붕괴론마저 제기하는데, 미국으로서는 중국 붕괴는 물론 중국 경제의 거품 파열과 같은 상황을 바라지 않습니다. 중국의 영향력이 이미 커질 대로 커져서 미국과 국제사회에 미칠 파장이 엄청날 것이기 때문입니다. 반대로 중국이 계속 급팽창해서 미국에 도전하는 상황도 결코 용납하지 않을 것입니다.

이우탁 같은 생각입니다. 미국이 가장 바라는 시나리오는 중국이 앞으로도 미국이 짜놓은 틀 속에서 일정한 책임을 분담해주는 정도입니다. 하지만 바로 이 부분에서 중국과 엇박자를 내고 있습니다. 중국은 언제까지나 미국이 만들어놓은 틀과 게임 법칙에서 움직이기는 싫다는 생각이니까요. 양국은 상대에게 자국의 전략 방침을 일방적으로 강요하기도 어려운 상황입니다. 중국이 볼 때 미국은 너무 강하고, 미국이 볼 때 중국은 무시할 수 없는 상대가 된 것이지요.

박한진 양국은 갈등 속에서 대립과 마찰 양상도 보이겠지만 일촉 즉발의 심각한 국면으로까지 치닫지는 않을 것입니다. 미국은 '피봇 투 아시아(아시아 회귀 정책)'의 기조 아래 신방위 전략을 구사하며 중국을 지속적으로 압박해나갈 것이고, 중국은 일대일로 전략으로 대응할 것입니다. 일대일로는 중국과 중앙아시아-유럽을 잇는 육상 실크로드一帶와, 중국과 동남아시아-아프리카-유럽을 연결하는 해상 실크로드一路를 의미합니다. 양국의 이런 전략이 국제 통상 분야에서는 미국 주도의 환태평양경제동반자협정TPP과 중국 주도의 역내포괄적경제동반자협정RCEP으로 나타나고 있습니다.

이우탁 앞으로 상당 기간 미국은 자신이 만들어놓은 국제 준칙을 지키라고 중국에 지속적으로 요구할 것이고, 예전 같으면 별다른 의사 표현이 없던 중국은 계속해서 이의를 제기할 것으로 봅니다.

박한진 흔히 기존 패권국과 신흥 대국이 충돌한다는 '투키디데스의 함정Thucydides trap'으로 미국과 중국 관계를 설명하곤 하는데, 현재와 미래의 양국 관계를 설명하기엔 설득력이 부족하다고 봅니다. 아마도 새로운 개념이 나와야 할 것 같은데 현재로서는 프레너미가 가장 적합한 표현이 아닌가 생각합니다.

이우탁 양국은 경쟁하면서도 국익이 일치되는 부분이 많습니다. 그러니까 협력과 상호 의존도가 깊어지면서 동시에 갈등도 커지는 이중성을 보입니다. 양국은 상대를 압박하는 전략 못지않게 충돌을 관리하는 전술 마련에도 노력을 기울일 것입니다.

박한진 한 가지 더 추가하자면 양국이 공방을 벌이는 과정에서 상대를 압박하는 카드를 많이 내놓을 텐데요. 예전 같으면 안보 카드 내지는 통상 카드 혹은 북핵 카드 이런 식으로 개별적 전술을 구사했다면, 앞으로는 하나의 조치로 여러 개의 목적을 이루려는 다목적 포석이 주류를 이룰 것으로 조심스럽게 예상합니다.

이우탁 그리고 보니 양국이 중국산 철강 덤핑, 남중국해 분쟁, 대북 제재 등 통상 및 안보 문제로 갈등을 빚고 있는 가운데, 미국이 최근 중국의 국가 대표급 기업인 화웨이华为를 대북 거래 업체라며 정조준했는데요. 이것은 일차적으로 대북 제재와 관련한 문제지만 대중국 통상 압박인 동시에 이를 통해 안보 문제까지도 고려한 다목적 포석인 것으로 보입니다. 화웨이 휴대폰이 북한에서 판매되고 있다는 점에서 미국이 화웨이에 압박을 가한 것은 예사로운 일이 아닙니다.

박한진 바로 그런 식의 공세가 미국에서 많이 나올 것으로 예상합니다. 이에 대해 중국이 어떻게 반응할 것인지의 문제를 고려하면 양국 관계는 아주 복잡한, 하지만 극한은 피하는 게임 국면이 될 것입니다.

중국의 대전략

이우탁 중국의 전략은 '신형 대국 관계'와 '신형 국제 관계'라는 측면에서 살펴보면 좋겠습니다. 우리가 2014년 봄 워싱턴에서 이 책의 틀에 대해 처음 상의할 때 중국의 미래 전략 구도는 시진핑 주석이 제시한 신형 대국 관계를 중심으로 전개했었는데, 요즘은 특히 2015년 봄부터는 사실 신형 대국 관계라는 말보다는 신형 국제 관계라는 용어가 더 자주 들려옵니다. 용어의 의미와 배경에 관한 대화를 나눠본다면 중국의 미래 대전략의 방향을 가늠할 수 있을 것으로 보입니다.

신형 대국 관계는 시진핑 국가주석이 2012년 2월 부주석 신분으로 미국을 방문했을 때 사실상 처음 공식화한 개념이었죠. 중국과 미국은 제로섬 사고에서 벗어나 상호 핵심 이익을 존중하자며 제안한 외교 정책 기조입니다. 그 이후로 중국은 "누구도 자신의 이익을 위해 다른 국가와 세계를 위험에 빠뜨려선 안 된다"면서 "세계적인 이슈는 대화와 협상, 평화적 담판을 통해 갈등과 이견을 해소해나가야 한다"고 강조했습니다.

중국의 신형 대국 관계는 제가 워싱턴 특파원으로 있을 때 주목한 주요 이슈 가운데 하나였는데, 중국이 이 말을 공식화 하기 1년 전에 나온 미국의 피봇 투 아시아 전략과 대비되었기 때문입니다. 미국의 아시아태평양 회귀 정책에 중국이 반응한 것이죠.

박한진 신형 대국 관계가 2012년에 나왔고 신형 국제 관계가 2015년 공식화되었기 때문에 일각에서는 개념적으로 신형 국제 관계를 신형 대국 관계의 업그레이드 버전으로 보기도 합니다. 틀린 말은 아니지만 엄밀하게 분석해볼 필요가 있습니다. 중국이 미국과의 양자 관계를 말할 때는 신형 대국 관계라고 하고, 글로벌 범위에서 말하거나 미국과의 양자 관계를 말하면서 세계적인 차원까지 아우를 때는 신형 국제 관계로 접근합니다.

중국이 신형 대국 관계라는 말을 제기한 이래 미국은 그 개념과 표현에 사실상 거부 입장을 보였습니다. 그러는 사이 중국은 미국에 끊임없이 새로운 질서를 요구했던 것이지요. 2015년 9월 시진핑 주석이 미국을 방문했을 때 오바마 대통령과 주고받은 말을 보면 신형 대국 관계와 신형 국제 관계의 '관계'를 더 잘 파악할 수 있습니다. 당시 백악관 사우스론(남쪽 잔디 광장)에서 열린 공식 환영 행사에서 오바마 대통령은 중국의 부상을 환영하면서도 "우리는 인권을 포함한 보편적 가치를 존중해야 한다"고 강조했습니다. 이에 대해 시 주석은 "서로의 입장을 존중하고 다름을 인정해야 한다"고 맞받았고요. 이것은 두 정상이 신형 대국 관계를 말한 것입니다.

이우탁 그렇게 본다면 공식 환영 행사 전날 노타이 차림으로 이뤄진 비공식 만찬에서 있었던 시 주석의 발언은 신형 국제 관계를 말한 것이군요. 그때 시 주석은 "지금의 국제 시스템을 개혁·개선하는 것이 분리와 대립을 의미하지 않으며 오히려 더욱 공정하고 합리적인 방향으로 발전하는 것"이라고 말했습니다. 또 "태평양은 충분히 넓어 양국의 발전을 수용할 수 있다"고 강조해, 외신들 중에는 미국과 중국이 태평양을 나누어 관리하자는 제안이었다고 보도하기도 했습니다.

박한진 시 주석은 당시 방미 첫 도착지인 시애틀의 한 강연에서 "해와 달은 빛이 다르다日月不同光"며 양국의 이해와 협력을 강조하기도 했죠. 해와 달이 고유 영역을 가진 것처럼 양국도 각자 영역이 있으니 서로 존중하자는 뜻이었습니다. 이 말도 일부 외신에서는 미국과 태평양을 나누어 관리하자는 제안으로 분석했는데요. 그 부분까지는 단언할 수 없지만 적어도 아태 지역에서 달라진 중국의 위상을 인정해 달라는 요구로 볼 수 있습니다. 하지만 미국은 그때나 지금이나 중국이 국제사회의 책임을 다하라는 반응을 내놓고 있습니다. 또 중국의 남중국해 영유권 주장 관련 행동에 대해 미국은 자국이 구축한 국제 규범을 중국이 뒤흔들려고 한다는 의구심을 갖고 있습니다.

이우탁 어쨌든 2015년 시 주석의 방미 때 중국으로서는 하고 싶은 이야기는 다 한 듯했지만 미국의 반응은 싸늘하기만 했습니다. 《워싱턴포스트》는 "오바마 대통령은 그간 다른 어떤 세계 지도자들보다 시 주석에게 개인적인 관심을 많이 보여줬지만 로맨스는 거의 사라졌다"며 백악관의 기류를 전하기도 했습니다.

박한진 왕이王毅 중국 외교부장이 2015년 양회(兩會, 매년 3월 베이징에서 열리는 한국의 국회 격인 전국인민대표대회와 국정자문회의인 전국정치협상회의를 통칭한 표현) 내외신 기자회견에서 언급한 중국의 외교 정책을 살펴보면 신형 국제 관계는 물론 중국의 미래 전략을 파악할 수 있습니다.

그는 전후 70년에 국제사회의 틀에 큰 변화가 있었다면서, 국가끼리 싸우고 이긴 국가가 모든 것을 독차지하는 낡은 방식이 이제는 지역 협력에 따른 공동 이익의 추구라는 신형 국제 관계로 대체돼야 한다고 말했습니다. 국제 질서와 시스템의 개혁을 주장한 것이지요.

왕 부장은 중국이 그동안 중·미 신형 대국 관계 구축을 언급해왔는데, 신형 국제 관계를 제기하게 된 것은 중·미 양국 관계에 더 많은 국가들의 협력이 필요하기 때문이라고 강조했습니다.

이우탁 당시 왕이 외교부장은 미국 중심의 동맹 질서는 국제사회의 공동 협력, 공동 이익을 추구하는 새로운 국제 관계로 바뀌어야 한다고 했죠. 그러면서 중국은 유럽과 아프리카를 잇는 육상과 해상의 두 갈래 실크로드를 열어 이 길이 지나는 국가들과의 관계 구축에 힘쓸 것이라고 했습니다.

박한진 중국은 이 같은 자국의 주장에 대한 국제사회의 경계심을 의식한 듯도 합니다. 중국이 신형 국제 관계를 구축하려는 것은 결코 기존 질서를 뒤집자는 것이 아니고, 충돌이 아니라 혁신과 개선으로 상호 존중하며 협력하자는 것이라고 강조했습니다. 또한 아태 지역은 중국과 미국의 이해가 가장 밀접하게 교차하는 곳이라 이 지역에서 새로운 관계가 시작돼야 한다고 했습니다.

이우탁 신형 대국 관계든 신형 국제 관계든 중국은 끊임없이 상호 존중과 협력, 상생, 대화를 강조하지만, 미국은 이를 그대로 믿으려 하지 않는다는 것이 갈등의 뿌리입니다. 양국 간 사이버 안전 문제에 대해서도 중국은 상호 갈등이 아닌 새로운 협력 영역이 되길 바란다고 하지만, 합의한 대로 이행될지 관찰할 필요가 있습니다. 영유권 주장과 관련해서도 마찬가지입니다. 미국과 동남아 국가들은 중국이 남중국해의 긴장과 충돌을 조장하고 있다고 하는데, 중국은 자국 섬에 시설을 건설하는 것은 누구를 겨눈 것이 아니라 합법적이고 합리적인 권리라는 입장입니다. 그러니 이 문제

역시 앞으로 무력 충돌까지는 가지 않는다고 해도 상당 기간 첨예하게 분쟁할 소지가 다분합니다.

박한진 중국의 대전략이라는 측면에서 역대 중국 지도자들의 세계관은 매우 중요한 요소입니다. 마오쩌둥毛澤東 시대에는 힘으로 맞서 상대국을 이기고 자국의 평화를 지키겠다는 생각이 강했습니다. 이런 개념은 '이전보화以戰保和', 즉 전쟁을 해서 평화를 유지한다는 것이었습니다. 당시 세계적인 추세이기도 했지만 중국도 전쟁을 많이 했습니다. 덩샤오핑鄧小平 시대 들어서는 완전히 달라졌습니다. 당시 미국과 소련이 이른바 공포의 세력 균형balance of terror을 이루던 시기였습니다. 두 강대국이 모두 핵을 갖고 있어 오히려 큰 전쟁이 없던 시기였죠. 당시 중국은 이런 평화 시기를 이용해 개혁·개방의 길로 나서게 됐습니다.

시진핑 시대에는 이제 국제 질서에도 변화가 필요하다고 강조하며, 모든 국가는 평등한 대접을 받아야 하고 평등한 권리를 행사해야 한다고 말합니다. 이렇게 국제 협력과 상생을 강조하면서 제기한 개념이 신형 국제 관계인데, 국제사회에서는 중국이 자국 이익 극대화를 본격적으로 추구하기 시작했다고 보는 견해가 많습니다.

이우탁 과거 서로 총을 겨누었던 미국과 베트남의 관계가 달라졌습니다. 국제사회의 적과 친구 관계가 손바닥 뒤집히듯 바뀔 수 있다는 사실을 단적으로 보여줍니다.

박한진 저는 2016년 5월 베트남을 방문한 오바마 대통령이 지정학적 처방과 지경학적 카드를 동시에 내놓았다는 점에 주목합니다. 무기 금수 조치를 푼 것은 지정학적 사안으로 볼 수 있습니다. 중국과 영유권 분쟁을 벌이는 베트남을 지원 사격한 효과라는 거죠. 앞서 다룬 환태평양경제동반자협정TPP 카드는 지경학적 고려입니다. 오바마는 "TPP에 가입하면 베트남 사람들의 임금이 올라가고 무역 거래가 커질 것"이라고 말하면서 서민 행보를 했습니다. 하노이의 작은 쌀국수집을 찾더니 호치민 사찰에선 합장까지 했죠.

이우탁 미국과 베트남의 급속한 밀착 관계를 보는 중국은 영 불편합니다. 한동안 소강 상태로 보였던 미국의 아시아 중시 정책(피봇투 아시아)이 거세게 밀려오는 형국이거든요. 정치적으로나 경제적으로나 미국이 아시아에서 새로운 공동 방위군 전열을 가다듬는 양상입니다.

박한진 그렇습니다. 중국은 베트남과 정상외교를 하는 관계지만 양국 관계의 저변에는 기본적으로 갈등과 마찰이 있습니다. 중국의 다음 행보가 주목되는 이유죠. 그런데 복잡한 고차 방정식을 풀어야 하는 나라는 중국만이 아닙니다. 한국은 3자 게임의 당사자가 아니면서도 이 게임 판에서 눈을 뗄 수 없습니다. 중국이 요구하는 신형 대국 관계(지정학)와 미·중 양국이 치열한 싸움을 벌이는 신형 무역 관계(지경학)가 혼재한 상황입니다.

이우탁 미국은 일단 중국을 배제하고 TPP 발효 채비에 나섰잖습니까. 일단 공이 중국으로 넘어온 듯한데요. 중국이 앞으로 어떤 반응을 보일지 주목됩니다. 이 문제는 중국 주도의 역내포괄적경제동반자협정RCEP 논의에 참여한 한국의 향후 운신과도 연결되지 않겠습니까?

박한진 네, 우리가 중국을 양파 같다고 하잖아요. 좀처럼 그 속을 알기 어렵다는 뜻인데요. 속내를 좀처럼 드러내 보이지 않는 중국의 특성을 감안해서 가설을 세우는 방식으로 중국의 전략적 내면을 살펴보면 어떨까 싶습니다.

이우탁 좋습니다. 불확실성과 미확정성을 진단하는 가장 효과적인 방법은 가설에 의한 추론이라 생각합니다. 경제 영역에서 미국과 중국의 파워 게임을 가장 상징적으로 보여주는 것이 TPP와 RCEP인데요.

박한진 TPP와 RCEP에 관한 몇 가지 가설을 세워보면 우선 "중국은 TPP를 무서워하지 않을 것"이라는 점을 꼽을 수 있습니다. TPP

는 예외 없는 무역장벽 철폐와 시장 개방을 추구하며 높은 수준의 포괄적 자유화를 목표로 하는 다자간 FTA입니다. TPP는 12개 참여국의 GDP 합계가 세계 총량의 40% 수준이고 교역 규모는 글로벌 총액의 25%를 넘어섭니다. 중국 입장에서 이런 협정에서 제외된다는 것은 명분 내지는 자존심의 문제일 수도 있고 새로운 글로벌 경제 룰에서 배제됨을 의미하는 것일 수도 있습니다. 이제까지 우리가 그렇게 알고 있기도 하고요.

하지만 중국은 최근 들어 생각이 바뀌고 있는 것 같습니다. 첫째, 앞서도 짚어보았습니다만, TPP가 정식 발효되기까지는 갈 길이 순탄하지 않을 것으로 보고 있습니다. TPP는 일반적인 상품 무역 협정과는 차원이 다릅니다. 한미 FTA를 모델로 했다고 알려지는데 투자 자유화, 지적재산권, 국유 기업, 환경 보호, 근로자 임금, 인터넷 업무 등 건드리지 않는 분야가 없습니다. 규정이 워낙 구체적이고 깐깐해 참여국들이 한결같이 내부 진통을 겪고 있지요. 선진국과 개발도상국 할 것 없이 모두 국내 반대가 만만치 않은 상황입니다. 미국에서조차 오바마 현 대통령과 차기 대통령 후보들의 생각이 다르니까요. 그래서 중국 전문가들 중에는 TPP가 조기에 발효할 거라고 예상하는 목소리는 거의 없습니다.

이우탁 미국 대통령 후보들은 흔히 선거 유세 중에는 신고립주의적 경향을 보이다가 선거 후에는 국제주의로 회귀하는 경향이 있지 않습니까? 2016년 11월 미국 45대 대통령 선거 후에 2017년

1월 새 대통령이 취임하면 유세 때와는 다른 양상을 보일 수 있겠지요.

박한진 그럴 가능성이 농후합니다. 산업사슬의 관점에서 볼 때도 중국은 TPP에 조바심을 내지 않을 것입니다. TPP에 참여하는 국가들의 면면을 보면 산업 구조가 업·미들·다운 스트림Up·Middle·Down Stream 모두에 걸쳐 있습니다. 주도국인 미국은 기계 설비와 전기를 수출합니다. 호주와 칠레, 뉴질랜드는 농업과 자연자원 수출국이고요. 베트남은 노동 집약 산업 위주입니다.

이우탁 TPP는 선진국과 개발도상국을 다양하게 포함하고 있지만 완벽한 상호 보완성을 이룬다기보다는 불안한 동거 상황이라고 생각합니다. 12개 참여국만 가지고 글로벌 가치사슬 구조를 온전하게 새로 만들 수 있을까 하는 의문이 듭니다.

박한진 그렇습니다. 세계의 공장인 중국을 배제하고 새로운 글로벌 산업사슬을 만들기는 어려울 겁니다. EU도 TPP에서 빠져 있잖아요. 결국 중국은 TPP가 단기간 내 WTO처럼 범세계적인 영향력을 행사하기는 어렵다고 판단했을 것입니다. 미국이 때로는 압박으로 때로는 설득으로 TPP에 박차를 가하고 있지만 중국은 느긋해 보이는 배경입니다.

이우탁 그렇다면 중국은 어떤 전략으로 맞설까요? 다른 나라와 양자·다자간 FTA를 맺으면서 맞불 작전으로 나오지 않겠습니까?

박한진 그렇습니다. 그래서 제가 제시하는 두 번째 가설은 "중국은 다른 FTA로 TPP에 맞불을 놓으려 할 것"입니다. 중국은 TPP 참여국들 중 여러 나라와 이미 양자 FTA를 맺고 있습니다.

이우탁 중국은 호주, 뉴질랜드, 페루, 칠레 같은 국가들과 이미 FTA를 체결했습니다. 게다가 TPP 참여를 공식 선언한 한국과는 2015년 말 FTA를 마무리해서 2016년에는 이미 발효 2차년도에 들어서 있지요.

박한진 또 아세안+6개국의 FTA인 RCEP는 중국 주도로 이미 각국 간 입장 차이를 많이 줄였고 이제 실질적 논의에 들어간 상황입니다. RCEP는 세계 인구의 절반 이상, 글로벌 경제 무역의 30% 이상을 차지합니다.

이우탁 얼마 전 중국 상무부 발표를 보니, RCEP가 발효되면 아태지역과 세계 경제 성장에 대한 기여도 측면에서 TPP 못지않을 것이라고도 하네요. 이 상황에서 일대일로를 통해 70여 개 국가 및 국제 조직과도 연계하면 TPP에 맞불 놓을 만한 역량을 확보할 수 있다는 판단을 중국이 한 것으로 보입니다.

박한진 앞서 얘기했듯이 TPP와 RCEP는 미국과 중국이 힘겨루기 못지않게 상호 보완 내지는 협력점을 찾을 가능성도 있다는 데 주목합니다.

미국에서 본 중국
중국에서 본 미국

FRENEMY

FRENEMY

06

미·중 관계의 빅 퀘스천

박한진 빅 데이터big data 얘기를 많이 하고 자주 듣습니다. 방대한 양의 정보와 자료로부터 의미 있는 사실facts과 시사점implications 을 뽑아내 활용하는 것이 빅 데이터라고 할 수 있습니다.

이우탁 우리가 앞에서 미·중 관계의 복잡하고 미묘한 부분들을 언급했는데, 양국 관계도 빅 데이터의 관점에서 볼 수 있겠네요. 최근에 빅 퀘스천big questions이라는 얘기도 자주 들립니다.

박한진 그렇습니다. 저는 이렇게 생각합니다. 빅 데이터가 방대한 양의 정보와 자료라면 빅 퀘스천은 큰 틀에서의 핵심 문제입니다. 한국이 복잡한 미·중 관계를 분석할 때는 겉으로 드러나는 일상 의 문제보다는, 바로 이처럼 근본적이고 핵심적인 문제를 살펴야 합니다. 그런 의미에서 '미국에서 본 중국, 중국에서 본 미국'에서 는 단순히 물리적 · 지리적 관점에서 서로 상대국을 바라보는 시 각보다는 빅 퀘스천이라는 큰 틀에서 최대한 객관적으로 풀어보 는 것이 중요합니다.[1]

미국과 중국은 무엇이 다른가

이우탁 미국과 중국, 중국과 미국이 적도 아니고 친구도 아니라면 왜 그럴까요? 가장 근본적인 원인은 양국의 생각이 서로 다르기 때문입니다. 문화인류학적 · 역사적 배경이 서로 달라 상식과 선 입견, 고정관념, 편견 등이 다를 수밖에 없다는 것이죠.[2]

박한진 《파이낸셜 타임스》 칼럼니스트인 기드온 래치먼이 이 문 제를 아주 잘 정리했던데요.[3] 기드온은 "양국 수뇌부가 서로에게 어떻게 다가가고 어떻게 대화해야 하는지를 잘 모르고 있다"며, 마치 서로 다른 운영 체계를 가진 컴퓨터 같다는 멋진 표현을 했 습니다. 미국과 중국의 세계관 사이에는 몇 가지 중요한 관념의 차이가 있다고 지적합니다. 첫째는 연속성linear과 주기성period- icity입니다. 미국은 연속적 사고 체계를 갖고 있고, 중국은 세계가 일정한 시간 간격을 두고 되풀이된다는 사고 체계를 갖고 있다는 것입니다.

이우탁 제가 역사 전공입니다만 지금 지적한 문제는 역사적 접근과 해석이 필요하겠습니다. 미국은 건국한 해(1776년)부터 따져서 역사가 250년도 안 될 정도로 짧죠. 그런데 그 기간 동안 계속 발전하면서 국력이 커지고 부유한 방향으로만 갔다는 것이 특징입니다.

남북전쟁이라는 내전을 제외하면 자국 영토에서는 한 번도 전쟁이 일어나지 않았습니다. 미국만큼 전쟁을 많이 한 나라도 없지만 그 전쟁은 모두 자국 영토 밖에서 일어났습니다. 이런 역사적 배경이 있어 미국은 계속 발전하는 연속성을 가졌다고 보는 것입니다.

박한진 반면 중국은 역사 대국입니다. 흔히 5000년 역사라고 하니 줄잡아 미국의 20배나 됩니다. 역대 중국 지도자들, 특히 시진핑 국가주석이 연설 때마다 즐겨 쓰는 표현이 있습니다. "중국은 유구한 역사의 문명국가"라는 것입니다. 그런데 중국은 수많은 왕조가 흥하고 쇠하는 과정을 끊임없이 반복적으로 겪어왔습니다. 수 세기 동안 호시절이 지속되다가, 그 다음 수 세기는 혼란과 전쟁으로 점철되기도 했습니다.

제가 1982년 대학에 들어가서 은사님의 첫 강의 때 들은 말이 《삼국지연의三國志演義》의 첫 구절이었습니다. "천하대세天下大勢 분구필합分久必合 합구필분合久必分" 이 말은 천하의 큰 흐름은 나뉜 지 오래되면 반드시 합쳐지고 합친 지 오래되면 반드시 나뉜다는 뜻입니다. 바로 중국 역대 왕조 흥망성쇠의 역사를 그대로 떠올리게 하죠.

이우탁 중국이 앞서 말했던 다큐멘터리 '대국굴기'를 제작한 것이 역사의 주기성을 강조하려는 목적도 있지 않았나 하는 생각이 듭니다.

박한진 두 번째는 보편성universality과 특수성periodicity입니다. 미국은 인간 평등의 가치관을 가지며 개인의 권리는 박탈할 수 없다는 신념을 갖고 있습니다. 이것이 바로 미국적 자유주의와 민주주의의 상징이며, 이는 세계적 가치관으로 발전했고 지금은 지구촌 곳곳에 퍼져 있습니다. 반대로 중국은 특수론을 강조하는 경향이 있습니다. "다른 나라에 맞는 경험과 처방이 중국에 맞으라는 법이 없고, 중국에 맞는 경험과 처방이 다른 나라에 맞지 않을 수 있다"는 것입니다. 이 역시 중국 지도자들의 발언에서 자주 들을 수 있습니다. 중국은 개혁·개방에 나서기 시작하면서 서구식 시장경제를 채택하는 것이 목적이 아니라는 점을 분명히 하고 '중국식 사회주의 시장경제中國特色社會主義市場經濟'를 표방했습니다. 이런 차이는 양국이 국제 문제 또는 양국 관계를 다룰 때 자주 충돌할 수 있다는 점을 뒷받침합니다.

이우탁 기드온의 분석을 문화인류학적 시각으로 본다면 양국의 차이를 이념성과 종족성으로 구분할 수 있다는 부분이 눈에 띕니다. 여기서 이념은 사회주의 혹은 자본주의와 같은 것이 아니고 미국의 독립선언문과 헌법에 반영된 건국 이념을 말하는 것입니다. 미국에 살면서 이 이념을 받아들이면 누구나 미국인이 된다는 것이 바로 미국의 이념성입니다. 하지만 중국에서 중국인이 되려면 종족성이 전제되어야 합니다. 이런 흥미로운 비유를 했더군요. "내가 미국으로 이주해서 살면 곧 미국인이 되고 내 자식도 손자도 미국인으로 살 수 있지만, 중국으로 이주할 경우는 절대 중국인이 될 수 없다"는 것입니다. 이런 특성상 차이는 국가와 국민의 신분에 대한 개념에서도 큰 차이를 나타내게 됩니다.

박한진 마지막으로 개인individual과 집단group이라는 측면을 볼 수 있습니다. 미국은 개인의 욕구와 동기, 권리를 강조해 이를 헌법에 반영하고 있습니다. 반면 중국은 개인의 권리보다는 전체 목표와 집단 이익을 더 중시합니다. 개인적인 주장이 많아지면 혼란이 생기고 이는 내전으로 번질 수도 있다는 점을 역사의 경험에서 배웠기 때문입니다. 이를 막기 위해서는 강력한 중앙집권적 국가가 있어야 한다는 것이 중국의 믿음입니다.

이우탁 물론 양국이 공유하고 있는 특성도 있습니다. 두 나라 모두 광활한 면적의 대국이어서 외부 세계를 대하는 시각에서 유사한 점이 발견되기도 합니다. 미국은 자국이 글로벌 유일의 초강대국으로서 세계의 경찰국가 역할을 해온 것을 당연시하며, 여기에 매우 익숙해 있습니다. 중국은 비록 1840년 아편전쟁 이후 유럽과 일본 제국주의 세력에 침탈당하는 '치욕의 백 년'을 겪었습니다만, 이제 국력이 다시 급성장하면서 '중심 국가'의 옛 영광을 다시 찾으려 하고 있습니다.

박한진 이 밖에도 양국이 전략적 이익을 고려해 공유하는 부분도 있지만 그보다는 훨씬 더 많은 영역에서 서로 다른 생각을 갖고 있습니다. 이런 표현이 어떨까 싶습니다. 양국 관계는 흔히 말하는 일반적인 의미의 오월동주吳越同舟가 아니라 '아주 거대한' 오월동주라고 말입니다.

중국은 미국을 앞지를 수 있는가

이우탁 빅 퀘스천은 일반적 의미의 거대 담론과는 분명히 다릅니다. 그렇다면 미국과 중국의 관계에서 가장 핵심적이면서 가장 궁금한 문제들을 살펴볼까요? 우선 "과연 중국의 국력이 미국을 추월할 것인가?"라는 점이 가장 먼저 떠오릅니다. 중국은 경제력에서 이미 세계를 놀라게 하고 있습니다. GDP 규모가 2010년 일본을 앞질러 세계 2위가 됐고, 2014년 구매력PPP 기준으로 미국을 제치고 세계 1위에 오르기도 했습니다. 상황이 이렇게 되니 "중국의 국력이 미국을 앞지를 것이다", "세기의 주인이 바뀔 것이다"라는 논리가 한층 힘을 얻고 있습니다.

영국의 싱크탱크인 경제경영연구센터CEBR는 2030년 한국이 세계 8위 경제 대국이 될 것이라고 지난 2015년 발표한 〈세계경제전망 보고서〉에서 내다봤는데요.[4] 기분 좋은 일입니다. 그런데 2030년이 되면 중국의 GDP가 한국의 10배에 달하면서 미국을 제치고 세계 최대 경제 대국이 될 것으로 예상했습니다. 미국이 세계 유일의 슈퍼 파워 자리에서 물러날 것이라는 예측에 대해서는 시간의 차이는 있지만 대부분 공감하는 분위기가 많습니다.

박한진 "19세기는 영국의 시대, 20세기는 미국의 시대, 21세기는 중국 부흥의 시대"라는 말도 자주 들립니다. 유사한 표현들이 세계적으로 아주 많이 회자되고 있고요. 중국에서는 시진핑 국가주석이 '중국의 꿈中国梦'이라는 비전과 연계해 국가 부흥을 강조한 이후 중국 최대 포털인 바이두百度, baidu.com와 중국판 트위터인 웨이보微博, weibo.com에는 자신감이 충만한 표현들이 넘쳐납니다.

최근 중국 경제의 성장세가 뚜렷하게 둔화되고 있는 것은 사실이지만 앞으로 상당 기간 미국보다는 높은 수치를 보일 것이 분명합니다. 정부와 기업이 늘어난 재력으로 해외에서 기업을 사고 군사력도 증강하고 있습니다. 《포린 어페어스》는 중국이 이 돈으로 친구를 만들기도 하고 적을 혼내주기도 한다는 표현을 썼더군요. 이렇게 되다 보니 중국의 슈퍼 파워 등극은 가부의 문제라기보다는 시간의 문제라고 보는 시각이 갈수록 늘어나는 것이 현실입니다.

이우탁 그런데 중국 경제의 급성장은 분명 놀랍고 주목해야 할 추세지만, 이것을 전체 국력 내지는 종합 경쟁력과 동일시하는 것은 오류라고 생각합니다.

박한진 흔히 세계 각국의 경쟁력을 비교하는 글로벌 차원의 비교 리스트가 있는데요, 예를 들면 세계경제포럼WEF 〈글로벌 경쟁력 보고서WEF Global Competitiveness Report〉와 스위스 국제경영개발연구원IMD 〈국가경쟁력 순위IMD World Competitiveness Ranking 2016〉 등이 있습니다.[5]

2015년 WEF 글로벌 경쟁력 순위에서 미국은 스위스, 싱가포르에 이어 세계 3위입니다. 한국이 26위이고 중국은 그보다 낮은 28위입니다. 중국의 순위는 연도별로 등락이 있긴 하지만 대개 25~30위 수준입니다.

경쟁력 구성 요소(경쟁력 지수CGI, Competitiveness Index)는 다시 기본 요소Basic requirements, 효율성Efficiency enhancers, 혁신 및 성숙도Innovation and sophistication라는 3개의 분류로 나뉘는데, 미국은 효율성에서 단연 세계 1위인 반면 중국은 32위입니다(한국은 25위). 또 혁신 및 성숙도는 미국 4위, 중국 34위(한국 22위)로 평가되었습니다. GDP 규모에 의한 평가 혹은 겉으로 드러난 요소의 평가와는 달리 경쟁력 수준에서 보면 중국이 미국을 앞지르기는커녕 따라가는 것도 힘들어 보입니다.

이우탁 2016년 IMD 순위를 보면 홍콩과 스위스가 세계 1, 2위에 올라 있고 중국은 25위입니다. 최근 수년간 중국의 순위는 20~25위 사이에서 등락을 반복하는 추세입니다. 이렇게 본다면 세계적으로 권위를 인정받는 기관들이 미국과 중국의 국력 격차를 여전히 크게 보고 있다는 것을 알 수 있습니다.

그런데 현실적으로는 '예전 같지 않은 미국', '떠오르는 중국'이라는 흐름이 나타나고 있습니다. 그런 의미에서 중국이 과연 미국을 추월할 것인지에 대해 국력의 차원에서 꼼꼼히 짚어보고 비교해보는 것이 좋겠습니다. 우리가 흔히 슈퍼 파워, 강대국, 약소국 등의 표현에 국가를 대입하는데 체계적으로 분류해볼 필요가 있습니다.

박한진 국가의 위상 분류는 여러 가지 접근법과 서로 다른 모델이 있지만 위키피디아가 채택하는 기준이 국제 관계학에서 가장 보편적으로 인정되는 방법입니다. 기본적으로 초강대국superpower, 강대국great power, 지역강국regional power, 중간국middle power, 약소국small power, 신흥 강국emerging power 이렇게 여섯 가지로 구분합니다.[6]

강대국은 자국이 속한 지역은 물론 세계 다른 지역에 대해서도 강한 정치적·문화적·경제적 영향력을 행사하는 국가를 말하는데, 국제정치학계의 표준으로 통하는 COWCorrelates of War[7]에 따르면 미국, 중국, 프랑스, 독일, 일본, 러시아, 영국이 여기에 포함됩니다. 인도도 여기에 들어갈 수 있을 겁니다. 제2차 세계대전 이후 전 세계를 양분해서 좌지우지하던 미국과 소련을 과거 초강대국으로 불렀습니다만, 소련의 해체로 냉전이 종식되고 미국 독주 체제로 접어들면서 그동안 미국이 세계 유일의 초강대국으로 통했습니다. 초강대국은 경제·군사·영토 측면에서 강하면서도 세계적 범위에서 기동력을 갖춘(great power plus great mobility of power) 국가입니다.

이우탁 어떤 정치학자들은 미국을 초강대국의 범위를 훨씬 뛰어넘는 극초강대국hyperpower으로 분류하기도 하는데 학계의 공인된 시각은 아니라고 생각합니다. 극초강대국은 범세계적 범위에서 자국의 이익을 보호·유지하는 개념인데, 세계를 독무대화할 수 있는 경제력과 군사력이 그 전제 조건인 점을 감안하면 미국은 한때 그 문턱까지는 갔지만 진입하지는 못했다고 봐야 합니다. 경제적으로 중국이 뒤쫓아오고 있고, 군사적으로도 세계를 주름잡을 능력이나 의지도 예전만 못해 보입니다. 오바마 대통령의 여러 연설을 들어보면 더 이상 세계 곳곳을 상대로 독자적인 군사 행동을 할 뜻이 없음을 분명히 하고 있습니다. 특히 지상군 투입과 같은 문제에서 말입니다.

박한진 오바마의 웨스트포인트 연설(2014년 6월 1일)을 그보다 12년 전에 있었던 조지 부시 전 대통령 연설과 비교하면 미국의 과거와 오늘 내지는 그 변화를 제대로 느낄 수 있습니다. 당시 부시는 "필요할 때에는 선제적 행동을 취할 수 있어야 한다"고 역설했죠. 9.11 테러의 공포에 놀란 미국민들을 등에 업고 한 발언이라는 측면도 있지만 부시는 자위권 개념을 확장하는 단호함을 내보였습니다. 대량 살상무기 사용 가능성이 있는 테러 집단이나 테러 지원국에 대해서는 먼저 공격하겠다고 선언한 것이니까요. 부시의 행동에 대한 평가는 별개로 하고 이른바 '부시 독트린'이 나올 수 있었던 것은 미국의 군사적 우위가 전제되지 않고서는 상상하기 힘든 것이겠지요.

이우탁 반면 오바마는 "국제 문제에서 군사력에만 의존하는 것은 순진하고 지속 가능하지 않은 전략"이라고 했습니다. 미국은 두 차례의 세계대전과 냉전 시기를 통해 전 지구적인 패권국으로 성장했습니다. 미국에 감히 대항하려는 국가가 없는 것은 미국의 힘이 두려웠기 때문이었습니다. 세계의 경찰을 자임하는 미국이 곱지 않을 수도 있지만 자국의 안위를 위해서는 미국에 맞설 수 없음을 유럽과 일본 등은 잘 알고 있습니다. 이런 측면에서 보면 오바마의 새로운 선언을 놓고 일부 전문가들이 '부드러운 패권의 꿈'을 알린 것이라 평가하기도 하지만, 냉정하게 말하면 예전만 못한 미국의 힘을 솔직하게 인정한 측면도 있다고 봅니다.

박한진 10년 전부터 "중국 굴기는 결코 평화롭지 않을 것"이라고 주장해 주목받은 유명한 국제정치학자로 존 미어샤이머John Mearsheimer 교수가 있는데요.[8] 그는 미국을 글로벌 패권국이 아닌 지역 패권국으로 규정하기도 했습니다. 결국 극초강대국은 상상 속에만 있고 실재하지 않았던 혹은 실재하지 않는 봉황과 같은 존재로 보입니다.

이런 맥락에서 본다면 중국의 경우 국력이 미국을 앞지를 것인가 하는 문제는 "중국이 강대국에서 초강대국 반열로 올라설 수 있을 것인가"와 같은 차원의 문제인데요. 아직 미국과 어깨를 견주는 수준은 아니라고 봅니다. 중국이 경제적으로는 글로벌 차원의 영향력을 행사하고 있는 것이 분명합니다. 하지만 정치적 동맹 내지는 동지 국가들이 거의 없고 군사력은 해군력 약세로 동아시아 범위를 벗어나지 못하고 있습니다. 중국이 자국의 영유권을 주장하는 동중국해와 남중국해에서도 독주가 아니라 국제적인 갈등과 마찰에 직면한 상황입니다.

이우탁 전에 '차이나 톱도그 시나리오'라는 재미난 글을 쓰셨던데요. '톱도그'는 '경쟁의 승자'라는 말로 중국의 세계 톱 등극을 상징하는 말이지요. 그 글에서 '머리국가head nation'와 '몸통국가body nation'로 구분하는 국가 분류법을 설명하셨던데요.[9]

박한진 그 글은 영국 《가디언》의 칼럼니스트 조너선 프리드랜드

Jonathan Freedland가 던진 질문 "중국이 톱도그가 되면 세상은 어떻게 될까?What will life be like when China is top dog?"에서 아이디어를 얻었습니다. 제가 중국이 '넘버 원'이 될 것이라는 시나리오를 얘기한 것은 아니고요. 현실적으로 중국의 국력은 한계가 있다는 점을 강조했습니다. 보는 방향과 각도에 따라 중국은 얼마든지 다르게 보일 수 있다는 것이죠. 가장 대표적인 사례가 국가 경제 총량으로는 세계 2위입니다만, 1인당 소득 기준으로 보면 중국은 아직 갈 길이 멀지 않습니까?

미국의 정치학자 리처드 로즈크랜스Richard Rosecrance는 인구와 영토, 경제력과 군사력을 기준으로 강대국, 중급국, 약소국으로 구분하는 전통적인 국가 분류는 무의미하다고 지적하고, 21세기형 국가 분류법으로 머리국가와 몸통국가라는 새로운 개념을 제시했습니다. 머리국가는 상품을 창조하고 디자인하는 나라이고, 몸통국가는 그 처방에 따라 제조하는 나라입니다. 머리국가는 미국과 독일 등이고 중국은 대표적인 몸통국가입니다. 로즈크랜스는 창조국과 제조국 모두 이익을 볼 수 있지만 궁극적으로 부자가 될 수 있는 나라는 창조국이라고 했습니다. 중국은 머리국가로 도약하고 싶지만 현재의 산업과 경제 구조로는 이윤이 얼마 되지 않는 몸통국가의 틀에서 벗어날 수 없다는 것입니다. 그래서 중국이 구조조정에 박차를 가하고 있는 것이고요.

이우탁 선진국 문턱에 있는 한국은 '어깨국가shoulder nation'라고 해야 할까요?

박한진 로즈크랜스는 머리국가와 몸통국가로만 나누었는데, 한국은 어느 쪽에도 속하지 않는 중간 단계여서 제가 '어깨국가'라는 분류를 추가했습니다.

이우탁 그렇군요. 중국의 경제적 부상을 대변하는 상징적인 말이 '메이드 인 차이나Made in China'인데요, 이 말은 '중국이 바짝 추격해온다' 또는 '중국이 한국은 물론 세계 시장을 휩쓴다'는 의미로 연결돼 한국인들에게 공포심으로 다가오기도 했습니다. 실제 미국의 저널리스트 사라 본지오르니Sara Bongiorni는 2007년 《메이드 인 차이나 없이 살아보기A Year Without Made in China》라는 책을 냈고, 한국에선 이 책이 TV 다큐멘터리로도 제작돼 방영됐죠. 중국산 제품이 없으면 일반 가정에서 당장 하루도 버티기 어렵다는 결론이 나오면서 중국 문제가 한순간에 대중의 관심사로 바뀌었던 기억이 납니다.

그런데 로즈크랜스의 국가 분류를 기준으로 보면, '메이드 인 차이나'는 '박리다매(이윤을 적게 해서 많이 판다)'가 아닌 '다매박리(많이 팔아도 이윤이 적다)'로 이어지기 때문에 언제까지나 중국에 유리한 구조가 될 수는 없다는 생각이 듭니다.

박한진 제가 글에서도 적었습니다만, 중국은 아직까지 일부 기업

을 제외하면 국제경쟁력이 부족하
고, 무엇보다 아이디어와 창의력,
브랜드 파워가 약해 세계 경제를 장
악하기엔 역부족입니다. 흔히 경제
력에서는 중국이 미국을 추월하겠
지만 정치·군사·문화 등 다른 분야
에서는 뒤쳐진다는 관점이 많은데
요. 경제만 놓고 보더라도 관찰 수
준에 따라 얼마든지 다른 분석이 가
능하다는 것을 알 수 있습니다.

"깨지기 쉬운 강대국, 중국"
"China, Fragile Superpower"
**세계적인 중국 전문가 수전 셔크Susan Shirk의 저서
명(2008년)**

저자는 중국이 개혁·개방 30년의 성과를 바
탕으로 강대국으로 성장했지만 압축 성장의 후
유증으로 인해 사회 곳곳에서 모순이 터져 나
오고 있다며, 이를 해결하지 못하면 위험에 빠
질 것이라고 경고.

중국의 외교 전략은 변했는가

이우탁 시진핑 주석이 2014년 3월 말부터 4월 초에 걸쳐 200여
명의 경제사절단을 이끌고 유럽을 국빈 방문했습니다.[10] 핵안보
정상회의에 참석하고 네덜란드, 프랑스, 독일, 벨기에 등 4개국을
돌며 무려 84개의 공식 행사를 소화했습니다. 미국과 함께 서방
세계의 두 축을 형성하고 있는 유럽 주요국 순방이라는 측면에서
세계 각국 언론의 집중 조명을 받았는데요. 중국이 현재의 국제
질서를 어떻게 보고 있는지를 관찰하고 싶었을 겁니다. 저도 워싱
턴 DC에서 이 문제를 깊이 생각해보았는데요. 중국이 기존의 국

제 및 지역 질서를 바꾸려 하는지, 나아가 미국과 중국이 충돌할 것인지를 살펴보려면 우선 시진핑 시대 중국 외교 정책이 어떤 변화를 보이고 있는지부터 짚어보는 것이 좋겠습니다.

저는 시진핑 집권 이후 외교 정책에서 가장 큰 변화로 이른바 '대국 외교'의 특징이 두드러지고 있다고 생각합니다. '대국 외교'는 '대국의 외교'와는 다른 이야기입니다.[11] 대국의 외교는 단순히 큰 국가의 외교라는 의미로 풀이될 수 있지만, 대국 외교는 자국에만 신경 쓰지 않고 다른 국가와 지역, 나아가 글로벌 문제에 대해서도 간여하는 것이지요.

박한진 중국이 '대국의 외교'에서 '대국 외교'로 전환했다는 분석에 공감합니다. 가장 큰 틀의 변화가 아닌가 생각합니다. 2014년 역시 세계의 주목을 받으며 상하이에서 만난 중국과 러시아 양국 정상의 모습에서도 중국 외교 정책의 변화를 읽을 수 있었습니다. 저는 1980년대 중반에 중국 정치경제학 석사 과정에서 국제 관계학 공부를 했습니다. 여담입니다만 소비에트연방(구소련)이 해체된 것을 1991년 말로 보니까 1980년대 중후반은 중·러 관계가 아닌 중·소 관계로 볼 수 있는데요. 이때 중국과 소련의 관계를 깊이 들여다봤습니다. 당시 제 눈에 비친 중·소 관계는 매우 불안한 저기압 전선 같은 느낌이었습니다. 언제 충돌하고 언제 벼락이 칠지 모르는 그런 상황이었죠.

최근 시진핑 주석과 푸틴Vladimir Putin 대통령의 만남을 두고 중국과 러시아 관계의 '밀착'이라고 보는 시각이 많습니다만, 저는 양국이 미국의 피봇 투 아시아에 대응해 결성한 '준동맹' 내지는 '유사 동맹'이라는 표현을 쓰고 싶습니다. 미국이라는 공동의 전략적 대응 상대에 양국이 보조를 맞출 필요성이 커지고는 있지만, 동맹 관계로까지 가지는 않을 것입니다. 중국은 예전부터 지금까지 어느 국가와도 동맹 관계를 맺지 않겠다는 것이 외교의 기본 틀입니다.

이우탁 중·일 관계는 중·러 관계와 반대로 가고 있는데요. 중국의 일본 고립화 정책이 갈수록 거세지고 있는 것도 최근 중국 외교 정책의 큰 흐름입니다. 중국은 14개 국가와 국경을 맞대고 있는데, 러시아를 제외하면 접경 국가 숫자가 가장 많습니다. 게다가 국경을 맞대지는 않지만 근처에 있는 나라들이 아주 많습니다. 그렇기 때문에 어느 나라보다도 주변국 외교를 중시합니다. 그런데 현재 중국이 일본과 부딪히고 있는 문제, 예를 들면 영토 분쟁과 역사 인식 같은 문제들은 중국의 핵심 국가 이익에 해당하기 때문에 결코 양보하거나 대화할 사안이 아니라고 느끼고 있습니다. 그렇게 본다면 일본과의 관계는 앞으로 상당 기간 악화될 수밖에 없을 것으로 봅니다. 그 연장선상에서 중국은 〈국가안보백서〉에서 분명히 밝힌 것처럼, 핵심 국가 이익에 반하는 그 어떤 국가, 그 어떤 사안에 대해서도 앞으로 보다 강경한 외교 수단을 구사할 것으로 생각합니다.

박한진 중국의 외교 정책 가운데 눈에 띄는 몇 가지 원칙이 있습니다. '이경촉정以經促政(경제적 접근을 통해 정치적 목적을 달성)'과 '이민촉관以民促官(민간 교류를 통해 정부 간 관계 촉진)'이 그것입니다.

중국이 주변국과의 관계를 중시한다고 말씀하셨는데, 그 관계에서 중국이 특히 공을 들인 것이 바로 '이경촉정'이라는 경제 카드였습니다. 주변국에 경제적으로 도움을 주고 정치적인 이득을 취하자는 것인데요. 실제로 지난 1997년 아시아 금융위기 이후 중국의 외교 행보를 보면 이런 특징이 분명히 나타나고 있습니다. 당시 아시아 각국이 경쟁적으로 화폐를 평가절하하는 상황에서, 중국이 자국 이익 유지를 위해 위안화를 평가절하했다면 아시아 각국 경제는 정말 회복이 어려울 정도로 곤두박질했을 겁니다. 그런데 중국은 환율을 유지했고, 거대한 중국 시장을 제공하고, 다른 한편으로는 동남아 국가들에 통 큰 경제 원조를 하며 아시아 경제의 버팀목이 되었습니다. 중국이 이렇게 한 것을 두고 국제사회에 공헌했다고 하지만 봉사라는 사명감 때문은 아니었습니다. 경제를 주고 정치를 받으려는 의도가 깔려 있었던 것이죠.

이우탁 중국의 그런 노력은 실제로 큰 효과를 보기도 했죠. 중국과 아세안 관계는 FTA 체결을 지렛대로 해서 정치적으로도 매우 가까워지면서 중국이 동남아를 모두 갖는 것이 아닌가 하는 우려가 나오기도 했으니까요. 그런데 그런 관계가 2009년을 기점으로 변하기 시작했죠?

박한진 그렇습니다. 2009년은 한국과 일본, 호주 등 아시아태평양 지역 주요 국가들과 중국의 경제 관계에서 중요한 이정표적 시기였습니다. 이들 국가의 최대 수출 시장 내지는 교역 파트너가 미국에서 중국으로 옮아가는 시점이었습니다. 그런데 다른 한편으로는 중국의 급부상과 함께 중국에 대한 위기감도 고조되는 시점이었죠. 중국과 동남아시아 국가 간의 영유권 분쟁이 대표적인 사례입니다. 중국의 국력이 약했던 예전에는 없었던 일이니까요. 이어서 미국의 아시아 회귀 정책이 본격화되면서 중국의 '이경촉정' 정책이 효과를 상실해가는 듯합니다. 미국의 아시아 회귀 정책은 정치와 경제를 폭넓게 아우르고 있기 때문입니다. 이 정책이 더 강화된다면 중국에는 곤혹스러운 상황이 발생할 것입니다.

이우탁 우선은 아시아 국가들이 안보는 미국에, 경제는 중국에 의존하는 경향이 강해지면서 미·중 갈등 국면에서 자국 이익을 최대화하려고 할 것 같습니다. 만약 아시아, 특히 동남아 국가들이 안보 이익과 경제 이익이 충돌하는 상황에 직면한다면 당연히 안보 이익을 우선할 것입니다. 물론 중국 이외의 경제 파트너를 찾는 노력을 병행하면서 말입니다. 그렇다면 중국의 '이경촉정' 정책은 빛이 바랠 수 있을 것입니다.

박한진 그래서 최근 중국에서는 '이경촉정' 정책을 전면 수정해야 하는 것 아닌가 하는 고민이 많았던 것으로도 알려지고 있는데요,

저는 중국이 이 카드를 버릴 수 없을 것으로 생각합니다. 정치 카드를 쓰기에는 현실적인 역량이 부족하기 때문이죠. 14개 국가와 국경을 맞대고 있지만 진정한 친구 국가를 꼽으라면 많지 않은 것이 현실이니까요. 또 정치 카드는 자칫 잘못 쓰면 얻는 것보다 잃는 것이 많을 수도 있습니다. 따라서 중국은 '이경촉정'을 폐기 혹은 전면 재검토하기보다는 미세 조정fine tuning을 해나갈 것입니다.

이우탁 미세 조정은 경제에서 많이 쓰는 용어인데 어떤 의미인가요?

박한진 전체 틀을 유지하면서 기술적으로 세련되게 가다듬는 것을 의미합니다. 중국이 '이경촉정' 카드를 구사하면서 지금까지는 모든 국가 모든 지역에 일률적으로 경제적으로 이익을 주고 정치적으로 돌려 달라는 듯한 정책을 폈는데요. 앞으로는 같은 경제 카드라도 상대국에 따라 차별적인 정책을 구사할 것입니다.

예를 들면 중국은 몇 가지 기준을 만들어 각국에 적용해볼 수 있을 것입니다. 영토 등 전통적인 지정학적 안보 관계, 미국에 대한 의존도, 미·중 관계에서의 중립성 정도, 중국의 경제적 실익 정도, 미래의 잠재적 활용도 등과 같은 다양한 평가 지표를 만들 수 있겠지요. 그리고 0을 중심으로 플러스-마이너스의 양쪽 화살표선을 긋고, 여기에 관련국을 대입한다면 국가별 위치가 플러스인지, 마이너스인지, 0인지 혹은 어느 지점으로 이동하고 있는지 분

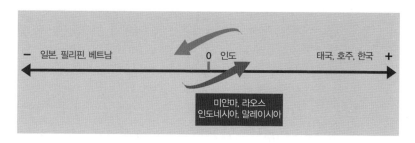

명하게 볼 수 있습니다. 이에 따라 서로 다른 정책을 쓸 수 있겠죠.

이런 가정에 기초한다면 중국이 상상해봄 직한 이경촉정의 그림이 나옵니다. 양방향 화살표에서 일본은 가장 마이너스 쪽에 가 있고 한국은 당연히 플러스 쪽이겠죠. 중국과 첨예한 영토 분쟁을 벌이고 있으면서 안보를 미국에 의존하려는 동남아 국가들은 마이너스이고, 같은 동남아 국가라도 이런 문제가 덜하고 미국과 중국과의 관계에서 상대적으로 중립적이라고 판단되면 플러스 쪽으로 갈 것으로 생각합니다.

이우탁 개인적 추론일 수 있겠지만 종이를 펴놓고 지금 말씀하신 대로 그림을 그려보면 미국과 중국이 있는 아시아태평양 지역 전체의 기상도를 한눈에 볼 수 있겠네요. 화살표 방향이 마이너스로 간 일본과 필리핀은 미국과 워낙 가까운 맹방이라 중국이 개입해 바꿔볼 여지가 거의 없어 보입니다. 인도는 그동안 관계가 개선되어왔습니다만 추가적으로 더 좋아질 공간은 제한적이어서 약간 플러스 쪽이 되겠고요. 비슷한 지점에 있었던 베트남은 최근 남중국해 충돌 이후 급격히 마이너스 쪽으로 넘어간 것으로 볼 수 있겠네요.

박한진 한국은 태국, 호주 등과 함께 플러스 쪽에 자리 잡고 있었는데, 최근 한국 내 사드 배치 문제로 인해 관계가 불안해졌다고 볼 수 있습니다.

이 지역은 중국의 경제적 이익 확대가 비교적 큰 지역입니다. 종래엔 이들 3국이 중국 및 미국과의 관계에서 균형을 잘 잡으며 미국과는 견실한 안보 동맹 관계를 맺고 중국과는 확고한 경제 관계를 유지했었죠. 그런데 최근 미국과 보다 가까워지는 듯한 조짐이 나타나고 있어 갈등 국면이 발생하고 있습니다. 호주도 그런 경우입니다. 중국은 한국과 태국, 호주가 한쪽(미국)에 지나치게 편중되지 않는 외교 포지션을 보여주기를 바랄 것입니다.

이우탁 미얀마, 라오스, 인도네시아, 말레이시아 등은 화살표 선에서 현재는 0 주위에 있지만 중국이 플러스 쪽으로 끌어올리고 싶은 국가가 아닌가 싶습니다. 중국의 외교 정책 분야 변화상을 살펴보니, 당장 기존의 국제 혹은 지역 질서를 바꾸려고 생각하고 있다기보다는 복잡하고 불확실한 상황 속에서 자국 이익 확보에 보다 관심을 두고 있다고 볼 수 있겠습니다.

박한진 물론 이 같은 이경촉정의 구도는 앞으로 얼마든지 달라질 수 있을 겁니다. 가장 대표적인 사례는, 중국이 일대일로 정책을 발표하면서 육상의 신실크로드와 21세기형 해상 실크로드를 만들어가고 있고, 아시아인프라투자은행AIIB이라는 초대형 금융·인프라 프로젝트를 발표한 데서 찾아볼 수 있습니다. 이런 프로젝트들이 나오자 세계 각국이 중국과의 새로운 연결 고리를 만들기 위해 적극적으로 나서고 있으니까요. 앞으로 이 같은 프로젝트가 성공적으로 진행되고, 또 다른 차원에서 새로운 다국적 프로젝트를 발표한다면 이경촉정은 크게 탄력을 받을 것입니다. 그리고 이런 과정에서 중국은 외교 전략과 판세를 지속적으로 바꿔나갈 것입니다.

이우탁 말씀하신 일대일로에 대해서는 대화가 조금 더 필요할 것 같습니다. 어찌 보면 시진핑이 설파한 '중국의 꿈'이 이 구상에 담겨 있다고 봐야 하니까요.

> "세상은 나뉜 지 오래면 반드시 합치고, 합친 지 오래면 나뉘는 법이다."
> *天下大勢 分久必合 合久必分.*
> **《삼국지연의》**

'흩어지면 다시 뭉치고, 뭉치면 다시 흩어진다', '달이 차면 기울고, 기울면 다시 찬다', '번영이 오래되면 쇠하고, 쇠한 지 오래면 다시 번영한다'는 점에서 강대국들의 흥망성쇠와 이합집산의 원리를 표현.

21세기 중국의 실크로드, 일대일로

박한진 시진핑이 2013년 카자흐스탄 등 중앙아시아와 동남아 순방에서 처음 내놓은 일대일로 전략에 대해서는 저도 매우 관심을 갖고 지켜보고 있습니다. 시진핑은 "일대일로는 공허한 구호가 아니며 가시적인 계획이다. 이에 동참하는 국가에 실질적인 이익을 주겠다"고 강조했습니다. 8조 위안(약 1400조 원)을 투입해서 반드시 성공시킬 것이라고 장담하고 있는 이 거창한 계획을 보면 입이 다물어지지 않을 정도입니다. 중국이 전 세계를 유혹하고 있는 AIIB도 사실 일대일로 프로젝트를 완성하기 위한 금융 도구라고 생각하면 됩니다. 한국의 생존과도 직결된 거대한 프로젝트라 할 수 있습니다.

이우탁 고대 중국이 서역과의 교역을 위해 활용했던 것이 실크로드입니다. 동양과 서양은 이 실크로드를 매개로 서로의 존재를 인식하고 교류했습니다. 실크로드 시절 동양과 서양은 매우 제한적이지만 서로에게 필요한 것을 제공하고 섭렵하는 동등한 관계였다고 할 수 있죠. 그러던 것이 신대륙 발견과 산업혁명의 동력을 활용해 우월적 지위를 차지한 서양이 제국주의 세력으로 동양을 식민지화하게 됐습니다.

중국인에게 식민지의 수모는 아편전쟁의 정서로 고스란히 전해집니다. 그런 중국이 이제 일대일로 프로젝트를 전 세계에 알리고 그야말로 거대한 존재감을 과시하고 있음을 요즘 거의 매일 체감할 수 있습니다.

그림을 보면 알 수 있듯이 미주 대륙을 제외한 전 세계를 연결하는 작업입니다. 중국인들은 이를 베이징에서 차(기차 포함)를 타고 아시아는 물론이고 유럽을 자유롭게 다니고, 배를 이용해서 아프리카까지 갈 수 있는 중국인의 활동 반경으로 얘기합니다. 시진핑이 말한 중국의 꿈이 공간적으로 확장된 개념으로 들리더군요. 명 영락제永樂帝 시절이던 1405년부터 1433년까지 29년 동안 남해항로를 개척해 인도양을 건너 페르시아 만과 동쪽 아프리카까지 진출함으로써 중국의 대해양 시대를 연 정화鄭和의 '해상 실크로드' 개척의 역사를 일로一路와 연결해 언급하는 중국인들을 보

면 그들의 지향점이 느껴집니다.

박한진 시진핑 중국 국가주석이 2015년의 첫 해외 순방국으로 파키스탄(4월 20일)을 선택했는데요. 일대일로를 위한 큰 걸음을 내디딘 것으로 평가하고 싶습니다.

시 주석이 방문 전날(4월 19일) 파키스탄 언론을 통해 밝힌 것을 보면 "중국의 꿈이란 평화, 발전, 협력, 공생의 꿈이며 중국의 실크로드 경제벨트와 21세기 해상 실크로드는 연선 국가의 연결을 통해 공동의 발전을 이룩하는 것을 목표로 하고 있다"고 강조했습니다. 파키스탄이 중국 일대일로의 핵심 파트너임을 강조하며 적극적인 참여를 독려한 것입니다.

실제로 중국은 파키스탄 과다르 항 운영권을 확보했습니다. 여기부터 중국 신장新疆자치구까지 3000킬로미터 구간에 철도와 가스관을 놓는 '경제회랑'을 구상하고 있는데, 앞으로 중국은 이 라인을 따라 각종 인프라 구축을 위한 대규모 투자를 할 것입니다. 중국이 40년간 운영권을 확보한 과다르 항은 동양과 서양을 잇는 핵심 항구가 되는 겁니다.

이우탁 저는 중국사를 전공해서인지 일대일로 구축을 역사적으로 보면 당(육상: 산시성 시안~독일 뒤스부르크)과 명(해상: 푸젠성 취안저우~지중해)의 화려했던 실크로드를 오늘에 되살리는 것으로 보입니다. 그러니까 시진핑이 제창한 '위대한 중국'은 당과 명이라는 과거의 중국 제국을 합쳐놓은 '또 다른 제국'으로 다가오는 것이라고 말하고 싶습니다.

박한진 앞서 이 부장은 정화의 원정대 스토리를 중국인들이 자주 언급한다면서 일종의 경계심을 보였는데요. 실제 중국 공무원들에게 일대일로에 대해 물어보면 "배타성이 없는 공간 플랫폼"이라고 강조하고 있습니다. 의심하지 말라는 얘기입니다.

중국 주도로 유라시아 대륙과 아프리카 대륙을 연결하지만 모두에게 혜택이 돌아가는 호혜의 공간이라는 겁니다. 일대일로가 완성될 100년 후에도 중국이 '호혜의 공간'을 강조하게 될지 좀 더 관찰이 필요합니다.

100년 전 미국과 지금의 중국

이우탁 100년 후를 언급했으니 잠시 지난 100년은 어떠했는지 살펴볼까요?

중국이 기존 국제 질서와 지역 질서를 바꾸려 할 것인가와 관련한 문제는 의지와 능력, 그리고 국제 환경 측면에서 함께 살펴봐야 할 것입니다. 최근 중국의 외교 정책 변화상을 통해 중국의 기존 질서 전환 의지 여부를 보았다면, 중국이 질서 교체자로서의 능력을 갖추었는지가 중요한 문제입니다. 그리고 무엇보다 국제 환경이 그에 부합하는지 여부도 함께 살펴볼 필요가 있습니다. 그 비교 시점이 1914년과 그 100년 후인 2014년이 아닌가 생각합니다.

박한진 아주 좋은 지적입니다. 미국이 세계 1위 경제 대국 지위를 곧 중국에 넘겨줄 것이라는 전망이 요즘 많은데요. 한 국가가 역사에 우뚝 서게 되는 건 단순히 경제력만으로 판단할 일은 아닙니다. 다른 측면에서 중국이 계속 커지니까 미국을 앞설 것이라는 단순 논리보다는, 현재의 맹주인 미국이 과거에 어떤 환경 속에서 어떤 과정을 거쳐 유일 강대국이 되었는지를 살펴보고, 그 틀에 중국을 대입해보는 방법이 효과적일 것입니다.

이우탁 2014년은 제1차 세계대전 발발 100주년이었습니다. 1차 대전 얘기를 할 때 가장 많이 언급하는 부분이 "전쟁 발발의 책임이 누구에게 있는가?", "승전국이 달라졌으면 어떻게 되었을까?" 하는 문제들인데요. 관찰 시각을 좀 달리한다면 미국이 세계의 맹주가 될 수 있었던 결정적 전환점을 제1차 세계대전으로 볼 수 있습니다. 경제, 정치, 전략 등 여러 요소들이 복잡하게 맞물린 결과라고 봅니다.

　1차 대전은 우발적으로 발생했다고 보는 시각도 있습니다만, 단순히 여러 국가 간의 전쟁이었다기보다는 그 이전에 쌓여온 정치와 경제 각 방면의 모순된 상황들이 폭발한 것으로 보는 것이 맞습니다. 1차 대전이 끝난 후 전후 수습을 논의하는 자리는 미국이 주도했다고 봐야 할 것인데요. 미국은 이를 통해 명실공히 글로벌 슈퍼 파워로 부상하는 기회를 잡게 되었습니다.

박한진 제1차 세계대전을 거치면서 미국은 군사력으로나 산업 경쟁력으로, 또 재정적 능력으로 우뚝 섰다고 볼 수 있겠죠. 중국 굴기론자들은 흔히 19세기를 영국의 시대, 20세기를 미국의 시대, 21세기를 중국의 시대라며 성급하게 맹주 100년 교체론을 펼치는데요. 중국이 아무리 빠르게 성장했다고 해도 현재로서는 21세기 초의 중국과 20세기 초의 미국을 비교하는 것은 무리입니다.

이우탁 미국의 굴기는 제1차 세계대전으로 기초공사를 잡고 제2차 세계대전으로 집을 지은 결과물입니다. 기존의 국제 질서가 새롭게 재편되려면 끊임없는 갈등보다는 세계사적 의미의 결정적 분수령이 있어야 할 텐데요. 현재 국제사회는 그런 구조와는 거리가 멀어 보입니다. 이 문제에 대해 미국 예일대 역사학과 아담 투제Adam Tooze 교수가 《파이낸셜 타임스》에 기고한 '중국은 미국식 리더십을 재연할 수 없다China cannot follow America's route to world leadership'라는 제목의 칼럼(2014년 5월 26일)에서, 권력은 경제력만으로 되는 것이 아니라 독특한 역사적 배경이 따라야 한다는 요지의 의견을 제시했습니다.[12]

박한진 기업 세계에서는 "성공은 재능과 시운時運의 합작품"이란 말이 있습니다. 재능이 넘쳐도 시운이 따르지 않으면 가시밭길이고, 좋은 시운을 만나도 재능이 없다면 역부족이라는 뜻이지요. 국제 관계에서도 그대로 통하는 원리입니다.

미·중 간 경쟁은 단순히 양국 차원에서만 전개되는 것이 아니라 국제 환경이라는 큰 틀 속에서 진행되기 때문입니다. 따라서 미국이 사실상 국제무대의 전면에 나서기 시작한 100년 전과 중국이 글로벌 무대로 나서고 있는 지금의 상황을 비교하는 것은 의미 있는 일입니다.

이우탁 참고로 동서양의 진정한 접촉이라는 측면도 고려해야 할 것입니다. 동양과 서양이라는 관점에서 보면 역사적 의미가 간단치 않습니다. 동서양은 사실 지리적으로 분리된 채 서로의 영역에서 역사를 그려왔습니다. 물론 흉노족을 포함해 양쪽 진영을 연결한 유목 민족이 존재했고, 큰 틀에서 볼 때는 문화적 영향을 서로 주고받았습니다만 관계적 측면에서 볼 때는 직접적인 연관성을 갖지 못했습니다.

결국 동서양의 관점에서 본다면 양 진영이 진정으로 만난 적이 없는 시간을 상당히 길게 보냅니다. 인류의 의미 있는 역사를 대개 5000년으로 본다면 신대륙 발견 이후에야 동서양은 지리적으로 처음 연결되는 시기를 맞게 됩니다. 하나의 세계로 통했다는 것이죠. 실질적인 의미에서는 제국주의 물결이 동양으로 밀려든 18세기 이후라고 할 수 있습니다. 그리고 서양은 철저하게 동양을 유린하고 식민지로 삼았습니다. 인류 역사상 지리적으로 분리되어 있던 동서양이 한 공간에서 호흡을 같이한 이후 처음으로 양 진영을 대표하는, 혹은 대표할 만한 강국이 존재하게 된 첫 번째 사례입니다.

박한진 '왜 서방이 지배하는가Why the West Rule for now'라는 매우 도발적인 제목의 책도 있지만, 신대륙 발견 이후 동양에는 서양에 맞설 수 있는 강국이 존재하지 않았

> "파워는 더 이상 제로섬 게임이 아니다."
> *"Power is no longer a zero-sum game."*
> 버락 오바마 미국 대통령, 미국 의회 연설(2009년 9월 23일)

죠. 일본만 해도 제국주의 물결에 신속하게 동참했기 때문에 적어도 국제 역학 관계에서 보면 순수한 동양 국가라고 하기 어려운 측면이 있습니다. 100년 전과 현재를 비교하면 지금의 중국이 100년 전 미국처럼 독보적인 자리매김을 하고 있다고 보기에는 무리가 있습니다.

미·중 신냉전 막을 수 있나

이우탁 국가 간 충돌은 서로 다른 복잡한 구조에서 수많은 요인의 조합으로 발생하는데, 그 양상을 본다면 열전熱戰, hot war과 냉전冷戰, cold war의 개념을 적용할 수 있습니다. 전자가 무력 충돌이

라면, 후자는 무력을 사용하지 않고 외교·정치·정보·경제 등을 수 단으로 하는 국제적 대립이지요. 현실적으로 미국이 군사력에서 절대적 우위를 갖고 있어서, 미국과 중국이 당장 열전 국면으로 갈 가능성은 상정하기 어렵습니다. 그래서 미국과 중국의 충돌 가 능성을 '신냉전'의 시각에서 접근해보는 것이 의미 있습니다.

박한진 그렇습니다. 중국의 국력이 미국과 크게 차이 나기 때문 에, 미국과 중국의 직접 충돌 가능성을 논하기보다는 다른 요인을 함께 고려해야 합니다. 앞서 이야기를 나누었습니다만, 최근 국제 정세에서 주요 변수로 떠오른 것이 중국과 러시아의 공동 보조 움 직임입니다.

이우탁 2014년 5월 중국과 러시아가 10년 협상 끝에 중국의 러시 아산 천연가스 도입 계약에 서명한 것이 가장 상징적인 움직임입 니다. 제가 워싱턴에서 확인한 서방 언론들의 반응은 대체로 이렇 게 나왔습니다. "당시 러시아는 사용할 수 있는 카드가 갈수록 줄 어 막다른 길로 가는 듯한 형세였고, 중국은 그 계약으로 외교적· 정책적으로 승리했다"는 것입니다. 그런데 단순히 그렇게 볼 수만 은 없는 전략적 의미가 내포되어 있지는 않을까요?

박한진 그렇습니다. 제2차 세계대전 후 나타난 냉전은 양대 진영 간의 이념적 대결 성격이 강했는데, 현재 상황을 '신냉전'의 시각에서 본다면 미국, 중국, 러시아가 참여하는 삼국 간 구조의 변화로 접근할 수 있습니다. 과거의 냉전은 미국과 소련, 중국이 서로 나서면서, 국제정치학의 거두 한스 모겐소Hans Morgenthau가 강조한 것처럼 서로 다른 시기의 양극 혹은 삼극 체제에서 세력 균형을 이루어왔습니다. 두 나라가 팽팽한 경쟁을 벌인다거나, 세 나라 가운데 두 나라가 힘을 모아 다른 한 나라에 압력을 행사하면서 세력 균형을 유지한다는 것이었습니다.[13]

이우탁 역사에서 그대로 나타났지요. 냉전 이후 소련은 중국과의 연맹을 통해 미국에 대항했고, 그 다음엔 중국이 미국과 연결해 국제무대에서 소련을 고립시키는 전략을 구사했습니다. 결국 소련이 와해되고 새로운 실체인 러시아가 출현하게 되었지요. 이런 연장선상에서 본다면 세계는 새로운 전략적 삼각관계로 진입하고 있다고 볼 수 있겠습니다.

박한진 중국과 러시아 양국 정상이 상하이에서 천연가스 공급 계약에 서명한 것은 분명히 세계사적인 의미를 갖는다고 봅니다. 지적하신 대로 신전략적 삼각관계의 구조 변화shift라는 측면도 있습니다. 물론 이 경우엔 양국이 연대해서 미국을 고립시키려는 전략이라고 볼 수도 있겠지요. 천연가스 공급뿐 아니라 '아시아 교류 및 신뢰구축회의CICA' 기간 중 양국은 공동 군사 훈련을 했고, 중앙아시아 테러 억제 등 안보 관련 공동 관심사에 관해 깊은 이야기를 나눈 것으로 알려졌습니다.

양국은 이에 앞서 지난 2012년 미국이 주도한 유엔 안보리의 대러시아 제재 결의안에 공동으로 거부권을 행사함으로써 미국의 의도를 무력화하려고 했고, 국제기구(유엔 안보리)의 존립 자체에 대한 회의와 우려가 거세지도록 만들었습니다. 그리고 양국 간 교역 구조를 보면 러시아는 대중국 핵심 무기 수출국이고 중국은 러시아 내 건설 프로젝트에 많은 투자를 하고 있습니다. 대미 공동 대응을 위한 기초와 모양새가 갖춰진 것입니다.

이우탁 경제적으로 볼 때 양국이 처한 상황은 서로 다르지만, 시장 다변화가 절실하다는 측면에서 이해관계가 맞아떨어졌습니다. 에너지 수출 대금으로 국가 재정의 상당 부분을 충당하는 러시아는 그동안 유럽에 자원을 수출하면서 큰소리를 치기보다는 오히려 끌려가는 듯한 모습이었습니다. 유럽에 대한 자원 수출 의존도가 지나치게 큰 상황에서 우크라이나 사태 이전부터 유럽의 경기 침체와 압박 등으로 다른 구매자가 필요해졌습니다. 2000년대 초반에 중국, 일본과 가스 공급 협상을 시작하게 된 배경이 바로 그런 것이고요.

박한진 중국으로서는 남중국해와 동중국해에서 미국의 우방 국가들과 긴장이 심화되고 있는 데다, 앞으로 미국과의 관계가 더욱 악화될 경우 천연가스와 석유 등 에너지 확보에 직격탄을 맞을 수도 있다는 우려가 러시아와 손잡게 된 직접적 원인입니다. 중국은 중동과 동아프리카에서 천연자원을 수입하는 비중이 높은데, 미국이 태평양과 인도양 진출을 확대하면서 수송로인 말래카 해협 Strait of Malacca을 봉쇄할 경우 중국은 꼼짝할 수 없다는 위기의식을 갖고 있습니다. 실제로 지난 2008년 미국 태평양지역 사령관은 하원 군사위원회에서 "에너지 수송로 보호 및 테러 대응을 위해 군 주둔 필요성이 있다"며 "항공모함 한 척이면 말래카 해협을 장악할 수 있다"고 증언해 중국이 신경을 바짝 곤두세웠던 적이 있습니다. 이른바 '말래카 딜레마'죠.

이우탁 러시아는 새로운 안정적 수요처를 찾았다는 점에서 이득을 본 것은 맞지만, 이것이 앞으로 극동 지역에서 러시아의 지정학적 불안정성을 완화하는 효과로 바로 이어지지는 않을 것입니다.

박한진 네. 그럼에도 전략적 삼각관계의 각도에서 본다면 중국과 러시아는 자신의 의도를 미국에 충분히 표현한 것이 성과입니다. 상호 이익을 챙기는 모습과 양국이 앞으로 나아갈 방향을 미국이 예상하게 만들었기 때문이죠. 다만 중국과 러시아가 앞으로도 이같은 연대 관계를 계속 이어갈 것인지, 또 그렇게 할 때 그 폭과 깊이는 어느 정도가 될지에 대해서는 별도의 관찰이 필요합니다.

이우탁 그렇습니다. 국제 관계엔 영원한 동지도 영원한 적도 없다는 것이 정설이니까요. 중국과 러시아의 공조 내지 협력은 지금 많은 사람들이 생각하는 것보다는 제한적이고 간헐적으로 나올 가능성이 큽니다. 두 나라가 처한 상황과 지향하는 목표점이 다르기 때문이지요. 이념을 공유하지도 않습니다. 다시 말해 중·러 관계는 필요에 따라 접근하기도 하겠지만 현재로서는 미·중 관계에 큰 영향을 주지는 않을 것입니다. 이는 어떻게 보면 중·러 관계의 변수가 미·중 관계에 미치는 영향은 상대적으로 크지 않을 수 있다는 점을 시사합니다.

닮아가며 커지는 갈등

이우탁 사이가 좋았던 미국과 중국의 관계에 변화의 조짐이 보이기 시작한 계기는 2008년 글로벌 금융위기였습니다. 전례 없는 큰 충격에 직면한 미국과 중국은 각각 자국 시스템상의 문제점들을 돌이켜보고 양국 관계에 대해서도 새로운 접근이 필요하다고 느끼게 되었습니다.

경제적으로 중국은 저부가가치형 수출 구조가 얼마나 위험한 것인지를 깨닫고 내수 소비와 서비스 산업 육성에 나서는 결정적인 계기가 됐고, 미국은 오랫동안 신경도 쓰지 않던 제조업 육성에 박차를 가합니다. 양적 완화QE, Quantitative Easing를 통한 약弱 달러 기조, 자동차 부문 보조금 지급 확대, EU와 일본 등 선진국과의 무역 협정 강화를 통한 수출 확대 등과 같은 정책들이 모두 제조업 경쟁력 강화를 위한 당시의 조치였습니다.

박한진 경제적 측면에서 볼 때 글로벌 금융위기가 양국 관계에 일대 변화를 가져온 계기가 되었다는 점에 공감합니다. 달라진 미국과 중국의 관계는 '미소곡선smile curve'의 변화로 잘 나타납니다.
　미소곡선은 가치사슬에서 차지하는 위치에 따라 부가가치가 달라진다고 보는 것입니다. 사슬의 하위 공정(아래 그림의 가로축 왼쪽)과 상위 공정(가로축 오른쪽)에 설수록 부가가치가 높고(세로축 위쪽), 중간 공정(가로축 가운데)에 가까울수록 부가가치가 낮아진다(세로축 아래쪽)는 것이죠. 이것은 대만 컴퓨터 업체인 에이서 Acer의 스탄 쉬Stan Shih 회장이 가치사슬을 따라 발생하는 부가가치 곡선이 U 자형을 띠는 것을 보고 주창한 개념입니다.

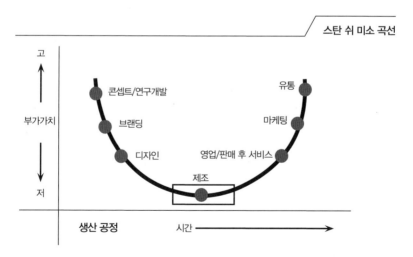

스탄 쉬 미소 곡선

그림으로 보면 종래 중국은 가치사슬상에서 제조업manufactur-ing에만 집중적으로 위치했을 뿐, 왼쪽의 디자인design과 연구 개발R&D 및 오른쪽의 라이센싱licencing과 브랜드brand 부문에는 경쟁력이 전무하다시피 했습니다. 그런데 글로벌 금융위기 이후 중국은 가운데 부분의 제조업만으로는 한계에 봉착했다고 느껴 왼쪽과 오른쪽으로도 올라가려고 시도하고 있습니다. 미국은 정반대 상황이죠. 왼쪽과 오른쪽에는 강했지만 제조업은 상당 부분을 해외로 이전해 국내 경기 회복이 어렵게 되자 제조업 육성에 나서게 됐죠. 왼쪽과 오른쪽에서 이제는 가운데도 하겠다며 곡선을 내려오기 시작한 것입니다. 이렇게 본다면 과거에는 미국과 중국이 서로 다른 곳에 위치해 전혀 부딪힐 일이 없었는데 이제는 미소곡선의 중간 좌측 내지는 중간 우측 어느 지점에서 부딪히게 됐다는 겁니다. 서로 상대국이 잘하는 영역에 들어가다 보니 문제가 달라질 수밖에 없게 된 것이지요.

이우탁 미소곡선으로 보니 미국과 중국의 경제적 갈등과 충돌 가능성이 한눈에 들어옵니다. 양국의 산업경쟁력과 경제적 이익이 과거에는 곡선 위에 널리 퍼져 있었는데 이제 수렴 현상을 보이며 영역 다툼 내지는 이익 쟁취 싸움에 빠져드는 것이고요.

박한진 미국과 중국이 신냉전에 들어갈 것인지 여부에 대해서는 냉전 시대의 미·소 관계와 현재를 비교해보면 좋겠습니다. 당시 미국과 소련이 대립했던 것은 지정학적 관점에서 출발한 이데올로기의 싸움이었고, 서로 너무나 달랐던 양국이 비슷해지면서 데탕트 시대로 접어들었다고 봅니다. 그런데 지금 국제사회는 대립보다는 상호 의존적인 관계가 주류이며, 이데올로기를 놓고 싸우기보다는 국가의 지위 내지는 위상 문제로 경쟁하는 측면이 강합니다.

미국과 중국은 각기 경제와 외교 정책을 재조정하는 과정에서 공유이익shared interests 부분의 갈등이 커지고 있습니다. 프로이트Sigmund Freud의 정신분석학 이론에 보면 '작은 차이의 나르시시즘the narcissism of small differences'이 나오는데, 공유이익의 갈등이 커지면서 양국은 자그만 충돌에도 부딪힐 가능성이 커지고 있다고 볼 수 있겠습니다.

이우탁 제가 워싱턴 특파원 시절에 느낀 바로는 중국에 대한 미국의 실망감이 갈수록 커지고 있습니다. 오바마 대통령이 2009년 취임해서 가장 관심을 둔 분야 중 하나가 중국을 글로벌 제도로 편입시켜 전후 서방 주도의 국제 시스템에서 이익을 찾도록 설득하는 것이었는데요, 시간이 흐르면서 대단히 실망했다는 겁니다.

오바마 대통령이 2009년 11월 첫 중국 방문에서 국제적인 책임과 의무를 다하라고 중국에 촉구했는데 중국이 이를 거절했다는 거예요. 이어서 기후변화, 해양 현안, 사이버 안전 등 핵심 현안마다 중국이 미묘하게 다른 생각을 하고 있다는 것을 확인하고는,

중국을 파트너라기보다는 골칫거리로 보기 시작했다고 합니다. 물론 지금은 이들 문제에서 양국의 이견이 줄어들고 있긴 합니다.

박한진 중국으로서는 출범 당시 자신이 전혀 간여하지 않았던 서방 주도의 시스템이 계속 유지되는 데 반감을 갖고 있습니다. 미국이 제안한 중국의 국제적 책임과 의무 수행에 대해선 난색을 표하면서도 2013년 캘리포니아 서니랜드에서 열린 미·중 정상회담에서 '신형 대국 관계'를 내놓은 것을 보면 중국의 의도가 확연히 드러납니다.

우리는 미국과 중국의 관계를 적인지 친구인지의 개념 틀로 대화를 나누고 있습니다. 생각이 똑같지 않은 양국이 전략적 파트너가 된다고 해도 늘 우려하지 않을 수 없는 부분이 있습니다. 그것은 바로 상대에 대한 오해 혹은 판단 착오에 따른 전략적 오판이 생긴다면 미국과 중국 중 어느 한 국가가 의도하지 않은 공격에 나설 수도 있다는 것입니다. 설령 양국이 잘 협력하다가도 정치든 경제든 사회 문화든 중대한 위기 국면에 직면하게 되면 어떤

"어떤 외국도 우리가 핵심 이익을 가지고 거래할 것이라고는 기대하지 말라."

"任何外国不要指望我们拿核心利益做交易."

시진핑 중국 국가주석

중국공산당 창당 95주년 기념식(2016년 7월 1일)에서 1시간 이상 분량의 기념사를 하며, 중국은 어떤 경우에도 국가 핵심 이익을 수호할 것이라며 이같이 강조. 외신들로부터 강경하다는 평가를 받음. 이날 기념사에서 시 주석은 "중국은 다른 나라의 권익을 차지하려 하지 않고 다른 나라의 발전을 질시하지 않지만 우리의 정당한 권익은 결단코 포기하지 않을 것"이라고 강조. 중국이 국가 주권과 안전, 발전, 이익을 포기하는 일은 없을 것이라고 강조.

상황이 벌어질지 알 수 없습니다. 복잡하고 끊임없이 변하는 불확실성의 글로벌 환경에 비추어 본다면 이런 문제의 발생 가능성을 제로(0) 수준으로 낮출 수는 없습니다. 이를 최소하기 위해서는 양국이 전략 대화와 같은 소통의 장을 더욱 확대하고 심화할 필요가 있습니다.

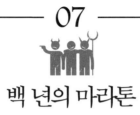

07

백 년의 마라톤

미국의 착각

이우탁 2015년 2월 초 워싱턴 DC의 한 싱크탱크에서《백 년의 마라톤The Hundred-Year Marathon》이라는 책의 출판기념회가 있었습니다. 책 제목에 눈길이 가서 외신을 자세히 보았더니 이 책은 '미국을 대체해 글로벌 슈퍼 파워가 되기 위한 중국의 비밀 전략China's Secret Strategy to Replace America as the Global Superpower' 이라는 부제를 달고 있었습니다. 보수 성향의 싱크탱크인 허드슨 연구소Hudson Institute 산하 중국전략센터Center for Chinese Strategy의 마이클 필즈베리Michael Pillsbury 소장이 저자인데, 박 박사도 이 소식 들었나요?[14]

박한진 네. 저는 평소 즐겨 찾는 미국의 온라인 경제 전문 매체인 《비즈니스 인사이더Business Insider》에서 관련 뉴스를 접하고, 책의 요약본과 해외 언론들의 관련 보도를 관심 있게 살펴보았습니다. 중국이 건국 100주년을 맞는 2049년에 미국을 제치고 세계 유일의 초강대국에 등극하기 위해 '백 년의 마라톤'을 하고 있다는 것이 이 책의 요지인데요, 그런 이유로 국내 언론에 보도되기도 했습니다. 저는 책에서 밝힌 '미국이 중국을 잘못 생각하고 있는 다섯 가지 부분'에 더 눈길이 갔습니다.

이우탁 필즈베리 소장은 미국의 여러 행정부를 거치면서 백악관에서 대중국 정책과 안보 분야에서 일한 사람으로, 미국 내 최고 전략 분석가로 통합니다. 제가 워싱턴 특파원으로 있을 때 그 명성을 접할 수 있었는데요. 미국이 수십 년에 걸쳐 중국에 대해 착각해온 다섯 가지를 중심으로 토론해보면 좋겠습니다.

박한진 그가 1960년대 말부터 중국 업무를 했으니 미국 역대 최고의 대중국 정책통이라 할 수 있는 헨리 키신저Henry Kissinger 전 국무장관 생각이 나더군요. 필즈베리 소장이 지적한 미국의 첫 번째 착각은 "미국의 대중국 포용 정책이 양국 간에 완전한 협력 관계를 가져올 수 있다"는 것입니다. 미국은 지역 및 국제 질서에 관한 문제에서 양국이 무역과 기술 분야의 합의점을 찾아갈 것이라고 기대했지만, 중국은 미국의 기대를 저버렸다고 지적했습니다.

이우탁 미국은 북한과 이란 핵 사찰 과정에서 보여준 중국의 태도가 미온적이었다는 것이죠. 저도 워싱턴에서 백악관 취재를 하면서 그 점을 확인할 수 있었습니다.

박한진 9.11 테러 이후 미국은 중국이 과거 미국과 협력해 소련에 공동 대응한 것처럼 테러 위협에도 보조를 맞출 것으로 생각했는데요. 결과적으로 미국이 바라는 수준으로까지 가지는 못했죠.

이우탁 필즈베리가 지적한 두 번째 착각은, 중국이 민주주의를 향해 나아갈 것이라고 미국의 중국통들이 생각했다는 것입니다. 물론 지난 30여 년 동안 중국이 많이 바뀌었지만 미국이 바라는 정치 시스템으로 가지 않았다는 것입니다. 그러면서 중국이 홍콩의 주권을 환수한 1997년, 광둥성 둥관東莞 인근 마을에서 시작된 선거 목격담을 전했습니다. 그는 당시 후보자들이 대중집회도 할 수 없고 TV 광고와 선거 포스터도 사용할 수 없었다고 회고했습니다. 세금과 국가 미래를 주제로 한 미국식의 선거 토론전은 여전히 불가능하다는 것이 그의 생각입니다.

박한진 미국인들이 중국을 '가련한 꽃 한 송이China, the fragile flower'로 보는 것도 잘못된 시각이라고 지적했더군요. 그는 1990

년대 말 중국을 방문했을 때 중국인 학자들로부터 중국이 심각한 환경 문제와 소수민족 문제, 공무원의 자질 문제 등으로 매우 취약하다는 얘기를 들었다고 합니다. 실제로 최근까지도 많은 미국인이 중국계 미국인 변호사인 고든 창Gordon G. Chang이 저서《중국의 몰락The Coming Collapse of China》에서 지적한 대로 중국이 곧 무너질 것이라는 생각에 빠져 있었다고 꼬집었습니다.

이우탁 실제로 중국은 무너지지 않았을 뿐만 아니라 경제를 두 배, 세 배 키워 미국인들을 놀라게 했습니다. 한국 내에서 흔히 중국에 대해 착각하는 점이 많다고 하는데요. 미국도 큰 착각을 한 것입니다.

박한진 미국은 세계 모든 국가가 미국처럼 되고 싶어 한다고 생각하는 자만심이 있다고도 지적했습니다. 이라크와 아프가니스탄 문제에 미국식 사고와 접근법을 적용하려 했는데 중국에 대해서도 그런 경향이 있다는 겁니다. 그러면서 중국에선 손자孫子 이후 마오쩌둥에 이르기까지 자신의 계획을 직접 사수하기보다는 상대방이 잘못 행동하게 만드는 것이 전략의 핵심이라는 점을 미국이 미처 몰랐다는 점을 지적합니다.

이우탁 저는 저자가 지적한 미국인들의 다섯 번째 착각이 매우 중요한 문제라 생각합니다. 앞서 우리가 중국의 화평굴기에 대해서 토론했습니다만, 필즈베리는 '중국인들이 절대 헤게모니를 장악하지 않는다China will never become a hegemon'는 약속은 잠행stealth일 뿐이라 말합니다.

박한진 필즈베리의 주장은 미국 위주의 편향적 사고를 담고 있는 것으로도 보입니다만 미국에서 나온 자기반성적 발언으로 주목할 만합니다. 일례로 "중국이 마오쩌둥 시대 이래로 미국을 속여왔다dupe"고 했는데, 속였다기보다는 미국과는 다른 전략적 포지션을 취해온 것을 미국이 감지하지 못했다고 보는 것이 더 정확합니다.

중국의 국가 이미지 개선 노력

이우탁 2014년 여름 미국과 중국이 극도로 날선 신경전을 벌인 적이 있었습니다. 미국 국방부 발표에 따르면, 그해 8월 19일 중국 하이난도海南島 동쪽 217킬로미터 떨어진 남중국해 국제 공역에서 중국 전투기가 미국 해군 대잠 초계기에 이상 접근해 충돌할 뻔한 상황이 벌어진 것입니다. 당시 미국과 중국이 서로 자국의 주장을 내세웠는데, 훌쩍 커져서 이제는 할 말을 하는 중국의 글로벌 위상을 전 세계가 새롭게 생각하는 계기가 됐습니다.

박한진 그렇습니다. 이 상황이 벌어진 후 미국의 국제 관계 온라인 매체인 글로벌포스트Global Post가 흥미로운 조사를 했는데요. 다른 국가들이 미국과 중국 가운데 어디를 더 선호하느냐는 조사입니다. 워싱턴의 싱크탱크 퓨리서치센터Pew Research Center의 국제 태도 프로젝트Global Attitude Project의 데이터를 이용해 조사해보니, 중국에 호감을 갖는다는 미국인의 비율은 35%에 불과했습니다. 미국에 호감을 가진 중국인 비율도 50%에 그쳐, 지난 2010년 조사 때보다 8% 포인트나 내려갔습니다.

세계 각국이 양국을 보는 시각은 더욱 극명한 차이를 보였습니다. 44개국 가운데 33개국이 중국보다 미국에 높은 호감도를 보였고, 미국에 대해 비호감을 보인 나라는 11개국이었습니다. 미국에 대한 호감도를 국가별로 살펴보면 필리핀(92%), 이스라엘(84%), 한국(82%), 베트남(76%), 일본(66%) 순으로 나타났고 그리스(34%), 러시아(23%), 파키스탄(14%), 이집트(10%)의 미국에 대한 호감도는 아주 낮게 조사됐습니다. 반면 중국에 50% 이상의 호감도를 가진 국가는 44개국 가운데 22개국에 그쳤습니다. 중국에 가장 높은 호감도를 보인 국가는 파키스탄(78%)이었고 낮은 국가로는 베트남(16%), 일본(7%)이 꼽혔습니다.

이우탁 가장 큰 힘을 가진 두 국가에 대한 세계 각국의 시각을 한눈에 볼 수 있는 조사 결과군요. 미국과 친한 국가는 파란색으로, 중국과 친한 국가는 빨간색으로 표시한 세계지도를 본 적이 있는데, 세계를 대상으로 한 이 조사가 2014년을 기준으로 벌써 10여 년째 시행되고 있으니 글로벌 질서의 흐름을 조망해볼 수 있는 효과적인 기준이 될 수 있다고 생각합니다.

박한진 네, 그렇습니다. 또 한 가지 눈길을 끈 부분이 미국과 중국에 대해 비슷한 호감도 혹은 비호감도를 보인 국가군입니다. 예를 들면 방글라데시, 인도네시아, 케냐, 나이지리아, 세네갈, 탄자니아, 태국, 우간다, 우크라이나 등은 양국을 비슷한 정도로 좋아하지만 터키는 미국과 중국에 대한 호감도 수준이 각각 19%와 21%에 그쳤습니다. 이들 국가들은 미국과 중국이 서로 자기편으로 끌어들이기 위해 노력할 대상이겠지요.

중국의 경쟁력과 고민

중국 경제 기적의 배후

이우탁 중국의 경제 규모(GDP 총량)가 일본을 앞지른 것이 지난 2010년입니다. 그때 세계는 '중국식 모델'에 대한 찬사를 쏟아냈 습니다. 곧이어 중국의 다음 추월 대상은 미국이라는 관측들이 앞 다투어 나왔습니다.

박한진 당시는 세계 경제가 2008년 글로벌 금융위기의 충격의 여 파로 악전고투하던 시기여서 세계의 이목이 더욱 집중되었죠. '소 오강호笑傲江湖'라는 말 잘 아시죠. "웃음을 지으며 세상에 자신만 만한 모습을 보인다"는 뜻인데 영화와 책 제목이 되기도 했고 온 라인 게임 콘텐츠로도 나왔습니다. 일본을 제친 후 미국마저 앞설 것이라니 중국이 '소오강호'할 것이라는 얘기가 입소문처럼 퍼졌습니다.

이우탁 하지만 중국이 이처럼 놀라운 경제 기적을 이룰 수 있었던 배후 사정을 꼼꼼하게 짚어볼 필요가 있습니다. 개혁·개방 30여 년 동안 과연 건전한 성장healthy growth을 해온 것인지, 체제 내의 문제와 부작용은 없는지, 앞으로 지속 가능한 발전을 이어갈 수 있을지 등을 잘 들여다봐야 한다는 것이지요.

박한진 옳은 지적입니다. 만약 GDP 규모가 사회 발전을 가늠하는 유일한 지표라고 한다면 중국은 '소오강호'할 만도 할 겁니다. 하지만 현실은 그렇지 않습니다.

경제 건전성을 이야기할 때 고전처럼 전해지는 일화가 있습니다. 1959년의 일입니다. 중화인민공화국 수립(1949년) 후 10년이 된 중국은 대약진운동大躍進運動의 소용돌이 속에 있었고, 미국과 소련은 냉전 시기의 체제 우월성 경쟁을 벌였습니다. 그때 모스크바에서 미국물산전American National Exhibition이 열렸는데, 이 자리에서 당시 닉슨 미국 부통령과 소련 지도자 니키타 흐루쇼프 Nikita Khrushchyov가 체제 경쟁적 대화를 나누다 그 유명한 '부엌 논쟁kitchen debate'이 벌어졌죠. 흐루쇼프가 논쟁의 초점을 무기로 가져가자 닉슨은 미국이 전시한 세탁기 등 부엌의 가전제품으로 방향을 몰아가서 토론에서 이겼고 미국 여론의 찬사와 지지를 받았습니다.

이우탁 그로부터 30여 년이 지난 1991년 소비에트연방이 해체되면서 미국의 승리는 역사적으로 확인되었죠. 거의 60년 전의 '부엌 논쟁'은 현대에도 많은 시사점을 던집니다. 우선 경제 발전의 근본 목표는 맹목적인 경제 규모 추구보다는 국민들의 행복감을 높이는 데 있다는 점입니다. 민생을 돌보지 않는 경제 발전은 국민의 지지를 얻을 수 없고, 소비 수요 확대와 멀어져 결국 투입에 의존하는 진흙탕 속 경제로 빠질 뿐이지요. GDP는 규모보다 더 중요한 것이 구조입니다. 과거 소련은 세계 2위의 경제 대국이었지만 공업과 군사 비중이 과다한 투입형 경제 시스템이었습니다. 당시 소련 국민에게 필요한 것은 빵과 계란이었지, 미사일이 아니었습니다.

박한진 경제 성장은 지속 가능성이 매우 중요한 장거리 경주입니다. 과거 사회주의 경제에서 흔히 목격된 현상입니다만 일시적으로 앞서가다 보면 결국 빚더미가 늘어나곤 했죠. 그런 의미에서 2008년 노벨 경제학상 수상자인 폴 크루그먼Paul Krugman 미국 프린스턴대 교수가 1994년《포린 어페어스》에 발표한 논문 〈아시아 기적의 신화The Myth of Asian Miracles〉는 20여 년이 지난 지금도 되새겨볼 필요가 있습니다. 그는 아시아 기업의 고속 성장을 요소 생산성 향상이 뒷받침되지 않은 구소련식 모델에 빗대면서, "잔치는 끝났다"라는 말로 아시아의 성장 신화는 막을 내릴 것이라 경고했었죠.

이우탁 폴 크루그먼은 예리한 통찰력에다 글 쓰는 재주가 특히 뛰어난 사람이죠. 다른 한편으로 현존 경제학자 가운데 최고의 독설가로 꼽힐 정도로 직설적인 데다, 글로벌 금융위기의 영향이 심화되기 시작한 2010년대 이후에 내놓은 분석이 비현실적인 경우가 있어 명성이 많이 시들었다는 평가가 있던데요.

박한진 그런 측면이 있습니다. 특히 중국 경제 분석이 빗나가 논란의 중심에 선 사례가 있었고요. 최근 들어선 "중국에 대해 잘 모른다"며 논쟁에서 빠지려는 듯한 모습을 보인 것도 사실입니다. 하지만 크루그먼 교수가 〈아시아 기적의 신화〉에서 지적한 내용은 모든 아시아 신흥국이 신경 써야 할 부분입니다.

이우탁 우리가 흔히 중국을 '세계의 공장'이라고 부르는데 이 부분을 짚어볼까요?

박한진 세계의 공장이라는 실체를 밝히는 것만으로도 과거 중국 경제가 얼마나 잘못 운용되어왔는지를 알 수 있습니다. 시곗바늘을 멀리 되돌릴 것도 없이 중국 경제가 세계 무대의 전면으로 나온 2001년부터 보죠. 중국이 WTO에 가입한 때입니다. 중국산 제품(Made in China)이 전 세계 제조업에서 차지하는 비중은 그 후 10여 년 동안 7%에서 14%로 두 배 가까이 급등했습니다. 그런데 무엇을 가지고 이런 성적을 달성했는지를 살펴보면 바로 비용 경쟁력이었습니다. 물론 저렴한 비용 자체가 나쁜 것은 아닙니다. 문제는 중국의 비용 구조가 효율성 제고가 아니라 왜곡된 노동시장 구조와 자원·환경 등 생산 요소에 기반을 둔 것이라는 점입니다.

이우탁 노동시장과 환경의 건전성을 희생해서 당장의 양적 성장을 이루었다는 것이지요. 미래에 사용해야 할 자원을 앞당겨 써버려 자원의 병목현상을 부채질한 측면도 있고요.

박한진 그렇습니다. 오늘날 중국 경제 성장을 뒷받침한 산업역군은 농촌에서 도시로 와서 일한 농민공農民工입니다. 그런데 이들은 근로 조건이 열악한 상황에서 저렴한 임금을 받으며 일했습니다. 도시로 호적을 옮길 수 없어 아이들을 가르치지 못했고 집을 사기도 어려웠습니다.

환경 문제도 심각해졌습니다. 전국 70% 이상의 하천이 오염됐고 3분의 1에 달하는 국토가 산성비에 오염됐다는 보고가 있습니다. 농촌에선 3억 명이 깨끗한 물을 마실 수 없고, 도시에선 4억 명이 대기 오염으로 숨조차 제대로 쉴 수 없다는 자료도 있고요.

이우탁 외신 보도를 보니 세계에서 오염이 가장 심한 20개 도시 가운데 16개가 중국에 있다고 하고, 전 세계 전자 쓰레기의 80% 가 아시아에서 나오는데 그 가운데 상당 부분이 다시 중국으로 옮겨가고 있다더군요. 중국 관영 CCTV의 전직 여성 앵커가 만든 환경 오염 다큐멘터리가 하루 만에 조회 수 1억을 기록하는 등 폭발적인 관심을 모으기도 했죠.

박한진 개혁·개방 이후 지난 30여 년 간 중국은 엄청난 외형 성장을 이룩해 전 세계를 놀라게 했지만 그 배후에는 그보다 더 엄청난 문제점들을 쌓아왔습니다. 여기서 중요한 것은 단기적으로 경제 성과를 거둘 수는 있지만 장기적으로 이에 대한 부작용과 오염 비용이 훨씬 클 수 있다는 점입니다.

이우탁 중국 정부가 이 문제의 심각성을 인지하고 대책 마련에 나서고 있다는 것은 다행이라고 할 수 있겠네요.

박한진 중국뿐 아니라 세계를 위해서도 다행이고 바람직한 움직임입니다. 중국 경제가 급성장하고 국제 위상이 높아지면서 미국을 포함한 선진 국가들이 중국에 새로운 차원의 압박을 가하기 시작했는데, 환경 문제에 대해서만큼은 중국이 서방에서 실제로 받는 압박 이상의 조치를 취하기 시작한 것에 주목합니다. 경제 성장 과정에서 외면해온 환경 문제가 그만큼 심각하다는 방증입니다.

블랙 GDP, 출혈 GDP, 웰빙 GDP

이우탁 중국의 성장 이면에 쌓여온 문제점을 살펴보았는데 좀 더 자세하게 들여다보면 좋겠습니다.

셀 수도 없이 많은 경제지표 가운데 가장 자주 그리고 가장 중요하게 언급되는 것이 GDPGross Domestic Product, 즉 국내총생산입니다. 한 국가의 모든 경제 주체가 일정 기간에 생산한 재화와 용역의 부가가치를 금액으로 환산해 합계한 개념이지요.

각 부문의 생산은 물론 소비, 투자, 수출 같은 수요 동향까지 종합적으로 파악하기 때문에 대표적인 거시경제지표라 할 수 있습니다. 그래서 각국의 글로벌 금융위기 회복 정도를 살펴볼 때 GDP 수치를 가장 먼저 보고, 그동안 중국 경제의 부상과 성장 둔화세를 얘기할 때도 'GDP가 8%인지 혹은 7%인지'부터 따져보곤 했죠.

그런데 GDP는 분기 혹은 연도가 끝난 후 2개월가량이 지나야 집계가 가능해서, 경제 현황을 신속하게 판단하기 어렵고 경기 흐름을 예측하기는 더욱 곤란합니다. 환경 오염과 자원 고갈 등 성장의 마이너스 효과를 제대로 담아내지 못하는 단점도 있습니다. 그래서 GDP 무용론이 나오는 것이지요. 노벨 경제학상 수상자인 조셉 스티글리츠Joseph Stiglitz 컬럼비아 대학 교수는 OECD 세계 포럼에서 경제 바로미터로서의 GDP의 문제점을 지적하며 '웰빙 well-being GDP' 도입의 필요성을 강조하기도 했습니다.

박한진 GDP는 한 국가 내 경제활동의 총합이지만, 전체를 정확하게 반영하기보다는 경제의 일부를 반영하고 있을 뿐이라 생각합니다.

여기서 중요한 것은 화폐경제와 비화폐경제의 차이인데요. 이런 가정을 해보죠. 어느 집에서 키우는 닭이 알을 낳았다고 할 때 이것이 GDP에 포함될까요, 안 될까요?

답은 간단합니다. 정부가 계란에 세금을 매긴다면 GDP로 집계되고, 그러지 않는다면 포함되지 않습니다. 또 요즘은 슈퍼마켓에서 고객이 구매한 물품을 스스로 계산하는 셀프 카운터가 많이 설치돼 있습니다. 이는 슈퍼마켓 주인의 입장에서 보면 화폐 경제활동이 비화폐 경제활동으로 전환된 것입니다. 왜냐하면 원래 점원을 고용해 하던 일을 고객이 직접 하게 되었기 때문에, 즉 주인이 인건비를 지불하지 않기 때문에 상점의 지출을 줄여 GDP를 감소시키지만 상점의 이윤은 오히려 늘어나는 결과를 보입니다.

중국을 포함한 사회주의 국가에서 과거 의료, 교육, 부동산 등을 국민들에게 무료 혹은 아주 싼 값에 제공했는데 당시에는 이런 요소들이 GDP에 포함되지 않았습니다. 그런데 시장경제 요소를 도입하면서 국민들이 이런 비용을 직접 부담하게 되자 화폐가치로 평가되기 시작했고, 이것이 GDP에 산입되었습니다. 개혁·개방에 나선 사회주의 국가들의 GDP가 단기간 내 급증하게 되는 배경이기도 합니다.

중국은 전문적으로 귀를 파거나 마사지를 하는, 다른 국가에서는 찾아보기 어려운 직업들이 많은데요. 이것은 중국 경제의 화폐화 전환 가능 부분이 많다는 것을 의미합니다. 즉 경제활동을 화폐로 계량화 내지는 가치화할 수 있는 양을 그만큼 더 늘린다는 뜻입니다. 또 도로를 수리하거나 사고 재난 복구를 하면 비용이 GDP에 집계되지만 국민 생활은 별로 달라지는 게 없지요. 결국 실질적인 성장을 통해 GDP가 증가하기도 하지만 다른 측면도 있다는 얘깁니다.

이우탁 저는 상하이 특파원 시절에 중국 성장에 관한 기사를 쓰면서 GDP를 자주 언급했는데요, 박 박사도 중국의 GDP에 관해 연구를 많이 하고 글도 많이 쓰지요? 중국에서 GDP가 성장의 대명사로 통해왔는데 이런 시각은 문제가 있다고 생각합니다.

박한진 중국 번영을 이끈 개혁·개방 전략에는 매년 8% 이상의 고성장을 지속해야 한다는 의식이 오랫동안 깔려 있었습니다. 양적 팽창을 앞당기고 실업 문제 확산을 방지하기 위해서는 최소한 이 정도의 성장률 목표치 달성이 필요하다고 본 것이지요. 중앙정부의 독려에 지방정부들은 경쟁적으로 성장률 제고에 나섰고, 실적이 좋은 지방 간부들은 승진과 중앙 정치 무대 진출이라는 인센티브를 받았습니다. 이 과정에서 중국은 앞뒤 가리지 않는 재정 정책과 경쟁적 외자 유치 정책에 몰두했습니다.

재정 정책의 구조를 간단히 살펴보면 이렇습니다. 지방정부는 토지를 불하해 확보한 자금과 중앙정부에서 받은 개발 자금을 갖고 짧은 기간에 고성장 효과를 낼 수 있는 분야에 투자를 집중했습니다. 그 결과 경제 성장은 이루었지만 전국적으로 극심한 공급 과잉에다 경기 과열이 심화되었습니다. 외자 유치의 경우 각 지방정부가 실업률 완화와 성장률 늘리기에 치중한 결과, 환경 영향 평가와 중복 투자 여부를 제대로 판단하지 않은 채 모든 투자를 무분별하게 받아들인 측면이 있습니다. 결국 양적 고속 성장은 이루었지만 앞만 보고 달려온 탓에 환경 오염과 자원 병목현상, 효율성 저하라는 구조적인 문제점을 양산했다는 측면에서, 종래 중국의 GDP는 '블랙 GDP'의 특성을 보였다고 볼 수 있습니다.

이우탁 블랙 GDP, 흥미로운 개념입니다. "빈대 잡으려고 초가삼간에 불 놓는 격"이네요. 높은 성장률은 달성했지만 엄청난 희생이 뒤따랐다는 점에서 "빈대는 잡았지만 집을 온전히 지켜내지 못했다" 이렇게 볼 수 있겠군요.

박한진 그렇습니다. '출혈 GDP'라는 표현을 쓸 수도 있습니다. 중국의 GDP 팽창은 지난 30여 년간 유지해온 강력한 수출 드라이브 정책에 힘입은 바 큽니다. WTO가 발표한 세계 무역 통계에 따르면, 중국은 상품 기준으로 2009년 수출 세계 1위에 올랐고 2013년에는 무역 총액 세계 1위가 되었습니다. 놀라운 성과죠. 그런데 내막을 살펴보면 오랜 기간 수출 지상주의에 젖은 기업들의 밀어내기식 저가 수출 문제가 심각합니다. 특히 중국의 대표적인 수출 품목인 의류는 옷 한 벌을 수출해서 남기는 평균 이윤 폭이 지난 2000년대 중반에 이미 3위안 밑으로 떨어진 후 계속 악화되어왔습니다. 이래서는 원자재 가격 인상과 위안화 평가절상 같은 비용 상승 요인과 글로벌 금융위기 이후 위축된 세계 시장의 환경 변화에 견디기 어려운 구조입니다. 기업들이 질적으로 강해지기보다는 손해 보더라도 수출을 마다 않는 실적주의에 몰두했다는 측면에서 제 살 깎기 식 출혈 GDP라고 볼 수 있는 것이죠.

이우탁 그렇다면 중국에서도 스티글리츠 교수가 주장하는 '웰빙 GDP'와 같은 논의가 있는지요?

박한진 있었습니다. 중국도 약 10년 전부터 '그린 GDP綠色GDP' 개념을 연구하기 시작했고 2006년에는 국가환경보호총국과 국가통계국이 〈중국녹색국민경제산출연구보고 2004中国绿色国民经济核算研究报告2004〉라는 자료를 처음으로 발표하기도 했습니다. 경제 성장과 사회 발전, 자연자원, 자연환경의 조화 정도를 수치화한 방안인데, 중

"이윤은 소시지와 같아서, 그 안에 무엇이 들어가는지 가장 알지 못하는 사람들에게 찬탄을 받는다."

"Profits, like sausages... are esteemed most by those who know least about what goes into them."

앨빈 토플러 Alvin Toffler

앨빈 토플러가 남긴 대표적인 명언 중 하나. 그는 이윤이란 양과 크기가 중요한 것이 아니라 구성 요소와 질이 중요하다고 지적.

국 정부가 이미 10여 년 전부터 블랙 GDP와 출혈 GDP에 얼마나 신경 쓰고 있었는지 알 수 있습니다.

문제는 그린 GDP가 아직까지 국제적으로 통일된 집계 시스템이 없는 상황인 데다, 수치 산출을 위해서는 통계학상의 복잡한 기술적 어려움을 해결해야 하기 때문에 당분간은 중국에서 본격적으로 적용될 가능성은 거의 없다는 것입니다. 또 이를 적용한다면 당장 GDP 수치가 떨어질 수밖에 없는 데다 지방정부의 각종 투자 프로젝트와 외자 유치에도 타격이 불가피하다는 이유도 있을 겁니다.

중국 경제 지속 가능한가

이우탁 현재 중국 경제의 최대 담론은 지속 성장 가능성입니다. 중국은 물론 세계의 초미의 관심사이기도 하고요. 그런데 경제 성장의 삼두마차라고 하는 수출, 투자, 소비 가운데 어느 것 하나 좋은 게 없다 보니 일각에서는 30여 년을 달려온 중국의 성장 엔진이 고장 났다거나 심지어는 이미 꺼졌다는 우려의 시선도 보내고 있습니다. 이 문제를 냉정한 시각으로 짚어보았으면 합니다.

박한진 중국 경제는 스모 선수의 거대한 몸집에 비유할 수 있습니다. 특수한 음식을 먹어가며 최대한 몸집을 불려서 존재감을 키우는 것이 바로 스모 선수입니다. 종래 중국 경제의 최대 과제는 몸집 불리기였고, 이를 위해 강력한 수출 드라이브와 정부의 재정 투자를 동원해 경제의 양적 팽창을 이루었습니다.

중국 경제 성장에 대해서 흔히 "개혁·개방 이후 30년간 연평균 10%에 육박한다"고 말하곤 하는데 성장률 말고 GDP 금액을 따져보면 그야말로 깜짝 놀랄 정도입니다. 개혁·개방이 본격화된 첫해인 1979년 4063억 위안에서 2013년 56조 8845억 위안이 됐으니 정확히 140배 늘었습니다. 2001년 말 WTO 가입 후 2013년까지 12년간 5배가량 팽창했고, 글로벌 금융위기 이후 세계 경제가 수렁에 빠져 몸살을 앓은 2008년부터 2013년 기간에도 2배 가까이 성장했습니다. 13억이나 되는 많은 인구를 지탱하기 위해선 불가피한 측면도 있었다고 봅니다.

그러다 보니 GDP 총액이 일본을 제치고 미국 추월을 향해 나아간다는 얘기가 나올 정도로 외형은 커졌는데 여러 가지 성장 부작용을 앓고 있습니다. 앞서 우리가 토론한 것처럼 자원, 환경, 에너지 등에 걸친 문제들 말이죠. 또 워낙 몸집이 커지다 보니 세계 모든 국가들이 중국을 함부로 대할 수 없는 상황이 되었지만, 급변하는 국제 환경에 재빠르게 대처할 수 없는 데다 지속 가능한 성장 기반을 마련한다는 것이 여간 어려운 일이 아니게 되었습니다. 이런 모든 상황은 마치 거대한 스모 선수는 해칠 마음을 먹는 사람이 거의 없지만, 몸이 둔해서 빠르게 움직일 수 없고 각종 성인병에 노출될 가능성이 큰 것과 유사합니다.

하지만 지금 중국이 구조조정을 위해 부채를 줄여가는 '디레버리지deleverage' 과정 중이라는 점은 눈여겨볼 부분입니다. 과거 부채를 기반으로 한 성장에서 벗어나 부채를 줄이며 조정한다는 것은 기본적으로 과거와 같은 성장 궤도에서 확실히 벗어나 있다고 봐야 합니다. 이 상황에서 지속 가능한 성장 여부를 판단하려면 수출, 투자, 소비 상황이 어떤지 부문별로 살펴보아야겠지요.

이우탁 1990년대 말 아시아 전체가 금융위기에 빠졌을 때 중국에 심각한 부채 문제가 제기되었는데, 2001년 WTO 가입 후 국제시장을 적극 이용하면서 수출을 늘려 위기에서 빠져나올 수 있었죠? 중국 세관 통계를 보니, WTO 가입 이듬해인 2002년부터 바로 수출이 탄력을 받기 시작해 2007년까지 6년 동안 연평균 증가율이 28.9%일 정도로 잘나갔습니다. 이 기간 한국의 연평균 수출 증가율은 16.5%로 선전했습니다만 중국의 약 절반 수준입니다.

박한진 그랬죠. 그러나 지금은 상황이 다릅니다. 미국과 유럽의 경제 침체가 장기화된 후 완연한 회복까지는 갈 길이 멀다 보니 이 지역은 더 이상 '메이드 인 차이나'를 수입하는 믿을 만한 시장이 아닌 것이죠. 소비재를 중국에 아웃소싱해서 수입하는 것을 미덕으로 알던 미국과 유럽이 수출을 늘리겠다고 나서고 있으니 당분간 중국 수출이 큰 폭으로 늘어나기를 기대하는 것은 무리입니다. 중국은 오히려 미국과 유럽으로부터 막대한 무역수지 흑자를 줄이라는 압력을 갈수록 크게 받을 텐데, 이는 중국의 수출 산업은 물론이고 제조업 전반에 걸쳐 심각한 수준의 부정적 영향을 끼칠 것입니다.

이우탁 투자 측면에서 본다면 현재 경제 성장을 압박하는 가장 큰 요인은 부동산 시장의 침체가 아닐까 생각합니다. 중국은 건축과 부동산 업종이 GDP에서 차지하는 직접 비중이 13%이고, 기타 경제활동과의 간접적 연계 효과까지 감안하면 40%, 50%라는 말도 있더군요. 이런 상황에서 그동안 투자 위주의 경제 성장을 오래 유지해오면서 집을 너무 많이 지은 것이 문제인데, 이걸 다 소화하려면 몇 년이 걸릴지 모른다고 합니다. 그런데 더 큰 문제는 집이 남아도는 상황에서도 집값은 지난 5년 동안 5배나 뛴 것이니, '괴^怪현상'이라고 부르지 않을 수 없습니다. 물론 이 때문에 중국 부동산의 거품이 터질 것이라고 보는 시각도 있는데 어떻게 보시나요?

박한진 지난 몇 년 동안 정부의 억제 정책 속에서도 부동산 가격의 상승 폭이 과도해서 붕괴를 우려하는 시각이 있는 것도 사실입니다. 하지만 중국 부동산 시장의 구조 측면을 살펴볼 필요가 있습니다.

제가 워싱턴 DC에서 방문학자로 연구 활동을 하면서 여러 싱크탱크의 콘퍼런스에 자주 참석해 전문가들의 관점을 꼼꼼하게 살펴보았는데요. 중국 거시경제 분야의 대단한 전문가 한 분을 발견했습니다. 제가 근무했던 존스홉킨스 국제전략문제연구소SAIS 바로 옆에 있는 카네기국제평화재단CEIP의 황위촨黃育川, Yukon Huang 박사입니다.[15]

중국계 미국인인 황 박사는 예일 대학과 프린스턴 대학에서 공부했고 미국 재무부와 세계은행(중국 담당 국장)에서 일한 경험에다 CNN, 《월스트리트 저널》, 《블룸버그》, 《파이낸셜 타임스》, 《포린 어페어스》 등에 자주 출연 또는 기고합니다. 저는 중국에서 약 12년을 연구했고 일본을 거쳐 미국 싱크탱크에서도 수많은 중국 경제 전문가들을 만났는데, 황 박사가 가장 정확하고 객관적인 견해를 가진 전문가라 생각합니다. 그런데도 한국 언론과 포털에선 거의 검색되지 않을 정도로 소개가 안 되어 있습니다. 한국의 중국 분석 시각에 그만큼 문제가 있다고 생각합니다.

황 박사의 분석은 이렇습니다. 중국은 주택 사유화가 늦게 추진되면서 도시 부동산 시장이 형성된 것이 불과 15년 남짓하다는 것입니다. 최근 중국의 부채 누적과 관련해 지방정부의 무분별한 토지 양도 관행이 문제가 되고 있는데, 지방정부가 상업용으로 토지사용권을 양도한 것도 10년 정도밖에 되지 않습니다. 짧은 기간에 부동산 가격이 말도 안 되게 올랐지만 이것은 일반적인 의미의 거품 형성과 붕괴의 과정이라기보다는, 과거에 사회주의 제도에 묶여서 가격 형성 자체가 없었던 것이 주택 사유화 진전에 따라 내재가치를 찾아가는 과정이라는 것입니다.

지난 2011년과 2012년에 부동산 가격이 일시적으로 소폭 떨어졌다가 다시 상승세로 돌아섰죠. 부동산이 내재가치를 완전히 찾기 전까지는 앞으로도 가격이 10~20% 범위 내에서 떨어졌다가 다시 오르는 조정 국면이 반복될 가능성이 크다는 것이 황 박사의 진단인데 이것은 전형적인 부동산 시장의 거품과는 다른 추세라는 것이죠.

이우탁 10~20%라면 상당히 큰 폭이 아닌가요? 전체 경제에도 충격을 줄 수 있을 정도라고 생각되는데, 실제로 국내외 많은 전문가들이 여전히 중국 부동산 시장의 거품 붕괴를 경고하고 있지 않습니까?

박한진 제 생각은 좀 다릅니다. 과거와 달리 집을 살 때 갖게 되는 은행 부채 비율이 낮아졌기 때문에 이 정도 주기적 조정 폭이 가계에 충격을 줄 것으로는 보이지는 않습니다. 물론 재고 유지 비용 부담이 커진 일부 부동산 개발 기업들 중에는 자금 압박을 이기지 못해 도산하는 경우가 있겠지만, 중장기적인 틀에서 본다면 전체 국가 경제는 충격보다는 정상화를 향해 나아갈 것으로 봅니다.

이우탁 수출은 해외 시장 여건이 좋지 않고, 투자는 더 이상 돈을 쏟아부을 수 없는 상황에서 기댈 곳은 소비뿐인데요. 실제로 시진펑·리커창 체제가 등장한 후 중국 경제의 구조조정 방향은 소비 진작에 모이고 있습니다. 현재 소비가 GDP에서 차지하는 비중은 35%로, 경제 대국으로 꼽히는 국가들 중에서는 가장 낮은 수준입니다만, 최근 뚜렷한 상승세를 보이고 있다는 외신 보도가 많습니다. 앞으로 소비가 중국 경제의 새로운 버팀목이 될 것으로 보는지요?

박한진 경제에서 소비가 차지하는 비중이 확대된다면 희소식이지만 현실적으로 간단한 문제는 아닙니다.

종래 중국 경제는 GDP 내 소비 비중이 계속 낮아지면서 생긴 불균형이 가장 큰 원인이었는데요. 가장 큰 원인은 급속한 도시화와 산업화였습니다. 흔히 아시아의 기적으로 손꼽히는 한국, 일본, 대만에서도 그런 현상이 관찰되는데, 노동력이 농촌에서 대도시로 이동하면서 소비 비중이 낮아진 것입니다. 다소 역설적이기도 합니다만 대도시가 성장하는 초기에는 소비 비중이 확대되다가 일정 단계를 넘어서면 대도시의 높은 생계 비용과 사회보장 등의 요인으로 하락세로 돌아설 수 있습니다. 중국은 지난 10년간 1인당 연평균 소비 증가율이 8.5% 수준인데, 대도시가 이미 포화 상태에 접어든 상황이기 때문에 소비 비중이 줄어든 것입니다.

물론 결과적으로는 소비 비중이 확대되면서 경제 구조의 변화가 이루어질 것이라는 낙관적 견해를 갖고 있습니다만, 그것이 어느 날 갑자기 혹은 매우 빠른 시일 내에 오기보다는 장기적으로 또 점진적으로 진행될 것입니다. 수십 년을 유지해온 과거의 제도와 방식이 단기간에 바뀌기는 어렵지요.

이우탁 중국은 이미 노동력 총량이 감소세로 접어든 데다 임금 상승 속도가 소비 확대를 뒷받침하기에는 역부족이라는 지적이 있습니다. 게다가 점진적이나마 금융자유화 조치를 꾸준히 추진하면서 이자율도 계속 상승하고 있고요. GDP에 대한 부채 비율은 현재 220%이고 계속 상승할 것이라고 하는데요. 그렇다면 중국 경제가 위험해지는 것 아닌가요? 시장에서는 중국 정부가 경제의 밑불을 지피기 위해서 부동산 구매 제한 조치를 완화하고 한껏 조였던 신용 대출 정책도 느슨하게 하지 않겠느냐는 기대감도 있던데요.

박한진 가장 단기적이고 직접적인 효과를 기대할 수 있는 경기 진작책은 역시 부동산 분야에 있습니다. 하지만 지금은 부동산이 내적인 규칙과 가격을 찾아가는 과정인데, 이때 어떤 부양책을 내놓는다면 지난 2013년 11월 11기 3중 전회(중국공산당 제18기 중앙위원회 제3차 전체 회의)에서 발표한 개혁 어젠다와 완전 배치될 뿐 아니라 자산 가격을 또 한 차례 잔뜩 부풀려놓을 것 같습니다.

중국에 '량야오쿠커우良药苦口'라는 고사성어가 있습니다. 지금 중국 정부의 경제 정책 기조라고 생각하는데요, 중장기적인 지속 가능 성장력을 확보하기 위해 단기적으로 온갖 어려운 상황을 감내한다는 것이죠. 시진핑은 집권 1기(2013~2017년) 중에는 제도 개혁과 부채 축소에 힘쓰고, 이를 바탕으로 2기(2018~2022년)에 접어들면 재도약을 모색할 것으로 봅니다.

앞으로 중국이 구체적으로 어떤 조치로 지속 성장 가능성을 만들어갈 것인지 답은 이미 나와 있습니다. 2014년 3월 중국은 '국가 신형 도시화 규획国家新型城镇化规划(2014~2020년)'을 발표했습니다. 핵심은 노동력의 과도한 대도시 집중을 억제하고 중도시로 인구를 이동시켜 이곳의 생산과 소비 역량을 강화한다는 것이지요.

또 중국이 아무리 시장 개혁·개방이 되었다고 하지만 실제로는 막혀 있는 곳이 한두 군데가 아닙니다. G20 가운데 외국인 직접 투자에 가장 높은 장벽을 쌓고 있는 국가가 중국입니다. 이런 점에서 과거 정책적으로 보호해온 분야에 민영 자본과 외자의 참여를 확대해갈 것입니다. 금융, 교육, 보건 등 주요 서비스 분야인데요. 중국이 이런 분야에서 새로운 개혁과 개방에 성공한다면 앞으로 지속 성장 가능성을 기대할 수 있을 것입니다.

이우탁 중국이 장기적인 지속 성장

궤도에 성공적으로 진입한다면 경제 성장률 수준은 얼마나 될 것
으로 예측하십니까?

박한진 시진핑 집권 예상 시기인 2022년까지 6~7% 내외의 성장
을 이룬다면 지속 가능한 성장으로 볼 수 있을 것입니다. 하지만
이 수치는 계량 예측치라기보다는 상징적 차원의 예측치입니다.

중국 경제의 구조적 문제점 4귀 3박

박한진 어느 국가든 경제 문제를 갖고 있습니다. 그런데 그 문제
들을 실제보다 크게 보거나 작게 볼 경우 바로 오류에 빠집니다.
실제 상황에 가장 가깝게 보는 노력이 필요합니다. 특히 중국의
경우는 더욱 그렇습니다.

중국건설은행(금융시장부)의 장타오張濤 연구원이 최근 발표한
'중국 정부의 경제 로직中國政府的經濟邏輯'이라는 글이 영국《파이
낸셜 뉴스》에 실렸습니다. 중국 경제의 문제점과 방향성을 객관적
이고 간결하게 분석했으므로 특별히 언급하고 싶습니다.

장 연구원은 중국 경제의 문제점을 '4귀貴 3박薄'으로 정리했습
니다. '네 가지가 비싸졌고, 세 가지가 정상적이지 않다'는 뜻입니
다. 4귀는 이런 것들입니다. 우선 경제 한 단위를 산출하는 데 소
요되는 가격, 즉 투입 비용이 과거보다 더 많이 들어간다는 것입

니다. 2008년 글로벌 금융위기 이전에는 한 단위 산출에 소요되는 자본이 4 미만이었는데 2013년에 7까지 올라갔다는 것입니다. 짧은 기간에 투자자본수익률ROI이 큰 폭으로 하락했다는 말이죠. 두 번째는 제조업 부문의 생산 능력 과잉이 심화돼 가동률이 저하되면서 2013년 3월 이래 25개월 연속으로 공산품 출고 가격이 마이너스 상태입니다. 아시아 금융위기 발생 당시에도 31개월 연속 마이너스를 기록한 적이 있습니다. 업종별로는 현재 야금(철강 포함)과 화공 등이 위험 수준입니다. 국제통화기금IMF은 2012년 판 나라별 보고서에서, 중국에서 자본의 설비가동률capacity utilization이 위기 이전 80%에서 60%로 낮아졌다고 경고하기도 했습니다.

이우탁 나머지 두 가지 비싸진 것은 금융 비용과 노동력 비용이 아닌가요?

박한진 그렇습니다. 금융 비용이 가파르게 올랐습니다. 중국건설은행은 정부와 비금융계 기업, 그리고 가계가 매년 지불해야 하는 이자 규모가 GDP의 10분의 1에 근접한다고 추정합니다. 노동력은 세계은행World Bank과 중국국가통계국 자료를 종합해보면 2012년부터 매년 300만 명이나 감소하고 있는데, 더욱 심각한 것은 노동생산성productivity of labour 증가율이 임금상승률보다 낮다는 것입니다. 과거 중국 산업경쟁력의 대표 격이었던 노동력 프리미엄이 이제는 존재하지 않는다고 봐야 할 겁니다. 장기적으로 보

면 노동생산성 증가율 하락이 가장 위험한 문제입니다.[16)]

이우탁 3박은 어떤 추세를 뜻하는지요?

박한진 부채, 재정수입, 유동성입니다. 2013년 말 중국의 감사원 격인 심계서審計署가 정부 채무 감사 결과를 발표했는데 중국 정부의 대내외 총 부채액이 36조 위안 규모로, 마스트리흐트 조약 Treaty of Maastricht(1991년 12월 네덜란드 마스트리흐트에서 체결된 조약으로, 유럽공동체(EC)가 유럽연합(EU)으로 발전하는 기반이 됨)'이 규정한 60%의 부채율 위험경계선에 이미 와 있는 상황입니다. 그런데 리커창 총리 취임 이후 정부의 재정수입 증가율이 10%에 못 미치는 상황이 자주 발생하는 것이 문제입니다.

중국인민은행 발표에 따르면, 2014년 3월 말 기준으로 광의통화M2 공급 잔액이 113조 위안으로 이미 GDP의 두 배를 넘었습니다. 리커창 총리가 "물에 돈이 너무 많이 돌아다닌다"고 할 정도니까요. 이 상황에서 다시 돈을 푼다면 악성 인플레이션에 빠질 것이 뻔합니다.

중국식 중진국 함정

이우탁 중국의 1인당 GDP가 3000달러를 돌파한 것이 2008년인데, 불과 5년 만인 2013년 7000달러를 넘어섰습니다. 이렇게 되면서 중진국 함정 우려가 계속 지적되고 있습니다. 역사적으로 많은 국가들이 중진국 대열에 들어섰지만 선진국으로 올라서지 못하고 주저앉았습니다. 대개 5000달러에서 1만 달러 사이인데, 중국이 현재 그 구간에 있다 보니 외국은 물론이고 중국 학계에서도 중진국 함정에 대한 이야기가 끊이지 않고 있습니다.

박한진 역사적으로 중진국 함정에 빠진 대표적인 사례가 중남미 국가들입니다. 그런데 중국은 전체 경제 규모로는 이미 일본을 추월했기 때문에, 중국이 중진국 함정에 빠질 것인지의 여부는 중남미 사례와 함께 일본 사례를 참고해야 할 것으로 생각합니다. 일본은 1990년대 초반에 거품이 터진 후 지금까지 후유증이 계속되고 있다고 보는데, 가장 큰 특징은 자산 가격 폭락과 인구 고령화입니다.

이우탁 그렇습니다. 일본은 1985년 플라자 합의 이후 미 달러 대비 엔화 가치가 대폭 평가 절상되면서 수출이 타격을 받았고 경제 성장이 내려앉았습니다. 플라자 합의 이후 일본 중앙은행이 통화를 과도하게 푸는 바람에 주식 시장과 부동산 시장에 1980년대 후반에 거품이 잔뜩 끼었습니다. 그것이 1990년을 전후해 동시에 터지면서 가계와 기업, 금융기관의 자산이 폭락하게 됩니다.

그런데 일본 정부의 정책 대응이 문제였습니다. 경쟁력 없는 기업과 금융기관은 파산시켜야 하는데 취업과 사회 안정에 신경 쓰다 보니 재정을 동원해서 억지로 살려둔 것입니다. 그러다 보니 정부 부채가 눈덩이처럼 불어나 지금 GDP 대비 250%로 세계에서 가장 높은 수준이 됐습니다.

박한진 제가 일본에서 객원연구원으로 있던 때 국책 연구 기관 관계자에게서 이런 이야기를 들은 적이 있습니다. 국제회의장 같은 시설을 신축해야 하는데 정부에 돈이 부족해 못 짓고 있다는 겁니다. 물론 회의장 하나 지을 돈이 왜 없겠습니까마는 그 정도로 예산이 부족하다는 이야기일 것입니다. 그런데 더 치명적인 문제는 고령화가 아닐까요?

이우탁 고령화는 두 가지 측면의 문제를 가져왔습니다. 나이가 들수록 소득이 줄어들다 보니 자연히 저축률이 낮아집니다. 그래서 투자가 부진해졌고요. 또 사회적으로 혁신과 활력이 저하되면서 총요소생산성TFP, total factor productivity(노동과 자본 등 생산 요소에 의해 산출되는 가치 측정 개념)'에 타격을 주었습니다. 결국 거품 붕괴에 이어 고령화 충격이 표면화되면서 20년 이상 고통받은 것입니다.

박한진 중남미 국가의 중진국 몰락 원인은 사회 계층 간 유동성 저하와 포퓰리즘populism 만연에 있다고 봅니다. 사회가 발전하려면 열심히 노력하면 잘살 수 있다는 믿음이 확산되고 실제로 그런 사례가 많이 나와야 합니다. 그런데 중남미권에서는 기득권층이 정부와 결탁해서, 청년 계층이 아무리 노력해도 운명을 바꿀 수 없는 상태가 고착되어버렸습니다. 중남미 국가 상당수가 다당제를 운영하는 민주주의 국가들인데, 선거에서 이기기 위해 이른바 선심성 공약을 남발했고 이를 지키기 위해 부채 의존도가 높아지다 보니 결국 부채 위기와 악성 인플레이션이 번갈아 나타나면서 중진국 함정에 완전히 빠져버렸다고 봅니다.

이우탁 그렇다면 중국은 어떻게 보아야 할까요?

박한진 일본식 현상도 있고 중남미식 현상도 있습니다. 우선 부동산을 볼까요? 1선 도시 부동산 가격은 이미 월급으로 집을 마련할 수 있는 수준을 훨씬 넘어버렸고, 중소 도시인 2, 3선 도시에선 반대로 공급이 수요를 초과해 사람이 살지 않는 이른바 유령 집도 있는 상황입니다. 인구 고령화 추세는 이대로 간다면 일본의 기록을 깨지 않을까 싶을 정도입니다. 일본이 '부유해지고 나서 늙은先富後老' 경우였다면, 중국은 '부유해지기도 전에 늙은未富先老' 경우라는 말이 중국에서 널리 회자되고 있습니다. 최근 제한적으로나마 1가구 2자녀를 허용하는 등 인구 정책의 변화를 모색하고 있지만 고령화 사회로의 진입 속도를 늦출 수는 있어도 다시 젊은 국가로 되돌리기는 어렵다는 것이 대부분 인구통계학자의 견해입니다.

이우탁 지금부터 10년 전만 해도 중국은 사회 계층 간 유동성이 활발해서 안 자고 안 먹으며 일하는 사람들이 더러 있었는데, 지금은 계층 사다리 올라가기가 갈수록 어려워지고 있지 않습니까?

박한진 그렇습니다. 계층 간 유동성은 1990년대, 2000년대 초중반까지만 해도 높았습니다. 가장 대표적인 신분 상승 현상은 농촌에서 어려운 상황을 극복하고 대학에 진학해 대도시에서 안정된 직업을 갖는 경우였고, 기업의 최고경영자CEO가 되어 이름을 떨치는 사람들도 많았습니다. 제가 2000년대 초중반 상하이에서 근무할 때 중국 기업 CEO들을 매달 한 명씩 인터뷰해서 국내 언론에 기고했던 일이 있는데요. 당시 그들 중 상당수가 이른바 '개천에서 용이 난' 자수성가형 인물이었습니다.

  지금은 상황이 매우 어렵습니다. 농촌에서 도시로 올라와 대학에 입학하는 비율 자체가 낮아지고 있습니다. 좋은 대학이 아니면서도 학비는 갈수록 올라가고 있고요. 대학을 졸업해도 일자리 찾기가 어려워지다 보니, 예전 같으면 신분 상승을 위한 노력이 지금은 빚을 지는 상황으로 이어지기도 합니다. 이런 문제들은 단순히 한두 가지 정책으로 해결될 사안이 아니고 결국은 제도 개혁과 구조조정이 따라야 한다는 것입니다.

이우탁 그렇다면 앞으로 중국이 중진국 함정에 빠질 것인지 혹은 극복할 수 있을 것인지, 어떻게 봅니까?

박한진 현재로서는 예단하기 어렵습니다. 그리고 1인당 소득 1만 달러를 넘어설 때까지 큰일이 터지지 않았다고 해서 중국이 중진국 함정을 극복했다고 하기도 어렵습니다. 1만 달러는 하나의 대략적인 수치에 불과하니까요. 중국은 워낙 큰 나라이고 구조조정도 짧게는 5년 길게는 10년 이상 장기간 지속돼야 할 것이기 때문에 중국의 중진국 함정 극복 여부는 두고두고 관찰할 사안입니다. 그러니까 다른 나라에서는 급성질환처럼 나타난 중진국 함정이 중국에서는 만성질환이 되어 서서히 모습을 드러낼 수도 있다는 것입니다.

중국 경제의 롱 랜딩

이우탁 10년쯤 됐지요? 저는 특파원으로, 박 박사는 중국 정보 조사 총괄로 상하이에서 함께 일할 때 《10년 후, 중국》이라는 책을 쓰셨죠? 지금은 중국 경제에 관한 책이 넘쳐나고 '5년 후', '10년 후'를 제목에 달고 나오는 책이 많지만 당시 10년 후의 중국 경제를 전망했다는 것은 신선한 시도였다고 생각해요. 그때나 지금이나 중국은 당장 눈앞에 벌어지는 상황도 파악하기 어려운데 10년 후를 가늠한다는 것은 정말 힘든 작업이었을 텐데요. 어떻게 해서 그 책을 쓰게 되었나요?

박한진 흔히 "한 치 앞도 알 수 없다"고 하잖아요. 미래를 내다본다는 것은 거의 불가능하다는 뜻일 거예요. 이런 에피소드가 있었답니다. 2000년대 들어 새 천 년new millennium이 되면서 지난 세기 말의 혼란은 다소 가셨지만 새로운 천 년에 대한 방향성과 기대감은 제대로 자리 잡지 못하고 있었죠.

당시 한국은 세계화의 격랑 속에 미래 좌표를 어떻게 설정할 것인지 깊은 고민에 빠졌습니다. 그러던 중 2004년에 공병호 박사가 《10년 후, 한국》이라는 책을 썼습니다. 당시 우리 사회가 처한 16가지 상황을 보여주고, 10년 후 대한민국호의 생존 방향을 그린 책이었는데 단숨에 베스트셀러가 되었습니다. 미래에 대한 불안감에 빠져 있기보다는 현재의 구조에서 잘못된 부분을 바로잡고 준비하자는 저자의 메시지가 독자들의 갈증을 풀어주었고, 이 책은 국내에 '10년 후' 시리즈가 봇물을 이루는 방아쇠가 되었죠.

당시 저는 상하이에서 중국을 관찰하며 글을 쓰고 있었는데, 지금도 중국은 우리 사회의 핵심 화두 중 하나지만 그때 국내의 중국 열풍은 정말 대단했죠. 저만 해도 어떤 때엔 매주 두세 편씩 외부 기고문을 써 보냈으니까요. 어느 날 한 경제 주간지에서 원고 청탁이 들어왔는데, '100년 후 중국'을 주제로 A4 한 장 분량을 써 달라고 했습니다. 금방 써서 보냈습니다. 100년 후면 세상에 저도 없고 독자도 없다고 생각하니 부담 없이 써지더라고요. 이 부장은 매일 기사 쓰고 책도 많이 써서 잘 알겠지만, 글 쓸 때 부담을 느끼기 시작하면 한 줄도 나가기 어렵잖아요. '10년 후'의 다음 시리즈로 중국 편을 정하고 저자를 물색 중이던 출판사에서 제가 쓴 '100년 후 중국'이 실린 잡지를 우연히 보고 연락이 왔습니다.

이우탁 그런 흥미로운 배경이 있었군요. 그때 책 쓰면서 고생을 엄청 많이 했다고 기억합니다.

박한진 네, 그랬죠. "10년이면 강산도 변한다"는 속담이 있지만 "10년 금방 지나간다"는 말도 있잖아요. "10년, 훌쩍 지나버릴 텐데 잘못 썼다가 도망자 신세가 되면 어쩌지…" 이런 생각 때문에 마음고생이 컸습니다.

이우탁 미래학 예측 기법 같은 것을 활용할 생각을 해봤나요? 복수의 시나리오를 상정하고 접근하는 그런 방법 말입니다.

박한진 처음엔 미래학 예측 기법에 충실해볼까 하는 생각도 했습니다. 복수의 시나리오를 상정하는 미래학에는 예측 기법만도 수십 가지가 있습니다. 그런데 중국에는 알 수 없는 수많은 변수들이 뒤엉켜 있는데 연구 방법론에 지나치게 신경 쓰다가 자칫 미래 중국의 그림을 그리지 못할 수도 있다고 생각했습니다. 일반적인 계량 예측 기법은 중국의 특성을 오해하고 왜곡할 수 있다는 우려도 했고요.

그래서 결정한 방법이 '미래는 현재의 연장선상에 있다는 미래학적 접근법을 유지하되, 당장 눈앞에 벌어진 상황에는 눈을 감고 크게 멀리 보자'는 것이었습니다. 트렌드, 즉 추세를 보는 것이 가장 중요하다고 판단한 것이지요. 여는 글부터 맺는 글까지 이 원칙을 지키려고 힘썼고, 그런 노력 덕에 책의 내용은 현재 상황과 상당 부분 일치하며 10년이 지난 지금 도망가지 않고 있습니다.

이우탁 중국 경제와 관련해 10년 전이나 지금이나 변하지 않은 큰 이슈가 하나 있습니다. 경착륙hard landing할 것인가, 연착륙soft landing할 것인가에 관한 논란인데요, 이 이야기를 해보면 좋겠습니다. 전문가들은 물론 국제기구에서조차 워낙 시각이 엇갈리다 보니 '경착륙파'와 '연착륙파'로 나뉘는 듯한 느낌마저 듭니다. 박박사는 어떻게 보나요?

박한진 말씀하신 것처럼 많은 사람들이 두 가지 착륙 시나리오를 두고 양자택일식 진실 게임을 벌이고 있습니다. 30여 년을 달려온 중국 경제는 세계적으로 유례없는 성장을 이루었지만 '성장통'이라고 할까요, '성장의 고름'이라고 할까요, 그런 부작용을 엄청나게 만들어냈습니다. 지방정부 부채 확대, 부동산 거품 우려, 공급 과잉 심화 등과 같은 현상들이죠. 이런 문제들이 지금도 여기저기서 터져 나오는 마당에 연착륙은 이미 물 건너간 얘기입니다.

이우탁 한때 '노 랜딩no landing' 주장도 있었잖아요.

박한진 제가 10년 전에 그런 견해를 가진 적이 있습니다. 가파른 성장세를 멈추지 않고 계속 갈 것이라는 것이었죠. 그런데 2008년 글로벌 금융위기 이후 지난 수년간의 궤적을 보면 경제 성장률이 예상보다 빠른 속도로 떨어졌습니다. '노 랜딩'은 이미 옛 이야기가 돼버린 셈입니다.

이우탁 현실적으로 경착륙을 우려하는 전문가들이 많아 보입니다만 저는 그 가능성을 크게 보지 않습니다. 우선 박 박사도 지적한 것으로 알고 있는데요, 중국 정부가 예전 같으면 감췄을 문제점들을 이젠 드러내고 고치려 하고 있다는 점이죠. 경제 실적 부풀리기, 그림자 금융shadow banking, 지방정부 부채 같은 문제점들 말입니다. 악성 부채 문제는 심각하긴 하지만 알려진 것과는 달리 통제 가능한 수준이라는 것이 워싱턴 싱크탱크의 지배적인 시각이더라고요.

다음으로는 시진핑·리커창 체제의 반부패 투쟁과 근검절약 캠페인을 살펴볼 필요가 있습니다. 2014년 초만 해도 경제 성장률 하락 시기에 이런 조치들이 나와서 소비 시장을 위축시킨다고 했었죠. 그런데 실제로는 그 충격이 예상만큼 크지 않았고, 소비 시장은 비록 만족할 만한 수준은 아니지만 계속 성장세를 보인 것으로 나타났습니다. 여기에다 여전히 완만하나마 회복세로 접어든 미국과 유럽 경기가 중국의 산업과 수출 경쟁력 유지에 일정 수준의 버팀목이 돼줄 것이라는 점을 감안하면 경착륙 가능성은 '찻잔 속 태풍'이 아닌가 하는 생각도 해봅니다.

박한진 지금 이야기한 분석에 전적으로 동의합니다. 한 가지 덧붙이자면 중국과 세계 경제의 연결 고리라는 측면도 생각해볼 수 있을 겁니다. 많은 국가들이 중국을 최대의 교역 및 투자 진출 대상국으로 삼고 있고, 특히 미국도 중국 경제가 추락한다면 바로 직격탄을 맞을 정도로 대중국 의존도가 높습니다. 이런 상황에서 중국 경제가 위태로운 국면으로 빠져든다면 미국을 비롯한 주요국들이 '중국 구하기'에 나설 것으로 봅니다.

그래서 주의를 기울여보자는 것이 '롱long 랜딩'입니다. 이는 한 마디로 점진적 성장률 하락 시나리오입니다. 지금부터 10년 전에 워싱턴 싱크탱크 국제경제연구소IIE의 선임연구원이었던 모리스 골드스타인Morris Goldstein 박사와 니콜라스 라디Nicholas Lardy 박사가 그 개념을 제기했고, 최근에는 중국에서 활동하는 서방 학자인 마이클 페티스Michael Pettis 베이징 대학 광화관리학원(경영대학원) 교수도 같은 견해를 보였습니다.

중국이 성장 방식 전환을 목표로 한 강력한 개혁 조치들을 가속화하면서 앞으로 성장률은 해마다 떨어질 것입니다. 하지만 개혁과 구조조정이라는 좌표가 있기 때문에 낮아져도 건전한lower but healthier 성장을 할 것으로 예상합니다.

물론 이 과정에서 중국은 불가피하게 뼈아픈 고통의 시기를 겪어야 할 겁니다. 개인도 오랫동안 쌓아온 생활 방식을 바꾸기가 쉽지 않은데, 지구 상에서 가장 큰 국가가 수십 년을 지속해온 성장 방식을 바꾼다는 것은 정말 어렵고 힘든 과제거든요. 하지만 분명한 것은 롱 랜딩이 현재 중국에는 최상의 시나리오라는 것입니다. 급추락하지 않고 비록 힘들긴 하지만 점진적으로 낮아진다면 대내외적으로 정책 구상과 대응의 시간을 벌 수 있는 장점도 있습니다.

이우탁 롱 랜딩 시나리오는 상당한 타당성과 설득력이 있는 것 같은데, 국내에서는 금시초문처럼 생소하게 들리는 것이 아이러니할 정도입니다.

박한진 중국 스스로도 롱 랜딩에 대비한 새로운 플랫폼을 이미 만들고 있다고 생각합니다. 당장 더 많은 국가와 FTA를 맺으려 하고 있지 않습니까? 게다가 미국이 주도하는 환태평양경제동반자협정TPP과 범대서양무역투자동반자협정TTIP, 복수국 간 서비스무역협정TiSA에도 참여 의사를 내비치고 있고요. 상하이에서 시작한 자유무역시험구는 산둥, 톈진, 광둥, 광시, 윈난, 신장, 네이멍구, 헤이룽장 등 전국으로 확대될 조짐인데, 이것도 성장률이 점진적으로 낮아지면서 중장기적으로 새로운 엔진을 가동하기 위한 조치라는 관점에서 본다면 롱 랜딩 과정의 일환입니다.

앞서도 이런 논지를 전개했습니다만, 지금 중국은 거대한 국가에서 탈피해 스마트한 국가로 거듭나려고 노력하고 있습니다. 먹는 양을 줄이고 운동하는 과정에서 몸의 살이 빠지고 있는데 이를 보고 "야위었다" 혹은 "저러다가 쓰러지겠다"라고 하는 것은 심각한 판단 착오입니다.

"경제학자들의 예측은 날씨와 같다. 대부분 맞지 않는다."
"經濟學家的豫測跟天氣一樣, 大部分不準."
폭스콘Foxconn의 **궈타이밍**郭台銘 **회장**

주주총회(2016년 6월 22일)에서, 경기와 경제의 급속한 변동을 야기하는 요인이 많은데 잘못된 경기 예측과 비정상적인 정책 조치도 경제 흐름에 영향을 준다고 밝힘.

중국공산당의 미래

이우탁 중국공산당에 관해 이야기해보았으면 합니다. 지난 2014년 6월 11일이었죠. 중국공산당 중앙판공청이 '당원 발전을 위한 업무세칙中国共产党发展党员工作细则'을 발표했는데, 두 가지 측면에서 세계 각국의 관심이 집중됐습니다. 그 세칙이 24년 만에 처음으로 개정됐다는 점과, 앞으로는 경제 성장률과 마찬가지로 공산당원도 '양'보다는 '질'로 육성하겠다는 것이었죠. 그때까지는 당원이 계속 늘어만 왔지만 앞으로는 잘못하거나 자격 미달일 경우 쫓아내겠다는 뜻을 내비친 것으로도 해석되는데요. 큰 변화가 아닐 수 없습니다.

박한진 최근 한국에선 중국의 경제 정책이나 비리 정치인 문제 등에 대해 신경을 많이 쓰는데, 지금 설명한 당원과 당 조직 문제에 대해서는 관심이 덜한 것 같습니다. 이번 업무세칙 개정에서 당원을 질적으로 육성하겠다는 것은 중국공산당사에서 아주 중요하고 의미 있는 변화입니다.

중국공산당의 당원은 1949년 중국인민공화국 건국 당시 449만 명이었는데 1978년 3698만 명, 2002년 6694만 명, 2011년 8260만 명에서 2015년 말 기준으로 8876만 명에 달합니다. 건국 후 63년 만에 18배나 늘었습니다. 당원 수에서 세계 1위인 것은 물론이고 독일 인구(2012년 8115만 명)보다 많습니다.

그런데 중국공산당에는 한 가지 중요한 특징이 있습니다. 세계 여러 나라는 정당에 가입 신청을 하면 대부분 모두 받아들이고, 어떤 경우에는 정당의 세력 확대를 위해 가입을 적극 권유하기도 합니다. 하지만 중국에서는 누구나 당원이 될 수 있는 것이 아니고, 자격 요건을 충족해야 신청할 수 있고, 그런 후에도 일정한 심사를 거쳐야만 당원이 될 수 있습니다. 그렇게 해서 입당 신청자 가운데 당원이 되는 비율이 16%에 불과할 정도로 좁은 문입니다. 조직 측면에서 엘리트 정당을 표방해왔다고 볼 수 있습니다. 이번에 나온 당원 발전을 위한 업무세칙의 의미는 이렇게 좁은 문을 더 좁게 하겠다는 의미로 볼 수 있습니다.

이우탁 중국공산당이 엘리트 정당을 표방해왔는데 그동안 좁은 문 원칙을 지켜왔다고는 하지만 미자격자들이 많이 들어왔다고 판단한 것이겠고요. 특히 시진핑 체제 이후 부정부패 척결을 강력하게 추진하면서 당원 조직도 개혁해야 한다는 필요성이 강해진 것으로 해석할 수 있겠군요.

박한진 그렇습니다. 이와 함께 앞으로 눈여겨볼 부분이 또 있습니다. 2015년 OECD 교육지표 조사 결과에 따르면, 우리나라 청년층(25~34세)의 고등교육 이수율(전문대졸 이상)은 68%로 OECD 34개국 가운데 가장 높습니다. 2위인 캐나다(58%)보다 10% 포인트 높고 미국(46%), OECD 평균(41%), 일본(37%), 독일(28%)보다 높습니다. 그런데 중국공산당원 가운데 대졸자 비율이 지난 2002년 24.2%에서 2007년 31.3%에 이어 2012년에는 38.6%로 치솟은 점에 주목할 필요가 있습니다. OECD 고등교육 이수율 평균에 이미 근접했으며 조만간 이를 앞지를 것이란 얘기입니다.

이우탁 엘리트 정당을 표방하는 중국공산당원의 교육 수준이 대졸자 비율을 기준으로 곧 OECD 평균을 넘어설 것이란 이야기는 처음 듣습니다. 최근에 당원의 연령 구조도 의미 있는 변화를 보이고 있나요?

박한진 그렇습니다. 35세 이하 청년층의 비율이 2002년 22.2%에서 10년 새 25.6%로 증가했고, 여성의 비율도 23.8%로 당원 네 명 중 한 명꼴입니다. 이런 구조적 변화는 중국공산당에 새로운 도전이자 미래 공산당의 방향에 큰 시사점을 주는 것이라 하겠습니다.

지금 중국공산당은 권력의 정점인 시진핑 국가주석을 비롯해 정치국 상무위원, 정치국원들 가운데 상당수가 마오쩌둥 시대 문화대혁명文化大革命 당시 농촌에서 혹독한 시련을 경험한 이른바 '샤방下放' 세대입니다. 과거의 잘못된 노선이 국가와 국민들에게 어떤 결과를 미쳤는지를 잘 알고 있습니다. 앞으로도 공산당의 지도 노선은 계속될 것입니다만, 과거와 같은 과오를 되풀이하지는 않을 것으로 예상합니다.

이런 구조에서 젊은 당원들은 어떤 형식으로든 새로운 변화의 바람을 가져올 것입니다. 교육을 잘 받은 젊은 층은 자기 관점이 뚜렷하고 권리 주장이 강합니다. SNS 등을 통해 사회와의 연결 고리가 강한 것도 이전 세대와는 다른 점이죠. 무엇보다 이들은 개혁·개방 이후에 태어나 성장했기 때문에 당의 역사와 전통에 대해 피부로 느끼지는 못하는 세대입니다. 나아가 과거 세대는 권력을 두려움의 존재로 받아들였고 다른 한편으로는 정치를 애써 외면하려는 경향이었다면, 신세대는 권력에 대한 두려움이 덜하고 정치 참여의 목소리가 커질 것입니다.

이우탁 워싱턴 DC의 싱크탱크에서 이 문제를 많이 다루어온 전문가들이 적지 않은데요, 중국공산당이 앞으로 전에 없던 위기에 빠질 가능성을 제기하는 전문가들도 보았습니다. 중국공산당의 미래, 어떻게 전망하는지요?

박한진 우리는 역사적 경험 때문에 공산당이라고 하면 흔히 '뿔 달린' 것으로 생각하기 쉬운데요. 그렇지 않습니다. 엄청난 저력이 있습니다. 중국공산당은 세계 1위 타이틀을 세 개나 갖고 있습니다. 좀 전에 말씀드린 것처럼 당원 수 세계 1위이고요, 100년을 바라보는 세계 최장수 정당이기도 합니다. 1921년 창당해서 2015년으로 창당 94년이 됐습니다. 그리고 제가 정확한 통계 수치는 갖고 있지 않습니다만, 전 세계 정당 가운데 가장 고학력이지 않을까 추정합니다. 마지막으로 세계 1위를 눈앞에 둔 기록도 있습니다. 1949년 건국과 함께 집권했기 때문에 2015년에 집권 66주년을 맞았죠. 과거 구소련 공산당이 소련 해체 전까지 69년 집권했으니 지금은 2위지만, 1위 되는 건 시간문제입니다. 이제 불과 3년 남았네요.

이우탁 이전에 서방에서 '중국 붕괴론'을 제기했었는데 지금은 그런 주장이 많이 줄어든 것 같습니다.

박한진 1990년대 초반 이후 '중국 OO론'이 참 많이 나왔습니다. 중국 위협론, 중국 위기론, 중국 붕괴론 등이 있었습니다만 어느 하나 맞은 게 없습니다. 중국의 현실 내지는 특수성을 간과했거나 혹은 다른 의도가 있었던 것이지요.

저는 1980년대 중반에 중국 정치경제학 전공으로 석사학위를 받았습니다. 논문은 이데올로기의 변용變容이라는 관점에서 덩샤오핑의 '중국식 사회주의' 경제 개혁의 방향과 속도를 살펴본 것이었는데요. 당시는 중국이 개혁·개방의 길로 나선 지 얼마 되지 않았고, 성공 여부에 대해 세계가 모두 반신반의하고 있었습니다. 저는 개혁·개방의 성공 여부는 중국공산당이 사회주의 이데올로기, 즉 마르크스-레닌주의와 마오쩌둥 사상을 어떻게 해석하느냐에 달려 있다고 보고 정치경제학적 접근으로 공산당과 경제 개혁·개방의 미래를 내다보았습니다. 관련 분야에서는 한국에서 첫 논문이었습니다. 그리고 속도는 완급의 변화가 있을 수 있으나 개혁·개방의 방향은 불변할 것이라고 결론지었습니다.

제가 당시에 그런 결론에 이를 수 있었던 것은, 중국공산당이 어떤 방식으로 사회주의 이데올로기를 버리지 않고도 세계 어느 국가도 생각하지 못한 방식으로 이데올로기를 변용하며 개혁·개방에 나섰는지를 고려했기 때문입니다. 변용은 변화와는 분명히 다른 개념입니다. 변화는 바꾼다는 뜻이지만 변용은 해석을 달리해서 발전적으로 수용한다는 의미라는 것이죠.

여전히 일부에서는 경제 성장 후 민주화(서구식 정치적 민주화)가 이루어지지 않으면 존립할 수 없다는 주장이 있습니다만, 저는 그런 분들에게 중국공산당의 역사에 관한 서적을 먼저 읽어보라고 권합니다. 저는 이념적인 호불호는 전혀 없습니다. 단지 중국을 이해하려면 당사黨史를 반드시 읽어야 한다는 것입니다.

이우탁 그렇다면 앞으로도 상당 기간 중국공산당이 생명력을 유지할 것으로 보는군요.

박한진 그렇습니다. 저는 경제 개혁·개방에 나서면서 아무도 생각하지 못한 이데올로기 재해석 작업을 한 중국공산당이 앞으로는 당의 체질을 점진적으로 개선하면서 모순적 상황을 타개해나갈 것으로 봅니다.

이우탁 앞으로 중국공산당을 주의 깊게 살펴볼 필요가 있겠습니다. 한국이 중국과 교류하기 위해서는 중국공산당에 대한 연구가 필요합니다. 상대방을 모르면서 교류 협력을 할 수는 없을 테니까요.

박한진 한국은 중국공산당이 계속 유지될 것인지에 관한 논의보다는 중국공산당의 변신이라는 측면에서 이를 객관적이고 심도 있게 연구해야 합니다. 현재까지 뚜렷한 내면적 변신을 파악하기는 어렵기 때문에, 차선으로 규모를 먼저 살펴보는 방법이 가능할 것입니다.

중국 관영 신화사 보도를 보니 중국공산당 당원은 현 시진핑 체제가 들어선 후 계속 늘어나 곧 9000만 명에 이를 것으로 보입니다. 중국 공산당원 수가 독일 인구를 앞선 것은 이미 오래전 일로, 이미 독일 인구보다 많습니다. 중국공산당을 하나의 국가로 본다면 인구 규모에서 세계 16위입니다.[17)]

이우탁 이렇게 본다면 중국공산당은 여러 가지 문제점을 많이 내포하고 있지만, 일각의 부정적 전망과는 달리 앞으로도 상당한 생명력을 가질 가능성이 커 보입니다.

박한진 그렇게 생각합니다.

중국공산당 구조와 특징

현재 중국공산당의 최고 지도부는 2012년 11월 제18차 당 대회 폐막 후 정해진 정치국 상무위원 7명이다(1위 시진핑, 2위 리커창 등 포함). 중국 정치 시스템의 가장 큰 특징은 권력 분점이라고 알려져왔다.

중국은 세계적으로 유일하게 국가 지도자 3명이 해외 순방 시 국빈 대접을 받는데 이는 바로 권력 분점 효과 때문이다. 3명의 국빈급 지도자는 국가주석, 총리, 전인대 상무위원장(국회의장 격)이다. 그런데 시진핑 국가주석 취임 후 2년여가 지나면서 시 주석으로의 권력 집중 현상이 강화돼 정치 리더십 구조에 변화가 나타나고 있는 것으로 볼 수 있다.

중국은 당黨 아래 국무원政, 인민해방군軍이 있어 공산당이 정부와 군을 대표하고 지휘하는 구조가 특징이다. 중국공산당 권력은 피라미드형 구조다. 최고지도자 반열에 오르려면 우선 젊음 · 전문성 · 지방 경험이라는 3대 요건을 충족해야 하고, 그런 후 계파 간 협상과 타협과 당 원로들의 입김 등이 작용하는 베일 속 권력 게임이 진행된다.

PART 3

한국의 신좌표

FRENEMY

FRENEMY

진단과 예측

이우탁 우리 대담의 결론 부분을 이야기했으면 합니다. 세계 최강대국 미국과 부상하는 중국 사이에서 한국은 어떤 행보를 해야 할까요? 어쩌면 현재 한국 사회에서 가장 뜨거운 주제이기도 합니다. 분단 70년이 되도록 갈라진 한반도를 하나로 만들지 못한 우리의 운명. 그 복잡하게 얽힌 남북한의 미래를 좌우할 강력한 변수에 대해 고민할 수밖에 없는 것은 슬픈 숙명입니다.

박한진 미국이 압도적인 힘의 우위를 유지하며 세계를 이끌던 시대에는 그런 고민을 할 필요가 없었지만 이제는 미국과 중국, 두 나라를 동시에 고려하면서 한국의 좌표를 설정해야만 하는 시대가 되었습니다. 이제 거시적인 부분부터 미시적인 부분까지, 전략 차원에서 전술 차원까지 한국과 한국 기업, 그리고 한국인의 준비

방향에 대한 이야기를 나누었으면 합니다.

전갈과 개구리

이우탁 먼저 미·중 관계를 어떻게 설정할지가 가장 핵심적인 고려 사항이 입니다.

흔히 미국을 지는 별, 중국을 뜨는 별로 표현하곤 하는데요. 과연 그럴까요? 역사가 냉철하게 말해주듯이 미국도 언젠가는 최강대국 지위를 내려놓을 것이지만 그 뒤를 과연 중국이 이어받을 수 있을까요?

전직 고위 외교관을 만났더니, 세계 최강대국인 미국 입장에서 중국은 "한 번도 샅바를 잡아보지 못한 씨름 상대"라고 하더군요. 미국이 영국에 이어 세계의 패자가 된 이후 제2차 세계대전이나 냉전을 거치면서 싸워본 독일과 소련, 그리고 한때 경제적 성장을 배경으로 1980년대 미국에 "NO라고 말할 수 있다"고 했다가 미국의 반격으로 힘의 한계를 절감했던 일본 등과 중국은 다르다는 겁니다.

중국도 현실을 잘 알고 있습니다. 제가 직접 현장에 가서 취재하기도 했었는데요. 2013년 2월 캘리포니아 휴양지 서니랜드에서 오바마를 만나 대담하게 '신형 대국 관계'를 요구한 시진핑이지만 여전히 중국의 행보에는 신중함이 엿보입니다. 미국은 중국을 G2

의 일원으로 부르고 있지만, 중국 관리들은 "우리는 여전히 개발 도상국"일 뿐 미국과 대등한 처지가 결코 아니라고 손사래를 칩니다.

이 때문에 미국과 중국은 상호 경쟁하더라도 과거 미국과 소련 (양국 체제)이 벌였던 그런 첨예한 대결을 하지는 않을 것이라는 의견이 대세입니다. 만일 중국이 미국과 선불리 대결하려 한다면 미국이 쳐놓은 그물망 같은 금융 및 무역 질서로 인해 이내 나락에 빠질 것이라는 주장도 있습니다. 대표적으로 호주 국립대 휴화이트Hugh White 교수는 '힘의 공유power sharing'를 통해 공존을 모색할 것이라고 주장하고 있죠.

하지만 미국과 중국이 결국은 대결의 길로 나아갈 것이라고 보는 학자들도 만만치 않게 포진해 있습니다. 여기에는 군사적 대결은 물론이고 큰 틀에서 보면 패권 경쟁도 포함됩니다. 역사적 흐름으로 보면 미국의 세기를 '중국의 세기'로 전환하려는 중국과 이를 막으려는 미국의 필연적 대결이 펼쳐진다는 진단입니다. 미국과 독일이 의존성이 낮아서 전쟁을 벌인 게 아니라는 설명이 따라붙습니다. 특히 한국이 속해 있는 동북아 지역으로 공간을 좁히면 중국은 분명하게 미국과 G2의 위상과 역할을 하고 있으며, 두 나라는 이미 피할 수 없는 경쟁에 돌입했다는 게 시카고 대학 존 미어샤이머 교수의 진단입니다.

박한진 이 대목에서 상하이에서 종종 목격한 장면이 떠오르는군요. 웬만한 지식인들조차 술이 거나하게 취하면 반드시 2세기 전의 수모(아편전쟁)를 설욕하겠다는 다짐을 숨기지 않았죠. 2005년 상하이 시내를 점령한 반일 시위대의 폭력성을 잘 생각해보십시오. 왜 '중국의 꿈中国梦'에 중국인들이 열광하는지 생각해보면 이해하기 어렵지 않을 것입니다.

하지만 현실을 직시하고 있는 중국인들이 미국과 날카로운 각을 세우지는 않을 것입니다. 도광양회라는 말이 왜 나왔겠습니까?

이우탁 그러니까 우리가 설정한 '프레너미'라는 단어가 더욱 체감적으로 다가옵니다. 여러 차례 언급했지만 저는 미국과 중국을 얘기하면서 '지대물박'이라는 단어가 항상 머리에서 떠나지 않습니다. 현시점에서 미국과 비교할 수 있는 지대물박의 거대 국가는 중국 밖에 없다고 생각합니다.

하지만 미국을 대신할 중국의 세기를 말할 만큼 중국이 성장할 것으로 보는 것은 아직은 설익은 판단입니다. 석유 자원의 고갈을 우려하는 현실에서 셰일가스 혁명을 이뤄낸 미국의 힘을 생각하면, 중국이 당분간 미국과 어깨를 나란히 하기는 힘들 것입니다.

그렇다고 "중국보다 미국이 중요하다"고 정치수사적 표현을 동원해서 중국의 중요성을 평가절하해서는 안 됩니다. 분명한 것은 그 오랜 제국의 경험을 토대로 세계를 호령하는 제2의 당唐을 건설하려는 중국인들의 염원이 존재하고 있음을 잊지 말아야 한다는 점입니다.

박한진 17세기 프랑스의 대표적인 우화 작가인 라 퐁텐Jean de La Fontaine이 쓴 작품 중에 〈전갈과 개구리〉가 있습니다. 개구리가 강을 건너려는데 수영을 할 줄 모르는 전갈이 나타나, 자기도 강을 건너려고 하니 등에 좀 태워 달라고 했습니다. 개구리는 전갈이 독침으로 자기 등을 찌를 수 있다는 생각에 거절했습니다. 그러자 전갈은 "내가 널 찌르면 우리 둘 다 죽게 되는데 그럴 리가 있겠어?"라고 말했습니다. 이렇게 해서 전갈은 개구리 등에 올라타게 되는데, 강 중간에서 물살이 거세지자 전갈이 갑자기 개구리를 찌르고 맙니다. 개구리가 왜 찔렀느냐고 소리치자 전갈의 대답이 이랬습니다. "미안해. 상황이 급하면 툭 튀어나오는 본성을 나도 어쩔 수 없었어." 개구리는 몸에 독이 퍼져 죽었고, 개구리가 죽으면서 전갈도 물에 빠져 죽었습니다.

이우탁 유명한 우화죠. 우리에게 큰 시사점을 던져주기도 하고요. 이런 종류의 이야기를 들을 때면 우리가 흔히 저지르는 오류가 있습니다. 어떤 일에 호불호부터 따진다거나 선과 악을 구분 짓고 보려는 경향 말입니다. 그런 시각으로 본다면 개구리는 착하고 전갈은 나쁘다는 이분법으로 흐르게 됩니다. 그런데 전갈이 개구리 등을 찌른 것이 의도적인 행동이 아니라 위험한 상황에서 나온 무의식적 자기방어 본능이었다면 개구리는 착하고 전갈은 나쁘다고

만 할 수는 없게 됩니다.

박한진 이 우화를 미국과 중국 관계에 대입해볼까요? 우리는 미국과 중국의 관계가 적인지 친구인지에 대한 질문으로 대화를 시작했습니다. 미·중 양국은 때로는 적이 되기도 하고 때로는 친구가 되기도 하는 관계입니다. 분명한 것은 양국이 직접적인 충돌을 원하지 않는다는 사실입니다. 서로 방식이 달라서 그렇지, 충돌보다는 협력을 원합니다. 하지만 이런 밑바탕이 모든 것을 보장해주지는 않습니다. 잘 협력하다가도 어느 순간 상대국에 대해 전략적 오판을 하게 된다면 정치든 경제든 사회 문화든 어느 쪽에서든 중대 위기 상황이 발생할 수 있습니다. 과거에는 의도된 갈등과 예고된 충돌이 많았지만, 이제는 의도하지 않은 갈등과 예고되지 않은 충돌의 가능성이 커졌습니다.

양국 관계가 '전략적 파트너'라는 가장 바람직한 시나리오로 간다고 해도 〈전갈과 개구리〉 우화처럼 늘 우려하지 않을 수 없는 측면이 있습니다. 복잡하고 끊임없이 변하는 불확실성의 글로벌 환경에 비추어본다면 그 발생 가능성을 배제할 수 없습니다. 이런 리스크를 최소화하기 위해 양국이 전략·경제대화와 같은 접촉 창구를 이어가는 것인데요, 양국 간 소통의 장을 더 확대하고 심화할 필요가 있습니다. 이것은 한국의 좌표 설정과도 관련된 매우 중요한 문제입니다.

이우탁 우리는 미국과 중국 이야기를 준비하면서 방대한 자료를 수집해서 분석하고 많은 전문가들과 대화를 나누었습니다. 그중에서 가장 관심이 집중된 부분 하나가 바로 "미국과 중국은 과연 충돌할 것인가"라는 것이었습니다. 과거 미국과 독일, 미국과 일본, 미국과 소련 간 충돌에서 보듯이, 팽창하는 힘은 기존 세력에 반드시 대응하기 마련이라는 논리가 많습니다.

앞서 이야기를 나누었습니다만, 양국은 신경회로가 다르다는 표현을 쓸 수 있을 정도로 뚜렷하게 구분되는 점들을 많이 갖고 있습니다. 이념적으로 양대 진영을 대표하는 듯하면서도 경제 질서 내지는 관계 차원에서 양국은 더욱더 깊숙이 연결되면서 복잡해지고 있습니다. 금융 분야의 경우 2015년 중국의 위안화 평가절하와 미국의 금리 인상 주기 진입 등의 사례에서 보듯, 양국이 전 세계 금융시장에 미치는 영향은 두 개의 진앙지epicenter를 보는 듯합니다. 이런 인식을 바탕에 깔고 미국과 중국의 충돌 가능성에 대해 정리해보면 좋겠습니다.

박한진 미국과 중국의 충돌 가능성은 양국 관계를 관찰할 때 반드시 다루어야 할 문제인데 분석의 틀을 갖추는 것이 중요합니다. 국제정치학에서 흔히 활용하는 분석의 틀로 핵심 이익, 물리적·경제적 세력 균형의 정도, 금융 파워의 균형 수준, 지역 및 글로벌 안보에 대한 입장 등이 있습니다.

양국은 늘 서로의 다른 점을 인정하는 듯하면서도 자국의 핵심 이익이 견제 또는 침해당한다고 생각하면 용납하지 않겠다는 방침을 끊임없이 밝혀왔습니다. 양국은 1년에 한 번씩 주요 현안들을 한꺼번에 올려놓고 해결 방안을 모색하는 전략·경제대화를 양국에서 번갈아 개최하고 있습니다. 2016년엔 6월 초 베이징 회의에서 남중국해 문제, 북핵, 무역·위안화 환율, 기후변화 협약 등을 다루었습니다. 이 자리에서 미국은 중국을 남중국해 문제 등으로 압박해 무역과 환율 문제에서 중국의 양보를 얻어냈다는 평가를 받고 있습니다. 중국으로서는 신형 대국 관계 내지는 신형 국제 관계와 상호 존중을 강조해 미국의 관심과 주의를 붙잡는 성과를 거둔 것으로 판단됩니다.

핵심 이익은 어느 수준에서 보느냐에 따라 다양하게 정의될 수 있습니다만 큰 틀에서 볼 필요가 있습니다. 남중국해 문제와 북핵, 무역과 환율 문제 등은 과거에도 양국이 날선 신경전을 벌이던 영역입니다. 최근 들어 양국의 국가 전략에서 가장 포괄적이고 핵심적인 측면은 역시 미국의 아시아 중시 정책인 '피봇 투 아시아'와 중국의 신형 대국 관계·신형 국제 관계 정책입니다.

이우탁 미국은 피봇 투 아시아 정책을 기조로, 해외로 급속히 뻗어가려는 중국을 남중국해 등지에서 가로막고, 동시에 이 지역에 대한 군사 개입을 늘리는 방향으로 치중하고 있죠. 반면 중국의 정책 핵심은 미국만이 세계를 주도하는 유일 체제에서 탈피해 중국이 주도하는 또 다른 세계 체제를 만들고 이를 미국이 인정해 달라는 것입니다. 양국이 대등한 관계를 형성하자는 것이 중국의 요구 사항이자 핵심 이익이 되는 것입니다. 그런데 중국은 '대등한 관계'라고 말하지만 미국이 생각할 때는 '도전'이라고 보는 데서 문제가 발생합니다.

박한진 중국이 미국에 대해 불평등이라고 판단하는 부분에는 이런 것들이 있습니다. "상호 시장 개방 차원에서 중국이 미국에 요구하는 것보다 미국이 중국에 요구하는 부분이 훨씬 크다", "중국 기업의 대미 투자 수익보다 미국 기업의 대중 투자 수익이 훨씬 크다", "중국 정책이 미국에 미치는 영향보다 미국 정책이 중국에 미치는 영향이 훨씬 크다" 등입니다. 이 밖에도 중국은 미국에 대해 과거보다 안정적이고 검증 가능한 양국 관계를 만들자는 요구를 지속적으로 하고 있습니다.

이우탁 한편 중국도 과거 미국이 아시아 지역의 안보와 안정을 지켜주었고, 미국이 설계한 세계화와 개방화의 국제 경제 질서가 유지되었기에 자국이 성장할 수 있었다는 점은 인정합니다. 하지만 강해진 중국은 이제 자기 맞춤형 아시아 질서를 요구하게 되었고 이것이 새로운 국가 핵심 이익이 됐다고 볼 수 있겠습니다.

우리가 강대국 간의 충돌 또는 그 가능성을 이야기할 때 투키디데스의 함정을 예로 들곤 합니다. 이것은 고대 그리스 역사가 투키디데스(B.C. 471~400)가 정립한 것으로 알려진 역사 발전 내지는 강대국 간의 힘의 법칙으로, 부상하는 신흥 강대국은 반드시 기존 강대국과 군사적 충돌을 하게 된다는 주장입니다.

박한진 미국과 중국의 충돌 가능성에 대해서는 다양한 분석과 예측이 가능하고, 미국과 중국의 생각이 다를 수 있다는 점에서 투키디데스의 함정이라는 관점으로도 접근해볼 수 있겠죠. 저는 단순히 충돌이 불가피하다는 명제보다는 앞서 말씀드린 세 가지 큰 틀을 가지고 이를 분석하고 예측하는 것이 적절하다고 봅니다(물리적·경제적 세력 균형의 정도, 금융 파워의 균형 수준, 지역 및 글로벌 안보에 대한 입장). 투키디데스의 함정이라는 관점에서 본다면 패권대국 미국과 굴기대국 중국은 충돌하기 쉽지만, 만약 물리적·경제적으로 세력 균형이 이루어진다면 상호확증파괴Second Strike 혹은 Mutual Assured Destruction 환경이 조성되고 무력 충돌을 피할 수 있게 될 것입니다. 간단히 말해서 물리적으로 양국 모두 핵무기를 가지고 있거나 경제적으로 상호 무역 투자 의존도가 높은 현실에서는 쉽게 충돌하지 않는다는 것입니다.

이우탁 좋은 지적입니다. 냉전 시대 미국과 구소련이 경쟁했을 때 양국은 핵무기로는 상호확증파괴 능력을 갖추었지만 경제적으로는 미국이 소련을 압도했습니다. 소련은 경제 규모가 최고조에 달했을 때에도 미국의 절반 정도 수준에 지나지 않았습니다. 그래서 양국이 일정 기간 동안 경쟁했지만 시간이 지날수록 경제력이 약한 소련이 무릎을 꿇었습니다. 과거 미국과 독일, 미국과 일본 간 경쟁 시절에도 군비 경쟁(물리적)은 있었지만 경제적으로 미국이 압도했기 때문에 결국 미국이 이길 수 있었다고 봅니다.

박한진 상호확증파괴라는 개념을 좀 더 자세히 따져볼 필요가 있습니다. 이 말은 적국의 핵무기 선제공격을 단념시키기 위해, 적의 공격용 미사일이 도달하기 전에 혹은 도달한 후에 가능한 보복 능력을 총동원해 적국을 전멸시킨다는 것입니다. 1960년대 이후 미국과 소련이 구사했던 핵 전략입니다. 한마디로 '누구라도 한 발이라도 발사하면 모두 같이 죽는다'는 개념입니다. 그 바탕엔 힘의 균형balance of power 또는 공포의 균형balance of terror이 이루어질 때 전쟁 발발을 억지할 수 있다는 논리가 깔려 있습니다. 그런데 지금은 국력의 비교 지표가 군사력뿐 아니라 경제력과 상호 의존도까지로 확장되면서 상호확증파괴의 범위도 과거보다 훨씬 커졌습니다.

이우탁 경제적 억지력이라는 측면이 더 중요하지 않겠습니까? 경제력이 상대국을 얼마나 앞서는가에 대한 평가 말입니다. 세분화하면 시각과 초점에 따라 얼마든지 다양화할 수도 있지만 가장 피부에 와 닿는 방식으로 비교해보죠. 과거 독일과 일본은 물리적으로나 경제적 파워로나 미국에 크게 뒤졌습니다. 예를 들어 국토 면적, 인구, 자원, 경제 총량 등을 종합해보면 전성기 때의 독일과 일본의 파워는 미국의 절반 수준에 못 미쳤습니다. 그래서 미국이 1 · 2차 세계대전을 승리로 이끌 수 있었던 것이죠. 다만 미국과 영국의 경우는 좀 다릅니다. 기존 강대국 영국에 신흥 대국 미국이 도전하는 국면이었지만 1790년대에 이미 미국의 파워가 영국을 앞섰기 때문에 양국 간 패권 교체가 비교적 평화롭게 이루어졌습니다.

박한진 그런 시각에서 본다면 중 · 미 관계는 분명히 다릅니다. 양국 모두 핵무기를 보유하고 있으니 양국 간에는 핵 억지력이 존재합니다. 또 중국은 개혁·개방에 나선 1980년대 이후 미국과의 경제 규모 격차를 꾸준히 줄여왔습니다. 이렇게 해서 2014년에 구매력 평가 기준 GDP가 전 세계의 16.3%를 차지해 16.1%인 미국을 앞질렀습니다. 앞으로는 중국이 미국과의 격차를 계속 벌여갈 것이 확실시됩니다. 미국의 비중이 내려가는 추세니까요.

금융 파워를 비교해보면 미국과 중국이 서로 다른 특성을 가지고 있습니다. 중국은 미국에 저가 상품을 대량 수출해서 엄청난 외환 보유고를 쌓았고, 이 자금으로 미국 국채를 대량으로 사들였습니다. 지금 중국이 미국을 공격하기 위해 미국 국채를 일시에 대량 투매하는 일은 할 수가 없습니다. 엄청난 손실이 발생하니까요. 미국 입장에서는 국채를 사주는 중국이 없으면 큰 혼란에 빠질 것이 분명합니다.

이우탁 일각에서는 중국이 미국 국채를 일시에 대량 투매하면 미국이 손들 수밖에 없다는 얘기도 하지만 현실적으로 그렇게 될 가능성은 없다고 봅니다. 어쨌든 이런 구조 때문에 미국은 '고高소비-저低저축-저低금리' 구조가 됐고 중국은 '고高저축-저低소비-고高외환 보유고' 구조가 된 것 아니겠습니까? 이런 구조는 불안정하고 취약하기 짝이 없고, 금융 파워의 크기 차원에서 비록 미국이 우위에 있기는 하지만 서로 주고받는 것이 있기 때문에 균형이라는 차원에서 보면 서로에게 함부로 할 수 없는 구조라고 할 수 있겠습니다.

박한진 그렇습니다. 이를 가리켜 미국 국가경제위원회 의장과 하버드대 총장을 지낸 로렌스 서머스Lawrence Summers는 '금융 공포의 균형balance of financial terror'이라고 했습니다. 하지만 지적하신 것처럼 이런 구조는 불안하고 취약합니다. 양국 모두 국내 경제·금융 시스템이 균형을 잃었기 때문입니다.

이우탁 그런데 글로벌 금융위기 이후 양국의 이런 구조에 변화가 생겼습니다. 중국은 인구 고령화가 본격적으로 시작되면서 저축률이 떨어지기 시작했고 투자도 하강 추세입니다. 그런 가운데 소비는 비록 더딘 속도이긴 하지만 늘어나고 있습니다. 또한 중국이 안전성과 유동성, 수익성 등에 대해 깊이 생각하기 시작하면서, 과거 닥치는 대로 사 모으던 미국 국채를 이제는 조절하기 시작했습니다. 이것은 중국의 외환 보유고가 줄어든 배경 가운데 하나라고 볼 수 있습니다. 한편 금융위기를 겪은 후 미국의 최대 변화는 빚으로 소비하던 습관이 바뀌면서 소비 지출이 줄어들고 있다는 것입니다. 하지만 이런 변화 과정은 매우 완만하게 진행되기 때문에 현재의 미국과 중국 간 금융 구조가 갑자기 바뀌게 될 가능성은 현재로서는 크지 않아 보입니다.

박한진 안보에 대한 관점에서 양국은 서로 점점 더 강하게 공방을 벌이고 있지만, 다른 한편에서 보면 양국이 공동으로 대처해야만 할 지역 및 범지구적 난제들이 산적하고 또 급증하고 있습니다. 예를 들면 세계 경제 전체가 추세적 하강 국면에 접어든 가운데 글로벌 가치사슬에 일대 변화가 일어나고 있고, 테러 등 양국이 공동으로 대처해야 할 안전 문제도 갈수록 심각해지고 있습니다. 이렇게 본다면 미국과 중국은 비록 아시아를 무대로 경쟁하고 있지만 글로벌 차원에서는 협력하지 않을 수 없는 영역도 많은 상황입니다. 따라서 양국의 공방이 때로는 심각한 수준으로 번질 수도 있겠지만 그 와중에도 협의하고 상호 의존하지 않을 수 없다고 봅니다.

이우탁 중국이 혼자 힘으로 미국에 대항하기 어렵다고 판단하게 되면 다른 국가들과 연대해 미국에 대응하려 할 가능성을 가정해볼 수 있을까요? 최근 러시아가 중국에 접근하는 듯한 움직임을 보이는 가운데, 2016년 초 드미트리 메드베데프Dmitry Medvedev 러시아 총리가 세계가 신냉전 시대로 가고 있다고 말하기도 했는데요. 미국과 중국 관계가 복잡해지면서 메드베데프 총리의 신냉전 발언이 국제적으로 묘한 여운과 파장을 남기는 것 같기도 합니다.

박한진 이 문제와 관련해서는 메드베데프 총리의 발언이 있은 후 나온 유라시아 그룹 이언 브레머Ian Bremmer 회장의 반응에서 답을 구할 수 있습니다. 브레머 회장은 냉전 구도가 성립하기 위해서는 뚜렷하게 구분되는 양 진영이 전제되어야 하는데, 지금 세계는 무수히 많은 파편들처럼 쪼개져 있어 냉전이라는 단어 자체가 성립하지 않는다고 했습니다. 러시아가 중국에 접근하려는 것은 사실이지만 중국은 러시아만큼 절박함이 없어 보입니다. 지금 중국이 가장 바라는 것은 아시아, 아프리카, 라틴아메리카, 중동 등 전 세계를 대상으로 무역과 투자를 하는 것입니다. 그러기 위해서는 안정적인 국제 질서가 필수적입니다. 만약 중국이 러시아 혹은 다른 국가들과 연합해 미국에 대응한다면 그 순간 안정적인 국제 질서와는 거리가 멀어지고 말 것입니다.

이우탁 그렇다면 세계는 전쟁 상황도 아니지만 그렇다고 아주 평화롭지도 않은 어정쩡한 상태가 될 수 있을 것입니다. 미국과 중국의 양자 관계를 친구라고 부를 수도 없고 그렇다고 적이라고 하기에도 애매한 그런 상황이 장기화될 수 있듯이 말입니다.

박한진 오늘날 세계는 한 나라가 절대적인 글로벌 영향력을 행사하기가 점점 더 어려워지고 있습니다. 오히려 각국은 더 상호 의존적이 되고 있습니다. 브레머 회장의 말을 빌리면, 모든 국가는 국익을 위해 기꺼이 갈등을 감수할 준비가 돼 있지만, 갈등이 비화되어 전쟁으로 치닫기를 바라는 정도는 아니라는 것입니다. 그렇다면 세계는 상한선이 정해진 수준에서 갈등을 관리하는 모드로 들어갈 가능성이 크다고 볼 수 있지 않을까요?

요약해보면 좋겠습니다. 지금 세계는 냉전 시대와 비교해서 핵 탄두 숫자가 현저하게 줄었습니다. 그러나 핵 보유국이 많이 늘어나 셈법은 오히려 더 복잡해졌습니다. 어떻게 보면 전쟁의 위험성이 확대된 것입니다만 그럼에도 미국과 중국이 직접 충돌할 가능성을 크지 않아 보입니다. 그 이유 중 하나는 과거 냉전 시대 미국과 소련은 이념 대결을 펼쳤지만 지금 미국과 중국 사이에는 이념 문제가 전혀 없다는 점입니다. 다른 한편으로 양국은 시장과 자본을 추구하는

"발견을 위한 진정한 여행은 새로운 땅을 찾아 떠나는 것이 아니라 새로운 눈으로 세상을 보는 것이다."
"The real voyage of discovery consists not in seeing new landscapes, but in having new eyes."
《잃어버린 시간을 찾아서》를 쓴 프랑스의 대문호 마르셀 프루스트Marcel Proust

여행이란 '무엇을what'보다 '어떻게how'에 방점을 찍어야 한다는 것 그는 이렇게 함으로써 '진정한 의미에서 견해를 넓힐 수 있다'고 지적. 미국과 중국의 관계도 이 같은 시각에서 새롭게 봐야 하는 이유.

공동 관심 영역도 커졌습니다. 물론 이 영역에서도 이해관계의 충돌 가능성은 상존하지만, 적어도 과거 냉전 시대와 비교하면 대화와 협상의 공간이 확대됐다고 볼 수 있을 것입니다.

새로운 프레임

박한진 융합 전문가이자 미래학자인 정지훈 교수는 자신이 번역한 책《기계와의 경쟁Race against the machine》역자 후기에 미래 과학 기술의 발전과 인간 삶에 대해 흥미로운 말을 썼더군요.

거대한 쓰나미가 몰려올 때 사람들의 반응이 두 가지로 갈린다고 합니다. 현재 살고 있는 땅을 지키기 위해 댐을 더욱 높이 올리자고 하는 사람과, 세상이 물바다가 될 것에 대비해 배를 만들고 새 삶을 준비하자는 사람입니다.[1]

이우탁 우리는 대책을 논의할 때 시간의 틀에 묶이는 경향이 있습니다. 단기 대책과 중장기 대책으로 나누어 보려 한다는 것이지요. 수출이 부진할 때의 대책도 그랬고 국제사회 변화에 따른 외교 대책도 그런 프레임 속에서 생각합니다. 그런데 지금 인용하신 쓰나미 대책 두 가지는 시간 프레임이 아니라 공간 프레임인 것 같습니다.

박한진 그렇습니다. 얼핏 보면 배를 만드는 것이 단기 대책이고 댐을 만드는 것이 장기 대책처럼 보여 시간 프레임으로 인식되기도 하지만 실제로는 공간 프레임입니다. 정지훈 교수도 지적했듯, 댐을 높이 올리면 처음엔 기존의 삶을 지킬 수 있을 것처럼 보이지만 도저히 감당할 수 없는 높이의 쓰나미가 닥치거나 댐에 작은 구멍이라도 나는 날에는 막대한 피해를 볼 수밖에 없습니다. 반면 배를 만든다면 쓰나미 이후 완전히 달라진 세상에서도 살아남을 수 있겠지요.

이우탁 우리의 대담이 이제 결론을 도출해가는 단계인데, 미국과 중국의 국제 역학 관계의 변화로 이전과는 전혀 다른 세상이 전개된다면 공간 프레임의 시각으로 접근해볼 필요가 있겠습니다.

박한진 공감합니다. 세계가 앞으로도 냉전 시대의 연속이라고 한다면 시간 프레임으로 대책 마련이 가능하겠지만, 앞으로의 세계가 인류 역사상 전혀 새로운 시대가 될 것으로 본다면 공간 프레임이 유용합니다.

냉전 이후 세계화의 거대한 흐름을 깊이 있게 파헤친 명저《렉서스와 올리브나무Lexus and the Olive Tree》에서 토머스 프리드먼 Thomas Friedman이 지적했고 우리도 앞서 이야기한 것처럼, 1950

년대 초부터 1980년대 말까지의 냉전 시대에는 많은 국가들이 미국과 소련이라는 당시 양대 강대국의 어느 한쪽에만 줄을 서도 문제가 없었습니다. 이념적으로나 안보 혹은 경제적으로 국가 존립이 가능했습니다. 한국도 예외가 아니었고요.

냉전 시기는 한국이 전후 국가 재건과 경제 건설에 힘쓰던 때였는데, 당시 한국은 미국의 안보 보호와 경제 지원을 받으면서 한편으로는 국내 취약 산업을 보호하고 다른 한편으로는 국가 주도의 강력한 수출 드라이브 정책을 펼칠 수 있었습니다. 북한과 맞서며 이데올로기 대립의 최전선에 있었습니다만 미국을 비롯한 선진국들과 통상 마찰도 거의 없었습니다. 미국이 용인해주었던 측면이 있습니다. 프리드먼은 당시의 여건을 한국이 미국의 지지만 얻는다면 많은 일을 할 수 있었다고 적었습니다.

세계의 중심, 아시아

이우탁 '피봇 투 아시아' 전략은 오바마 행정부 시대 미국의 대외 정책 기조를 함축한 표현입니다. 오바마는 그동안 중동이나 우크라이나 쪽에 무슨 일이 생겨도 군사와 경제 등 전략 자원을 변함없이 아시아 쪽으로 보내왔습니다.

박한진 2016년 4월 오바마 대통령이 런던을 방문했을 때 많은 사람들이 궁금해했던 문제가 있습니다. "미국이 EU를 탈퇴한 영국과 양자 무역 협정을 체결할 것인지" 혹은 "미국이 EU와의 자유무역협정인 범대서양 무역투자동반자협정TTIP에 관심을 쏟을 것인지"였습니다. 오바마는 "영국이 미국과 단독으로 양자 무역 협정을 체결하려 한다면 맨 끝 줄에 서야 할 것"이라고 밝혔습니다.

이것은 미국이 국제 무역에서 최우선으로 고려하는 대상이 영국도 아니고 EU도 아닌, 바로 아시아라는 점을 내비친 것입니다. TTIP는 앞으로 몇 년이 더 지나야 가시권에 들어올 것입니다. 하지만 미국이 주도하는 아시아태평양 국가들 간의 다자간 자유무역협정인 환태평양경제동반자협정TPP은 이미 협상이 타결됐고, 세부 내용에 관한 실무 협의와 각국의 의회 비준 절차를 거치면 발효됩니다.

이우탁 아시아와 유럽에 대한 미국의 관심은 아주 다릅니다. 유럽 일각에서는 2017년 초(1월 19일) 오바마 임기가 종료되고 새 대통령이 집권하면 아시아에 대한 미국의 관심이 줄어들면서 다시 대서양으로 돌아오지 않겠느냐는 기대감이 보이기도 합니다만 그럴 가능성은 크지 않습니다.

박한진 오바마 행정부의 피봇 투 아시아 전략은 시작부터 분명한 이유와 근거가 있었습니다. 세계의 중심이 아시아로 옮아가고 있기 때문입니다. 그런 의미에서 오바마의 퇴임 후에도 이 전략이 계속될 것인가의 문제는 앞으로 미국의 글로벌 전략에서 가장 핵심적인 부분이 될 것이고 또 가장 궁금한 부분이기도 합니다. 앞으로 누가 미국 대통령이 되느냐에 따라 상황이 달라질 수도 있습니다. 하지만 아시아를 떠나 유럽으로 향한다기보다는 아시아 중시 정책을 계속하면서 내용과 구성이 달라질 것입니다.

전후 70년간 미국이 유지해온 대외 정책의 기조는 팍스 아메리카나Pax Americana였습니다. 미국이 주도하는 세계 평화를 일컫는 말입니다. 미국은 이 원칙에 따라 무역과 투자를 전 세계로 확장했고, 결과적으로 아시아태평양 지역의 부상과 번영도 미국이 만들어낸 작품이라고 할 수 있습니다.

미국 대선 가도의 기류를 보면 아시아 재균형 정책은 지정학적으로도 복잡한 양상에 들어갈 수 있습니다. 피봇 투 아시아의 목적은 누가 뭐라고 해도 급부상하고 있는 중국을 견제하는 데 있습니다. 중국은 패권을 잡을 생각이 없다고 말하고 있지만 이를 액면 그대로 받아들이는 나라는 없습니다. 그래서 중국이 남중국해 영유권 주장을 강화하자 아시아 국가들은 미국이 이 지역에서 강력한 군사적 존재감을 계속 과시하기를 바라는 것이고요.

승부처는 공유권 통제력

박한진 지금의 미국을 미국답게 만든 바탕은 기술과 경제뿐 아니라 '힘의 사용이 가능한 공간을 얼마나 자유롭게 활용하고 통제했는가'라는 측면에서 살펴볼 수 있습니다. 매사추세츠공대MIT 국제정치학 교수인 배리 포센Barry Posen은 이를 공유권 통제력Command of the Commons이라 불렀는데요, 하늘, 우주, 해역 등에 대한 통제권을 누가 쥐고 있느냐를 매우 중요한 국력의 척도로 본 것입니다. 남중국해에서 관련국들이 벌이고 있는 영유권 분쟁 정도의 차원이 아니라, 분쟁 공간은 물론 완전히 주인이 없는 빈 공간까지 포함한 모든 공유 공간에 대한 지배권 개념이라고 볼 수 있습니다.

이우탁 공유권 통제력은 핵, 잠수함, 위성, 수송기 등 다양한 물리적 시스템까지 포함하는 14개 범주로 나누어볼 수 있는데, 미국이 모든 영역에서 압도적으로 앞서 있습니다. 그뿐만 아니라 중국은 이 분야의 열세를 좀처럼 만회하기 어렵습니다. 미국이 공유권 통제력을 유지하기 위해 군사 연구 개발에 쏟아붓는 돈이 지난 2012년 기준으로 790억 달러인데 이는 중국보다 무려 13배나 많은 수치입니다.

박한진 공유권 통제력을 가지면 전 세계를 대상으로 작전을 펼 수 있지만 그렇지 않을 경우 근해와 영공 지키기도 어려워집니다. 미국의 경우 북쪽으로는 힘없는 자유민주주의 시장경제 대국(캐나다)이 있고 남쪽으로는 가난한 사회주의 소국(중남미)이 있습니다.

왼쪽과 오른쪽은 아무도 없는 바다여서 엄청난 자원을 갖고 곧바로 작전을 개시할 수 있습니다. 전 세계를 무대로 한 대양 해군이 발전한 요인이기도 하지요.

국경을 접하고 있는 나라들과 언제나 잘 지낸다는 것은 쉽지 않지만, 중국은 대부분의 국가와 접경 지역에서 긴장감을 보이고 있습니다. 그러다 보니 미국처럼 해양대국으로 발전하기도 어려웠습니다.

이우탁 공유권 통제력은 천부의 지정학적 장점이기도 하지만 여기에 오랜 기간 쌓여온 종합 국력이 합쳐 생긴 결과물입니다. 중국이 미국을 도저히 따라가기 힘든 부분 가운데 하나입니다. 육상 실크로드와 해상 실크로드를 의미하는 중국의 일대일로 프로젝트가 유사한 개념의 전략적 시도라고 보는 견해도 있습니다만, 일대일로는 물자 수송로 확보가 일차적인 목표라고 하는 것이 보다 정확합니다.

박한진 이런 관점을 갖고 판단했을 때 중국이 예상 가능한 시기에 미국을 제치고 세계 유일의 슈퍼 파워로 등장할 가능성은 크지 않습니다. 그보다는 잠재적 슈퍼 파워potential superpower라고 부르는 것이 적합합니다. 그러니까 앞으로 꽤 오랜 시간 동안 중국은 강대국great power과 초강대국super power 사이에 있는 수준이 되지 않을까 싶습니다.

원유 패권의 지각 변동

박한진 일반적으로 유가가 떨어지면 원유 수입국들은 당장 이득이 됩니다. 하지만 이런 국가들은 대부분 수출을 많이 해야 하는 경제 구조여서 글로벌 경기 영향을 많이 받습니다. 만약 세계적인 불경기가 지속된다면 유가 하락에 따른 이득이 상쇄돼버리기 때문에 의미가 없어집니다. 유가 변동은 세계 모든 국가에 매우 중요한 변수입니다. 특히 중국에는 각별한 의미가 있습니다. 필요한 원유의 절반 이상을 수입에 의존하기 때문입니다. 국제 유가 하락세가 미·중 관계에 어떤 영향을 미칠 것인지도 관심의 대상입니다.

이우탁 유가 하락은 이미 오랜 기간 지속된 현상인데 앞으로도 계속될 것이라는 전망이 많습니다. 왜 그런지에 대해 몇 가지 측면을 생각해볼 필요가 있습니다. 석유 공급량의 변화, 석유의 경제적 중요성 변화, 글로벌 경제 환경 변화, 이렇게 3가지 변화라는 측면에서 접근해볼 필요가 있습니다.

박한진 우선 공급 측면에서 미국의 셰일오일 생산이 전 세계 에너지 판도를 큰 폭으로 좌우하고 있습니다. 게다가 사우디아라비아 주도의 석유수출국기구OPEC는 가격이 떨어지는 상황을 감안하기는커녕 오히려 생산을 늘리는 움직임을 보이고 있습니다. 이렇게 해서 전 세계 하루 석유 생산량은 2014년 8600만 배럴에서 2015년 8850만 배럴로 3% 늘었습니다. 공급 초과 구조는 가격 하락을 계속 부채질할 것입니다.

석유의 경제적 중요성은 1달러 상당의 GDP를 산출하는 데 필요한 석유의 양으로 따지는데, 에너지 재활용과 효율성 제고로 인해 그 중요성이 뚜렷하게 감소하고 있습니다. 세계기후정상회의 이후 이런 분위기가 더욱 확산되었습니다. 게다가 최근에는 제조업뿐 아니라 서비스업에서 더 많은 GDP를 산출해내고 있는데요, 서비스업 분야는 에너지 필요량이 많지 않다는 특성을 갖고 있습니다. 그뿐만 아니라 세계 경제 장기 둔화세는 석유 필요량과 석유 가격에 하향 압박을 가하고 있습니다.

이우탁 현재와 같은 추세가 계속된다면 석유 수출국은 점점 더 한계 상황으로 가겠지만 수입국은 더 저렴한 비용으로 제품을 생산할 수 있게 되어 유리해집니다. 중국은 후자에 속할 수 있습니다. 어찌 보면 중국이 내심 쾌재를 부르고 있을 것 같지만 실은 꼭 그렇지만은 않습니다.

에너지 컨설팅 업체 리스타드에너지Rystad Energy의 조사에 따르면, 미국 내 경제성 있는 원유 가채 매장량recoverable reserves이 사우디아라비아와 러시아보다 많은 세계 1위입니다. 이렇게 되면 앞으로 셰일유전 개발 기술의 진화로 장기적인 관점에서 미국이 세계 원유 시장의 패권을 장악할 것이라는 시나리오도 가능해집니다.

박한진 미국이 원유 시장의 패권을 장악하게 된다면 기술의 승리일 것입니다. 미국은 수압파쇄법 등 셰일오일 신기술 덕분에 미국 내 채산성을 갖춘 유전을 확보할 수 있었습니다. 이렇게 되면 현재는 세계 최대 원유 수입국 중 하나인 미국이 에너지 주권 확보 수준을 넘어 글로벌 석유 패권에 거대한 지각 변동을 몰고 올 수도 있습니다.

중국은 미국 일변도의 국제 질서에 제동을 걸며 자기 몫을 확보하는 것이 최대 과제입니다. 중국은 세계 2위의 원유 소비국이자 세계 1위 원유 수입국입니다. 이에 비해 생산량 기준으로는 세계 5위권입니다. 당장 중국에 불리한 판세입니다.

이우탁 그런데 중국에 정작 큰 문제는 단기적인 영향이 아니고 앞으로 벌어질 장기적 충격입니다. 에너지 주권이 미국으로 넘어가게 되면 미국은 새로운 국제 에너지 질서와 규칙을 만들 것입니다. 그렇게 되면 중국은 결국 여기에 따라가지 않을 수 없게 됩니다. 추세적 저유가 상황을 촉발한 셰일 혁명은 미·중 경쟁에서 미국이 점점 더 유리한 고지에 올라서고 있다는 사실을 뒷받침합니다.[2]

10

미래 준비

동시다발적 혼합 신호들

박한진 저는 평소 자기계발류의 책을 많이 읽는 편은 아니지만 하버드 경영대학원의 데이비드 가빈David A. Garvin 교수가 쓴《살아있는 학습조직Learning in Action: A Guide to Putting the Learning Organization to Work》은 인상 깊게 읽었습니다. 이 책은 좀 예외적인 자기계발류에 속합니다. 책이 나온 지 10년도 더 지났지만 중국 문제와 국제 관계를 연구하는 제게 번뜩이는 통찰을 주기 때문에 늘 가까이 두고 자주 열어보곤 합니다.

가빈 교수는 전자·컴퓨터·기계공학에서 다루는 다양한 신호sig-nals의 개념을 이용해 기업 내 학습조직의 구축 방법과 실천 방안을 제시했습니다. 미국과 중국의 위상 변화에 따라 새롭게 형성되는 국제 질서를 판단하는 데 적용해보는 것이 필요해 보입니다.

이우탁 저도 그 책을 읽어보았습니다. 가빈 교수가 책에서 다룬 신호에는 이런 것들이 있습니다. 우선 일상신호routine signals가 있습니다. 이것은 단순히 사건이 자주 발생하는 것을 말하기도 하지만, 상당히 심각하고 충격적인 사건이라도 자주 발생하게 되면 별 것 아닌 것으로 받아들이고 무덤덤함으로 이어지곤 합니다. 예를 들면 북한의 대남 도발은 분명히 심각한 사안인데도 자주 발생함에 따라 한국 국민 가운데 일부가 점점 무디게 반응하는 경우입니다. 또 중국의 무서운 성장세도 너무 자주 들으면 무감각해질 수 있다는 것입니다.

일반적으로 모든 일이 잘 진행되는 듯한 신호가 오다가 돌연 혼합신호mixed signal라는 것이 옵니다. 긍정적 신호가 많지만 부정적 신호가 간헐적으로 섞여서 옵니다. 곧이어 잠재적 위험이 다가오고 있음을 알리는 신호인데, 이런 것들은 대개 알아차리기가 어렵습니다. 약한 신호weak signals와 흐릿한 신호fuzzy signals도 있는데 이것은 조짐은 있지만 불분명하거나 잘 보이지 않는 사건을 말합니다.

박한진 이런 다양한 신호들은 미국과 중국의 변화에 따른 국제 질서 재편과 한국의 대응 전략 및 도전 과제를 모색하는 데 유용합니다. 미국과 중국에서 야기되는 국제 관계의 변화에서 무엇이 일상신호이고 무엇이 혼합신호인지 파악하는 것은 매우 중요합니다. 마찬가지로 약한 신호와 흐릿한 신호를 잘 관찰하는 것도 필요합니다. 다만 분석의 대상과 분야가 다른 만큼, 이 신호론을 변형, 보완해서 복합적이고 다양한 각도에서 적용할 필요가 있습니다.

이우탁 중국과 미국에서 오는 각각의 신호에 대해서도 현실을 제대로 파악하고 대비할 필요가 있습니다. 우선 대중국 경제 관계부터 짚어보면 좋겠습니다. 이미 해묵은 논란이 돼버린 말이지만 "중국은 한국에 기회인가, 위기인가?"라는 질문이 있습니다. 중국 경제가 일취월장할수록 한국에 더욱 절실하게 다가오는 말이기도 한데요.

박한진 한국은 수출 상품 네 개 중 하나를 중국에 팔고 있습니다. 최대 수출 시장이죠. 게다가 중국 정부가 내수 확대를 최우선 정책 과제로 삼으면서 모든 기업이 중국 내수 시장 진출에 나서고 있습니다. 그런데 말입니다. 시장은 커지고 있다는데 대중국 수출 전선이 심상치 않습니다. 2014년에 이어 2015년, 2016년 6월까지도 대중국 수출은 좀처럼 마이너스 증가세에서 벗어나지 못하고 있습니다. 2011년까지의 두 자릿수 증가세는 옛말이 돼버렸습니다.

이우탁 돌이켜보면 중국은 1998년과 2008년 두 번의 거대한 금융위기 속에서도 한국 경제의 버팀목이 됐던 알짜 시장이기에 더욱 간단히 볼 일이 아닙니다. 기업들의 속앓이는 투자 부문에서도 마찬가지입니다. 10년 전만 해도 매년 2000건이 넘었던 대중국 투자는 이제 3분의 1 수준으로 줄었습니다. 우리의 이런 상황은 중국의 급성장 및 대외 개방 확대 추세와는 엇박자가 아닐 수 없습니다.

박한진 중국과 수교한 후 지난 20여 년 동안 중국은 한국 경제에 엄청난 기회였습니다. 이제까지 한국의 중국 활용 방식은 이랬습니다. 중국에 공장을 짓고 한국에서 원부자재를 수출했습니다. 저렴한 현지 노동력을 이용해 비용을 절감하는 것이 최우선 관심사였습니다. 당연히 상품 개발과 마케팅 등에 대해선 신경 쓸 필요가 없었습니다. 큰 노력 없이도 투자와 수출이 동시에 급증한 것도 이 때문이고요.

그런데 이렇게 땅 짚고 헤엄치던 시절이 어느샌가 흘러가 버렸습니다. 중국은 더 이상 저렴한 가공 기지가 아닙니다. 한국이 수출하던 제품을 중국 기업이 만들고 있습니다. 중국의 자체 생산이 급증하다 보니 수입 수요도 눈에 띄게 둔화됐습니다. 국제 유가 하락의 여파로 대중국 주력 수출품인 석유·석유화학 제품 수출이 위축된 것도 문제고요. 더 큰 변화는 국제 가치사슬 상의 이동이라고 볼 수 있습니다. 그 과정에서 한중 간의 산업 가치사슬은 급속히 느슨해지고 있습니다.

이우탁 플라잉 기즈flying geese 모델이라는 것이 있습니다. 과거 30년간 일본을 필두로 한국 등 신흥 공업국NICs이 뒤따르고 그다음에 아세안과 중국 순으로 발전한다는 이른바 '안행형 성장 모델Flying Geese Model. 雁行型模式'입니다. 그러나 이 모델은 중국의 경제·산업 발전과 이로 인한 글로벌 가치사슬의 변화로 사실상 해체된 지 오래입니다. 어쩌면 머지않아 새로운 기러기 대형에서 중국이 제일 앞서갈지도 모릅니다.[3]

박한진 그런 변화는 중국이 외국 기업과의 연결 없이 중국 내에서 자국 기업만으로 배타적인 생산·공급망을 구축하는 이른바 '홍색공급망'에서도 느낄 수 있습니다. 홍색공급망의 확산은 중국이 전에 없던 또 하나의 새로운 신호를 우리에게 보내는 것입니다.

이우탁 종합해보면 하류 부문downstream에서 저가 상품 제조에 치중하던 중국 기업이 이제는 연구 개발과 마케팅, 서비스 등 상류 부문upstream으로까지 급속하게 확장하고 있습니다. 이렇게 되자 원부

"같은 강물에 발을 두 번 담글 수 없다. 강물은 흘러가 버리기 때문이다."

"You could not step twice into the same river; for other waters are ever flowing on to you."

고대 그리스의 철학자 헤라클레이토스Heraclitus

세계는 항상 변화하고 있지만 인간은 이를 망각하기 쉬운 데 대해 경종을 울린 말.

자재 중심인 한국의 대중국 수출 구조가 큰 타격을 받게 된 것입니다. 중국은 이제 기회만큼이나 큰 위기의 땅이 됐습니다. 저는 그 근본 원인을 중국은 변했는데 한국은 변하지 않았다는 점으로 봅니다.

전투적 공존과 인식의 전환

박한진 "같은 강물에 발을 두 번 담글 수 없다"라는 말이 있습니다. 고대 그리스 철학자 헤라클레이토스가 만물은 끊임없이 변한다는 것을 강조한 것입니다. 이 말은 묘하게도 우리에게 익숙한 고사성어 '각주구검刻舟求劍'과 통합니다. 칼이 강물에 빠지자 뱃전에 표시했다가 나중에 칼을 찾으려 한다는 뜻인데요, 세상 변화를 모르는 것에 경종을 울린 말입니다. 20세기의 대표적인 석학 대니얼 벨Daniel Bell은 "모든 것이 변하는데 단 한 가지 변하지 않는 것은 변하지 않는 것은 없다는 사실"이라는 명언을 남겼습니다.

이우탁 변화는 동서고금의 진리라고 할 수 있습니다. 현대 사회에서 변화의 대명사는 역시 중국으로 통합니다. 빠르기만 한 것이 아니라 유례가 없을 정도로 극적인 변화를 하고 있습니다. 제가 상하이 특파원으로 있을 때 중국 전통 가면극인 '변검變臉'을 자주 보곤 했는데요. 눈앞에서 순식간에 얼굴 모양을 바꾸는 마술 같은 연기에 넋을 놓을 정도였습니다. 지금 중국에서 벌어지고 있는 변화는 마치 수천수만 명의 변검 연기자들이 동시에 공연하는 것처럼 보입니다.

박한진 중국의 변화를 부문별로 짚어보면 좋겠습니다. 우선 국제 정치 분야를 보죠. 미국의 외교 거장이자 역대 최고의 대중국 전략통으로 자타가 공인하는 헨리 키신저는 세계적인 베스트셀러가 된 저서 《중국 이야기On China》에서 중국 외교 정책을 바둑에 비유했습니다. 그러면서 급변하는 국제 환경에서 중국은 더 이상 극단적 충돌을 원치 않는다고 진단했습니다. 중국은 당장 홀로 우뚝 서기보다는 자국의 상대적인 지위 향상에 더 관심을 갖는 쪽으로 변하고 있다고 볼 수 있습니다.

이우탁 일각에서는 중국이 자신을 숨기던 '도광양회' 단계를 벗어나 이제 제 목소리 내고 할 일은 한다는 '유소작위有所作爲'로 들어섰다고 합니다. 그러나 이는 중국을 잘못 읽은 것이라고 생각합니다. 여전히 미국의 영향권 안에 있고 앞으로도 상당 기간 미국을 앞지르기 어려운 상황에서 과연 자유자재로 '유소작위'를 할 수 있는지 잘 따져보아야 합니다.

박한진 키신저는 미국과 중국이 극단의 대립보다는 이른바 '전투적 공존combative coexistence'을 이룰 수 있다고 보았습니다. 양국은 다투면서도 격전을 치르기보다는 함께 사는 길을 택할 수 있고 또 그렇게 해야만 한다는 것이 그의 믿음입니다. 이런 상황에서 한국은 변화를 알면 두 강대국의 새로운 게임의 법칙을 이해하고 적응할 수 있습니다. 하지만 두 강대국의 변화를 간파하지 못하거나 외면한다면 둘 중 하나를 선택해야만 한다는 강박에 빠질 수 있습니다. 우리는 2015년 이후 최근 들어 미국과 중국 사이에서 이런 경험을 부쩍 자주 하고 있습니다. AIIB와 사드 딜레마가 대표적인 사례입니다.

이우탁 사드 문제는 한국의 미래와 관련된 내용이 있어 뒷부분에서 다시 언급하겠습니다. 중국 경제 분야를 보면 한국은 중국을 보면서 늘 양극단의 인식을 오가는 경향이 있습니다. 중국의 경제 수치와 지표가 발표될 때마다 겪는 일입니다만, 실적이 좋게 나오면 중국에 대한 기대감이 엄청 커집니다. 하지만 그렇지 않을 경우엔 곧바로 위기감에 빠져들고 맙니다. GDP 증가율에 대한 집착이 대표적입니다. 부동산·부채 거품 우려를 두고는 경착륙 걱정이 끊이지 않습니다. 문제는 이 같은 경향이 결코 바람직하지 않은데도 우리가 거의 매달 중국 경제 지표를 보면서 거의 매달 기대감과 실망감 사이를 오가곤 한다는 점입니다. 하지만 눈앞의 현상이 아닌 변화의 관점에서 본다면 다른 판단이 가능해질 것입니다.

박한진 앞에서도 지적했습니다만 저는 평소 중국 경제를 거대한 체구의 스모 선수에 자주 비유하곤 합니다. 중국은 이제까지 양적 팽창, 즉 몸집 불리기에 몰두했습니다. 대외적으로는 출혈 경쟁도 서슴지 않는 수출 드라이브, 대내적으로는 돈을 쏟아붓는 재정 정책이 총동원됐습니다. 품질보다는 가격, 효율보다는 실적이 우선시된 것은 물론입니다. 이렇게 30여 년이 지나니 국가 경제는 커졌지만 공급 과잉 문제가 불거졌습니다. 중국 스스로는 물론 세계가 쓰고도 남을 정도로 물건이 넘쳐흐릅니다.

여기에다 자원, 환경, 에너지 등 오랜 기간 고성장에 따른 부작용도 만만치 않습니다. 앞서 여러 차례 지적했습니다만, 먹기만 하고 운동을 하지 않아 몸이 굳고 성인병이 생긴 것입니다. 바로 여기서 중국은 질적 성장으로의 변화를 선택했습니다. 적게 먹고 돈 잔치 덜 하고 운동도 해서 날렵한 몸매를 만들겠다는 의도죠.

이우탁 그런 의미에서 본다면 중국은 오랜 기간 잘못된 습관을 바꾸려니까 당장 몸이 부쩍 야위고(성장률 저하) 어지럽기도(증시 불안) 할 것입니다. 하지만 중국 스스로 변화의 길을 선택했다는 것은 예사롭게 볼 일이 아닙니다. 성장의 중간 단계에서 중진국 함정 혹은 기타 중대한 요인으로 갑자기 경제가 심각한 정도로 추락할 것으로 보이지는 않습니다. 이제부터라도 정말 중국을 제대로 다시 봐야 합니다.

박한진 앞으로 해야 할 일보다는 지금이라도 당장 하지 말아야 할 일들을 꼽아보면 어떨까요? 예를 들면 이런 것이 있습니다.

첫째, "막연히 중국이 G2, G1이라는 생각"을 접어야 합니다. 중국이 종합 국력 측면에서 미국처럼 되려면 아직 갈 길이 멀고도 험난합니다.

둘째, "미국과 중국 가운데 선택해야 한다는 생각"도 접어야 합니다. 앞서 나눈 대화에서 자주 언급되었듯이, 양국은 지금 치고받는 경쟁 일변도보다는 게임을 하고 있다는 생각을 해야 합니다.

셋째, "중국발 퍼펙트 스톰(초대형 위기)이 온다는 생각"보다는 사실 관계를 좀 더 면밀하게 분석하는 것이 더 중요합니다. 비록 중국 경제와 사회가 여러 가지 난제를 안고 있지만 중국 지도자들의 위기 대응 능력은 아주 강합니다. 1970년대 말 이래 오랜 기간 쌓아온 사회주의 시장경제 실험으로 중국은 이제 동서양의 처방을 아우른 정책 조합도 가능한 단계라고 봅니다. 여기에다 당과 정부가 결정하면 커다란 사회적 저항 없이 정책을 추진할 수 있는 특수성도 갖추고 있습니다.

넷째, "중국은 13억 대박 시장이라는 생각"은 만시지탄이지만 이제야말로 정말 버릴 때가 되었습니다. 중국은 빈부격차가 워낙 큰 데다 위협적인 경쟁자들로 넘쳐납니다. 13억 시장을 온전하게 차지한다는 것은 이론적으로는 가능할지 몰라도 현실에선 찾아보기 어렵습니다.

다섯째, "휴리스틱heuristic과 차이나 드렁크China drunk 현상"을 경계해야 합니다. 휴리스틱은 복잡한 변화 속에서 오로지 경험에만 의존하는 어림짐작입니다. 차이나 드링크는 과거나 현실에 쉽게 취해버리거나 한눈에 거대 중국을 재단하려는 경향입니다.

　이런 식으로 우리가 하지 말아야 할 일들만 하지 않아도 중국은 더 잘 보일 것입니다.

미·중 관계의 맥

이우탁 한국의 국익 확보라는 측면에서 보면 미·중 관계는 반드시 고려해야 할 요소라는 사실을 지금까지의 대화를 통해 확인했습니다. 하지만 이제까지 한국은 미·중 관계를 대하면서 객관적인 시각보다는 주관적이고 단정적인 판단에 이끌렸습니다.

박한진 그렇습니다. 미·중 관계를 정확하게 판단하려면 그 관계의 내면을 냉정하게 분석하고 새롭게 나타나는 변화상을 면밀하게 따져보아야 하는데 그런 노력이 부족했습니다. 이런 의미에서 우리가 나눈 대화를 기초로 양국 관계를 전반적으로 정리해보면 좋겠습니다.

　저는 세계 각국의 미·중 관계 전문가들의 글을 많이 읽었는데요, 상당수 전문가들이 여전히 "어느 한쪽이 이긴다 혹은 진다"는 식의 인식을 갖고 있어 실망한 적이 많습니다. 그런 가운데 싱가포르의 국부로 통하는 리콴유李光耀의 관점에는 크게 공감했습니다.

이우탁 리콴유는 싱가포르의 초대 총리이자 정신적인 지도자로 추앙받는 인물이죠. 무엇보다 그는 미국에서나 중국에서나 모두 환영을 받았습니다. 그가 미국과 중국을 방문할 때면 양국 지도자들이 진심으로 그를 만나고 싶어 했고, 그에게서 국가 경영의 지혜와 국제 관계 분석의 '한 수'를 배우고자 했던 것은 널리 알려진 사실입니다. 이런 지도자가 있었다는 것이 싱가포르에는 큰 축복입니다.

박한진 저는 이번 대화를 준비하면서 리콴유의 사상과 전략에 관한 자료를 많이 수집해 읽었습니다. 그 가운데서도 특히《리콴유가 말하다Lee Kuan Yew: The Grand Master's Insights on China, the United States, and the World》[4]에 크게 감명받았습니다. 이 책은 조 바이든Joe Biden 미국 부통령이 리콴유를 만났을 때 직접 서명을 부탁한 것으로도 유명합니다만, 저는 이 책을 읽고 한국이 인식 전환과 준비 노력 여하에 따라 두 강대국 사이에서 올바른 방향을 설정할 수 있겠다고 생각하게 되었습니다.

이우탁 앞서 나눈 대화와 리콴유의 전략 판단을 종합해서 본다면 미·중 관계의 본질에 관한 새로운 통찰력을 얻을 수 있다고 봅니다. 가장 본질적이고 핵심적인 문제들을 중심으로 양국 관계의 현상과 미래를 진단하고 예측해보면 좋겠습니다.

중국과 관련된 핵심 질문은 "중국이 과연 세계 1위가 되려고 하는지, 정말 그렇게 될 것인지", "중국이 보다 강해지면 지금까지의 중국과는 어떻게 달라질 것인지" 이런 문제들이죠. 미국과 관련한 핵심 질문은 "정말 총체적으로 중국에 밀리고 있는 것인지", "중국의 부상에 대한 대응 방향성은 무엇인지" 등이라 볼 수 있겠습니다.

박한진 바로 그런 사항들이 우리 대화의 핵심입니다. 하나씩 정리해보죠.

중국은 정말로 세계 최강국이 되려고 한다는 점에는 의심의 여지가 없다고 봅니다. 하지만 세계 1위가 되겠다고 공언하지는 않을 것입니다. 중국은 앞으로 더 많은 국가 핵심 이익들을 주장할 것으로 예상되고, 이를 하나씩 달성해가는 과정에서 세계 최강국이 되려고 할 것입니다. 이제까지의 상황 전개를 보면 그렇게 될 가능성을 배제할 수 없을 것입니다.

이우탁 그렇다면 이런 과정에서 이해 관계국들과 충돌 요인이 심화될 수도 있을 텐데요. 이때 중국은 어떻게 대응할까요?

박한진 종래 미국은 자국의 핵심 이익과 충돌하는 국가에 대해서는 무력 동원도 불사하는 모습을 보였습니다만 중국은 다르게 행동할 것입니다. 앞서 살펴본 것처럼 중국은 군사력보다는 경제력을 동원할 가능성이 큽니다. 지금 세계 모든 국가, 모든 기업이 중국의 13억 시장에 진출하기 위해 노력하고 있습니다. 중국은 이 거대한 시장에 대한 외국 기업의 진입을 거부하거나 최소한 제한하는 조치만으로도 외국에 큰 충격을 줄 수 있습니다. 미국의 경제 제재 방식과는 다른 것이죠. 지난 2000년에 그런 사례가 있습니다. 당시 한국이 중국산 마늘에 대해 긴급 수입 제한 safeguard measures 조치를 단행하자, 중국은 한국산 휴대용 전화기와 폴리에틸렌에 대해 수입을 금지하는 보복 조치를 취했습니다. 이때 한국은 얼마 견디지 못하고 세이프가드를 거두어들이고 말았습니다.

이우탁 지금은 당시와 비교해서 한국도, 세계 각국도 중국에 대한 경제 의존도, 특히 무역 의존도가 엄청나게 크기 때문에 중국은 몇 개 품목에 대한 보복 조치를 단행하는 것만으로도 외국에 큰 타격을 줄 수 있겠군요.

박한진 그렇습니다. 이와 관련해서 생각해볼 점이 두 가지 있습니다.

하나는 중국이 서비스 시장을 개방하라는 외국의 줄기찬 요구에도 불구하고 아직 개방의 폭이 만족스럽지 못한 상황입니다. 이것은 당장 자국 산업을 보호하기 위한 조치이기도 하지만, 중장기적으로 보면 개방 일정을 최대한 미룰 경우 향후 외국을 압박할 수 있는 카드로 활용 가능하다는 점입니다.

또 한 가지는 중국 내 한류韓流와 관련된 것입니다. 중국은 한국 대중문화의 중국 내 인기를 문화의 일방적인 흐름으로 간주할 가능성이 매우 큽니다. 한국으로서는 중국에서 한류가 확산되는 것이 분명히 바람직한 일이지만 중국의 생각은 다를 수 있다는 것입니다. 한국이 의도적으로 한류 확산의 속도와 폭을 제한할 필요는 없겠지요. 하지만 적어도 한국이 특히 언론을 통해 중국 내 한류 효과와 영향을 지나치게 보도한다면 향후 중국이 한류 제한 조치를 취할 빌미를 제공할 수도 있다는 점을 감안해야 합니다.

이우탁 그렇게 본다면 중국은 앞으로 미국과 한국, 그리고 다른 국가들이 중국에 경제적으로 더 많이 의존하게 할 수도 있겠다는 예측도 가능해 보입니다. 미국은 최근 경제가 회복되고 있다고는 하지만 재정적자, 실업률, 부채 등 복잡한 문제들이 산적해 있습니다. 또 정치적으로는 어느 국가 못지않게 포퓰리즘의 폐해가 심하고, 민주·공화 양당의 갈등도 갈수록 심화되고 있습니다. 물론 그렇다고 해서 미국이 급속히 쇠퇴하는 일은 없을 것입니다.

우리가 미국에서 특파원으로서 또 방문학자로서 경험했습니다만, 미국은 다른 국가들이 갖고 있지 못한 절대적 우세 요인을 확보하고 있습니다. 자유로운 사고와 개방성, 탁월한 기술력, 다양성, 해외 핵심 인재를 끊임없이 유치하는 능력 등이 대표적인 요인들입니다. 앞으로 예상 가능한 시기 내에 중국은 물론 다른 어떤 국가도 여기에 대응하기는 어려울 것으로 확신합니다.

박한진 공감합니다. 하지만 다른 한편으로 보면 미국은 아무리 강한 경쟁력을 보유해도 이제는 세계를 미국 마음대로 움직이는 것이 불가능해졌음을 인식하게 된 것으로 보입니다. 양극 체제라면 힘의 우위로 상대를 압도할 수 있겠지만, 여러 국가와 다수 지역으로 파편화되어가는 세계에서 미국은 더 이상 독주하지는 못할 것입니다.

브렉시트의 지정학과 지경학

박한진 브렉시트(영국의 유럽연합 탈퇴)는 1945년 제2차 세계대전 종전 후 71년간 유지됐던 미국 주도의 글로벌 정치와 경제 질서에 일대 지각 변동을 몰고 올 대형 사건으로 볼 수 있습니다. 《뉴욕타임스》(2016년 6월 25일)는 전후 세계 질서의 균열이라고 표현했습니다. 사실 제2차 세계대전 이후 미국 주도의 대서양 동맹을 떠받치는 두 축은 북대서양조약기구NATO와 EU였습니다. 그런데 브렉시트 이후 대서양 동맹의 붕괴가 현실화되는 역사적 시의성이 있습니다. 미국 내에서 '영국 없이는 팍스 아메리카나도 없다'

는 우려가 속출하고 있는 이유입니다. 브렉시트 결정 직후 베이징에서 열린 아시아인프라투자은행AIIB 첫 연차총회에서 중국의 진리췬金立群 총재는 "어떤 제국도 세계를 영원히 통치한 사례는 없었다"고 강조했습니다. 브렉시트가 미국과 중국의 역학 관계에 영향을 끼칠 것임을 인상적으로 표현한 대목입니다.

중국은 미국에 대응하기 위해 유럽에 공을 들여왔는데, 브렉시트 이후 앞으로 유럽 각국이 개별 행동을 하는 상황이 확산된다면 중국은 유럽 국가들과의 협상에서 유리한 입지를 차지하게 됩니다. 유럽은 단합해서 중국을 상대하는 것이 좋은데, 브렉시트는 거기서 멀어지는 구조여서 앞으로 유럽 국가들은 중국과 매우 힘든 싸움을 하게 되었습니다. 지정학적은 물론 지경학적으로 볼 때도 중국은 분명히 유리한 입장에 놓이게 되었습니다.

이우탁 앞으로 상황 전개에 따라서는 미국의 외교 정책에도 변화가 있을 것으로 보입니다. 《뉴욕타임스》는 미국이 그동안 아시아 중시 정책으로 이 지역에서 중국의 부상을 조절하는 동맹국·협력국 체제에 공을 들여왔지만, 브렉시트로 우선순위를 유럽으로 바꾸어야 할 상황이라고 분석했습니다. 다만 미국이 피봇 투 아시아 정책을 전면적으로 재검토하고 관심의 초점을 유럽으로 돌릴 것이라는 일부 시각은 좀 더 시간을 두고 지켜봐야 합니다.

분명한 것은 미국의 카드는 줄어든 반면 중국의 카드는 늘어난 것입니다.

박한진 사실 지난 20년간 세계는 적어도 겉으로 보기에는 별 탈이 없었습니다. 이는 미국과 중국의 위험한 동거 때문이었는데요. 성장이 급했던 중국은 상품을 무조건 싸게 만들어 미국에 내다 팔았습니다. 중국은 외국에서 수입한 원자재와 부품을 가공해 수출하는 가공무역 시스템을 유지하기 위해 인근 나라들로부터 수입을 늘렸습니다. 한국이 중국 시장 특수를 누렸던 이유이기도 하고요. 그동안 한국의 대중국 원자재 수출은 크게 늘었습니다.

그리고 중국은 수출로 벌어들인 돈으로 미국 국채를 사 모았죠. 미국은 채권을 사주는 중국이 있어 장기간 저금리를 유지할 수 있었습니다. 그 덕에 벌어들이는 돈보다 소비를 더 많이 했고요. 2008년 노벨경제학상 수상자인 폴 크루그먼 프린스턴대 교수는 "미국이 중국에서 돈을 빌려 집을 서로 사고팔다가 서브프라임모기지(비우량주택담보대출) 사태가 터졌다"고 진단하기도 했습니다.

바로 여기서 이제까지 계속된 중국의 속내를 읽을 수 있습니다. 미국 국채를 매입한 중국을 미국이 함부로 대할 수 없었습니다.

미국은 중국이 국채를 사주어서 좋았고 아시아 국가들은 중국이 원자재와 부품을 사주어서 단기적으로는 좋았지만, 시간이 흐를수록 중국의 발언권이 커지는 상황이 되었습니다. 이런 의미에서 중국 시장에 과도하게 치중하는 한국의 전략은 장기적으로 심각한 부정적 영향을 낳을 수 있습니다. 중국이 동북 지역 진출을 확대하면서 북한에 대한 투자를 늘려왔지 않습니까? 이것도 결국은 같은 맥락의 전략이라 생각합니다.

그동안 중국의 대유럽 전략은 미국과 한국에 적용했던 전략과 같습니다. 예를 들어 유럽의 여러 나라들이 부채위기에 빠지자 중국은 이들 국가의 국채를 매입했습니다. 미국 국채를 사 모았던 것처럼 말입니다. 또 유럽 국가들에 대해 중국과의 교역량을 두 배로 늘려주기도 했는데 이것은 중국이 아시아 국가들에 적용했던 공식입니다.

중국이 한국과의 정부 간 접촉을 통해 "언제까지 교역량을 두 배로 확대하자"라고 제안한 적이 있는데, 이것은 단기적으로는 달콤하지만 장기적으로는 대중 의존도 심화라는 측면에서 매우 심각한 문제입니다.

이우탁 중국과 러시아의 관계는 조금 독특하게 전개될 것입니다. 앞서 대화를 나누면서 양국 관계가 준동맹 차원으로 가지 않을까 진단했습니다만, 대화를 나누는 중에 브렉시트가 터졌고 이 과정에서 양국의 움직임을 관찰해보니 새로운 신호를 확인할 수 있었습니다. 그것은 양국이 평상시에는 서로의 필요성을 크게 느끼지 못하고 별다른 접촉도 없이 지내다가 대형 국제 이슈가 터지면 만나는 구조라는 사실입니다. 지난 2014년 우크라이나 사태가 발생하자 미국과 EU가 러시아에 경제 제재를 시작하지 않았습니까? 그때 중국과 러시아 정상이 만나 서구 진영에 대응하는 전선을 구축하는 움직임을 보였습니다.

이번에 브렉시트가 터지자 중국과 러시아 정상은 짧은 시간에 여러 차례 만나 국제 문제와 양국 문제를 논의했습니다. 이렇게 본다면 양국 관계는 동맹은 아닙니다. 하지만 일반 국가 간의 관계와는 분명히 다른 성격을 보입니다. 그래서 저는 이를 '포스트 잇Post It' 전략이라고 부릅니다. 필요하면 붙였다가 또 다른 상황에서는 뗐다가 한다는 것이죠. 브렉시트 후속 정리 작업이 매끄럽게 진행될지 아닐지에 대해서는 알 수 없으나 단기간 내 정리되기보다는 꽤 오래 걸릴 것으로 보입니다. 그렇다면 앞으로 중국과 러시아는 유럽 상황에 따라 관계 수준을 높여갈 수 있을 것입니다.

박한진 제 생각에 미국이 당장 아시아를 떠나 유럽으로 갈pivot to Europe 가능성은 크지 않아 보입니다. 대신 미국은 아시아에서 일본의 역할을 더 많이 필요로 할 것이며 한·미·일 삼각 동맹 체제의 공고화에 더욱 박차를 가할 것입니다. 이는 미·중 관계 내지는 국제 관계에서 전에 없던 양상의 변수가 생긴다는 것을 의미합니다. 이런 상황 전개가 한국의 국익에 도움이 될지 손해가 될지 여부는 한국의 정책 대응에 달려 있습니다.

이우탁 브렉시트가 발생한 근본 원인은 유럽 국가 간의 문화적 차이와 EU의 제도적 결함입니다. EU 국가들은 화폐를 유로화로 통일했지만 소득 수준이 서로 다른 국가 간에 불협화음이 끊이지 않았습니다. 언어도 다르고 통일된 주류 문화도 없고 수백 년에 걸친 유럽 내전과 두 차례의 세계대전을 거치면서 민족 간 불신의 골이 매우 깊습니다. 이런 배경을 그대로 두고 통일된 법 제도와 재정 연맹체를 추진한다는 것은 어불성설이라고 볼 수 있습니다. 따라서 브렉시트는 판도라의 상자이자 빙산의 일각이라고 볼 수 있습니다. 특히 중국 쪽에서 그렇게 보는 것 같아요.

반면 중국은 광활한 면적이지만 언어와 화폐·재정·세제가 통일돼 있고 주류 문화와 국가도 통일돼 있습니다. 정책 집행력이 뛰어난 강력한 중앙정부가 있고요. 오늘날 중국이 세계 2위의 경제 대국이 될 수 있었던 것은 단순히 경제적 성취뿐 아니라 이런 다양한 바탕이 뒷받침되었기 때문입니다.

지금 세계는 민족주의, 국수주의, 극단적 종교주의로 몸살을 앓고 있습니다. 브렉시트도 이와 같은 맥락으로 볼 수 있고 미국 대선 캠페인도 그런 양상을 보이고 있습니다. 상대적으로 평화로운 환경에 있는 중국 입장에서는 좀처럼 만나기 어려운 전략적인 발전 기회가 왔다고 볼 수 있습니다.

대중국 경제 의존도의 딜레마

박한진 많은 아시아 국가들이 미국과 중국 사이에서 안보는 미국에 의존하고 경제는 중국에 의존하는 전략을 취하고 있습니다. 이런 포지션은 평시에는 문제가 없지만 미국과 중국이 심각한 갈등 국면으로 진입하면 매우 난감한 상황이 됩니다. 단기적으로는 난감한 상황에 그치겠지만, 정작 더 큰 문제는 장기적으로 그리고 지속적으로 나타난다는 것입니다. 미국에 대한 안보 의존도가 지나치게 높다든지, 중국에 대한 경제 의존도가 지속적 혹은 지나치게 높은 상황이라면 문제입니다. 특히 대중국 경제 의존도는 적정 수준에서 관리한다는 생각으로 접근해야 합니다.

이우탁 중국은 한국 제1위 수출 대상국이며 최대 교역국입니다. 2015년 기준으로 전체 수출 실적(5268억 달러)의 26%(1371억 달러)에 이르며 수입 비율도 20%를 넘어섰습니다. 더욱 놀라운 것은 한국이 중국으로 수출하는 금액이 2위 교역 대상국인 미국과의 수출입 총액보다 20%가량 높다는 것입니다. 그뿐만 아니라 대중국 수출입 금액(2274억 달러)은 대미(1139억 달러)·대일(714억 달러) 교역 규모의 각각 2배, 3배나 됩니다.

중국은 이렇게 수치상으로 매우 중요한 의미를 지닐뿐더러, 돌이켜보면 지난 1998년과 2008년 두 차례의 경제·금융위기 과정에서 한국이 신속하게 위기에서 탈출할 수 있었던 것은 중국이라는 거대 시장이 있었기 때문입니다.

박한진 그렇습니다. 아시아 역내 혹은 글로벌 차원의 위기 상황을 빨리 탈출할 수 있었던 원동력은 결국 제조업의 힘이었습니다. 다시 말해 어려움 속에서도 생산을 계속하고 이를 해외 시장에 수출한 국가는 신속하게 위기를 극복할 수 있었습니다. 당시 듬직한 해외 시장 역할을 중국이 한 것입니다. 한국 경제에서 중국의 중요성은 아무리 강조해도 지나침이 없지만, 문제는 대중국 의존도가 너무 높아져버리면 위험하다는 것입니다. '양날의 검' 같은 존재가 될 수 있습니다.

이우탁 대중국 경제 의존도를 부문별로 따져볼 필요가 있습니다. 대중국 수출 의존도 26%와 수입 의존도 20%, 이 수치들을 어떻게 평가해야 할까요?

박한진 사실 수출 비중이 4분의 1가량이라고 할 때 그 자체가 문제가 된다고 생각하지는 않습니다. 예를 들어 국제 경제 환경이 계속 장밋빛이고 중국의 수요도 지속적으로 증가한다면 문제 될 것이 없지요. 문제는 대중국 수출의 구성과 품질입니다.

한국의 대중국 수출은 기본적으로 가공무역의 비중이 높습니다. 그러다 보니 소재·부품 수출의 중국 비중은 2000년 13%에서 2013년 이후 35% 수준으로 뛰어올라 10여 년 만에 3배 가까이 급증했습니다.[9]

이런 상황에서 중국 경제가 중성장 시대the age of moderate growth에 진입하자 중국 수입 수요가 크게 줄어들었습니다. 그리고 이는 곧 한국의 대중국 수출은 물론 전체 수출에도 큰 영향을 미치게 됐죠.

이우탁 코트라 타이베이 무역관에서 〈중국 홍색공급망의 영향 및 사례〉라는 보고서를 발표했던데요. 대중국 경제 의존도가 한국보다 더 높아진 대만이 겪고 있는 현실을 잘 짚었더군요. 한국도 결코 자유로운 상황이 아니지 않습니까?

박한진 홍색공급망은 중국의 배타적 자국 완결형 가치사슬을 의미합니다. 다시 말해 중국이 종래 수입했던 중간재의 자국산 사용 비중을 높이면서, 대만 등의 국가가 수출했던 중간재가 급속하게 중국산으로 대체되는 현상을 말합니다. 보고서를 낸 것은 이런 변화가 한국에도 이미 중대한 영향을 끼치고 있음을 알리고 경종을 울리기 위해서였습니다. 한국은 대만과 유사한 대중국 수출 구조를 갖고 있어서, 정도의 차이만 있을 뿐 세계 어느 나라 못지않게 홍색공급망에 큰 영향을 받게 됩니다. 대중국 수출은 한국 수출 전략과 실적 관리에 필수적이지만, 의존도가 과도할 경우 심각한 문제를 야기할 수 있다는 양면성을 지니고 있습니다.

이우탁 해외 투자의 경우 대중국 의존도가 최근 많이 완화되어왔지만 역시 높은 수준입니다. 2016년 1분기 현재 누계로 한국의 대중국 투자는 2만 4948건(신고 법인 수), 527억 5151만 달러(투자금액)로 전체 해외 투자의 각각 39.4%와 16.8%입니다. 대미 투자 건수와 금액 비율은 각각 17.7%와 20.5%입니다. 건수 비중은 중국이 2배 이상 많은데 금액 비중은 미국이 조금 앞섭니다. 문제는 이 같은 비중의 크고 작음에 있는 것이 아니라 중국 내 투자 환경의 변화에 있지 않을까요?

박한진 정확한 지적입니다. 우선 종래 중국 진출의 매력이라고 하던 임금이 천정부지로 치솟았죠. 세제 혜택이 줄어들면서 다른 한편에선 비록 환경 보호 정책의 영향이 크다고는 하지만 기업 규제가 오히려 늘 것으로 생각하는 기업들이 많습니다. 이런 상황에서 기업 간 경쟁은 더욱 치열해지고 있습니다.

앞으로도 전혀 다른 방향의 두 가지 주장이 혼란스럽게 부딪힐 것입니다. 21세기에는 중국이 미국을 추월할 것이라는 주장과, 21세기도 여전히 미국의 세기가 될 것이라는 주장입니다. 하지만 세계는 결코 선형linear으로 나아가지 않을 것입니다. 예측할 수 없는 수많은 일들이 언제 일어날지 모릅니다. 미래학자들은 늘 미래는 복수plural라고 말합니다. 미래학을 영어로 futurology와 함께 futures라고 복수로 쓰는 것도 그 때문입니다. 세계적인 미래학자들이 미래를 예측할 때는 언제나 복수의 시나리오가 나옵니다.

이우탁 《국제분쟁의 이해Understanding International Conflicts》 저자이자 미국 국가정보위NIC 의장을 지낸 조지프 나이Joseph S. Nye 미국 하버드 대학 교수도 언제나 복수의 미래를 상정합니다. 그는 세계를 움직이는 권력을 하드 파워hard power와 소프트 파워sofr power로 분류합니다. 또 타국의 행동에 영향을 미치는 권력에는 채찍으로 위협하는 것, 당근으로 유인하는 것, 문화와 가치로 유혹하는 것 등 3가지가 있다고 했는데, 이들이 피라미드 구조를 이루고 있다고 봅니다. 이 가운데 가장 중요한 것이 문화와 가치입니다. 소프트 파워의 전형이기도 하고요. 하드 파워인 군사력과 경제력을 동원해 타국을 강제하면 상대에게 역작용을 불러일으키기 마련이지만, 문화와 같은 소프트 파워를 동원하면 재화와 인명의 손실을 줄이고 역작용 우려도 적다는 것입니다. 그런 의미에서 우리의 대화를 정리해보면 좋겠습니다.

한중 관계의 방향성

이우탁 한국과 중국은 1992년 수교와 함께 우호 협력 관계를 맺었고 이후 양국 관계는 협력동반자, 전면적 협력동반자, 전략적 협력동반자 등으로 계속 격상돼왔습니다.

최근 정치적으로도 공통분모가 확대되고 있는데 역시 경제 문제가 가장 중요하다고 봅니다. 경제 분야의 공통분모가 확대·심화되면 다른 분야로까지 긍정적인 영향이 미칠 것이고요. 그런데 경제 분야를 살펴보면 개선해야 할 점이 적지 않습니다.

박한진 그렇습니다. 1998년 이래 양국 간 산업 협력 분야는 완성차, 고속철로 시작해 첨단 분야, 서비스업, 최근에는 금융에 이르기까지 다양한 합(협)의를 이루어냈으나, 실제 이 분야에서의 양국 기업 간 교류는 기대 수준에 미치지 못합니다. 그 원인 중 하나는 양국 공통의 희망이 폭넓게 고려되기보다는 사안별로 어느 한쪽의 희망 사항이 많이 반영되었다는 점입니다.

한국은 앞으로 중국에 진출하려고만 하기보다는 주고받을 것에 더 신경 써야 할 것입니다. 무엇을 주고 무엇을 받을 것인지에 대한 고민이 필요합니다. 이것은 아주 중요한 과제입니다. 그런 점에서 한중 FTA는 공동의 의견이 비교적 잘 반영돼 양국 경제 교류사상 첫 포괄적인 제도적 장치입니다.

이우탁 코트라에서 미래 한중 경제 협력의 코드로 '메이드 위드 차이나Made WITH China'라는 개념을 강조하셨죠?

박한진 그렇습니다. 이제까지 한국의 중국 진출 전략은 '메이드 인 차이나Made IN China'였습니다. 중국에 공장을 만들고, 원부자재를 수출·가공해서 제3국에 다시 수출하는 구조인데요, 기본적으로 중국이 '세계의 공장'인 시기였습니다. 하지만 2008년 발생한 글로벌 금융위기의 장기화 과정에서 고비용 구조가 빠르게 확산되었고, 다른 한편으로 한국 기업의 중국 내수 시장 진출이 미미하다는 문제점을 드러냈습니다.

이제 '메이드 포 차이나Made FOR China' 전략이 필요합니다. 중국을 '세계의 시장'으로 보고, 내수 시장 진출을 위해 소비재 직수출과 서비스업 진출 확대가 필요하다는 것이지요. 그러나 외국 기업이 자력으로 중국 내수 시장에 나서기는 어려운 것이 현실입니다. 이 같은 의미에서 강조한 개념이 바로 'Made WITH China'입니다. 'Made FOR China'로 가려면 반드시 'Made WITH China'를 거쳐야 하는데, 중국의 정책 변화에 맞는 전략을 구사하고 중국이 필요로 하는 분야에 진출해 양국이 공동 이익을 거둔다는 전제를 깔고 있습니다. 이렇게 하면 앞서 말씀드린 것처럼 한국이 중국에 줄 것도 있고 받을 것도 생기게 됩니다.

이우탁 과거 오랫동안 한중 경제 교류의 기본 틀이었던 가공무역 구조가 더 이상 효율적으로 작동하지 않기 때문에, 이제는 새로운 교류 협력의 틀을 구축해야 하며 중국 기업과 함께 중국 시장 혹은 세계 시장에 진출하는 방안을 전향적으로 모색해야 하겠습니다. '메이드 위드 차이나' 전략이 제대로 작동하기 위해서는 어떤 과제를 풀어나가야 할까요?

박한진 우선 정책 변화가 수시로 이루어지는 점을 감안해서 이에 대한 모니터링을 상시적으로 강화해야 할 것입니다. 중국은 중앙·지방정부에서 매년 약 2만 건의 경제 관계 법령과 조치가 정비되고 있어 로펌들조차 그 변화를 제대로 파악하기 어렵습니다.

이우탁 중국의 경제 산업 정책은 새로운 상태, 즉 '신창타이新常態'

로 집약되고 있으며, 이 과정에서 나타나는 특징적 변화는 소비력 증대와 서비스업 성장, 소비 채널의 변화 등으로 이해할 수 있습니다. 사실 한국은 이 부분에 대해 깊이 있게 안다고 자신하기 어려운 측면이 있습니다.

박한진 저는 최근 중국에서 구체적으로는 전자상거래가 급성장하는 가운데 디지털 콘텐츠, 프랜차이즈, 문화, 의료, 여행업, 생활소비재 분야가 탄력을 받고 있는 점에 주목합니다. 이런 분야를 새로운 업태, 즉 '신예타이新業態'라고 하는데요, 이는 전통 제조업 분야에 비해 경쟁이 덜 치열하고 미래 성장 전망도 밝습니다. 물론 중국도 한국의 협력을 필요로 하고 있습니다.

중국의 정책 변화에 대한 모니터링은 경제뿐 아니라 정치·외교·사회 등 모든 영역에 해당한다는 점을 강조하고 싶습니다.

다음은 문화 교류입니다. 지금은 한류韓流가 일방적으로 중국에 진출하는 구조인데요. 앞으로 중국 한류漢流와의 접목 내지는 양방향 교류를 확대해나간다면 새로운 기회를 포착할 수 있습니다. 한국적 콘텐츠만 고집하지 말고, 중국의 고전과 문화, 역사 등을 한류韓流 방식으로 녹여낸다면 신규 시장 창출이 가능하고 중국도 이를 반길 것입니다.

이우탁 흔히 중국은 '관시关系'의 사회라는 말이 있듯이 이 분야에 대한 고려도 있어야 하지 않을까요?

박한진 그렇습니다. 중국은 사회주의 국가의 특성상 교류 확대를 위해선 대정부 관계GR, Government Relations를 잘해야 합니다. GR을 잘하는 기업은 반드시 성공한다는 것이 공식화되다시피 한 곳이 바로 중국이며, 특히 중앙정부 못지않게 지방정부와의 관계 강화가 중요합니다.

같은 맥락에서 한국 기업은 사회적 책임CSR에 뿌리를 두고 현지화 경영 체제를 구축해야 합니다. 중국 상무부 고위 관계자가 사석에서, 중국에 진출한 외국 기업 가운데 현지화 경영을 가장 잘하는 국가는 미국이고 가장 못하는 국가는 한국이라고 말한 적이 있습니다. 앞으로 인력 자원, 경영 관리 방식, 부가가치 활동, 의사결정 권한 등 다양한 분야에서 현지화하는 노력을 통해 '중국 기업'으로 거듭나는 것이 필요합니다.

그리고 중국을 더 이상 저렴한 생산 기지로 볼 수 없기 때문에 지난 20여 년간 대중국 진출 모델이었던 가공무역 일변도에서 벗어나야 합니다. 새로운 협력의 틀을 구축하지 않으면 대중 수출과 투자가 급속히 위축될 수도 있습니다. 한중 FTA를 최대한 활용하는 것이 중요합니다.

마지막으로, 내륙 2·3선 유망 도시 진출을 서둘러야 합니다. 중국에서 1선 도시(3개)는 베이징, 상하이, 광저우이고, 2선 도시(17개)는 충칭, 톈진 등 직할시와 각 지방의 성도省都이며, 3선 도시(98개)는 2선 도시보다 규모가 조금 작은 지방 거점 도시들입니다. 2·3선 도시는 미개척 시장으로 소비 잠재력과 도시화 측면에서 빠른 성장세를 보이고 있어 한국 기업에 새로운 기회의 땅이라 할 수 있습니다. 2·3선 도시는 중국이 지역 발전을 위해 외국 기업의 진출을 간절히 원하는 곳이기도 해서 다양한 혜택을 받을 수 있고, 나아가 정치적·사회적으로도 한중 관계를 더 발전시킬 수 있는 무대가 될 것입니다.

이우탁 '메이드 위드 차이나'는 양국 모두에 득이 되는 새로운 협력의 틀이 될 수 있겠네요. 물론 한국이 정치, 경제, 사회, 문화 등 모든 영역에서 지속적으로 논의하고 실천 과제를 발굴해나간다는 전제가 있다면 말입니다.

박한진 대중국 관계에서 가장 중요한 것은 중국을 우리의 희망대로 혹은 우리의 방식대로 재단하기보다는 중국을 있는 그대로 보는 노력입니다. 그러기 위해서는 중국에 대해 섣불리 판단하지 말고 깊이 연구해야 합니다. 특히 중국에 대한 높은 경제 의존도가 자칫 부메랑이 되어 돌아오지 않도록 세심한 대비가 필요합니다.

한미 관계의 방향성

이우탁 그렇다면 미래의 한미 관계는 어떤 방향성을 가질까요? 잘 아시다시피 1945년 이후 한미 관계는 한국 현대사의 변곡점마다 일종의 풍향계 같은 중요한 역할을 해왔습니다. 식민지 한국의 해방자로서 우리에게 다가온 미국은 한반도 남쪽에 단독정부를 수립하게 하고 한국전쟁에서 남한을 구제했습니다. 일종의 보호자-피보호자(patron-client) 관계였습니다. 전쟁 이후 한국은 미국의 도움 없이는 생존이 거의 불가능할 정도였다고 해도 과언이 아닙니다. 미국의 안보우산으로 공산권으로부터의 생존을 보장받았고, 미국의 원조는 한국 정부 재정을 채우는 거의 유일한 원천이었던 거죠.

미국과 소련을 축으로 한 동서 냉전이 극성기에 달했던 1960년대는 중심과 주변부적 관계를 유지했습니다.

박정희 정권이 안정기에 접어들었던 1970년대 한미 관계는 주한 미군 철수 문제와 한국의 독자적 핵 개발 움직임 등을 놓고 미묘한 갈등 관계를 보였으나, 한국 정부가 자율적으로 움직일 공간은 매우 제한적이었다고 볼 수 있습니다.

냉전 체제가 본격적으로 붕괴되던 1980년대 말, 한국은 서울올림픽 개최 이후 본격적으로 미국이 주도한 자유주의 경제시장에서 확실한 도약을 거듭했습니다. 정치적으로도 민주화의 진전이 매우 빠르게 이뤄져 제2차 세계대전에서 해방된 신생 독립국 중에서 경제 발전과 민주화를 동시에 이룩한 '모범 모델'로 국제사회에 각인됐습니다.

워싱턴 특파원으로 일할 때 만난 미국 조야의 주요 인물들은 한국의 발전된 모습을 매우 뿌듯해했습니다. 한미 동맹 60년을 기념

하는 행사에서 한덕수 주미 한국 대사가 미국 경제인들을 초청해 "우리는 미국의 은혜를 결코 잊지 않고 있다"라고 하자 미국인들은 정말 열정적으로 환호하며 박수를 쳤습니다.

이 모든 것이 앞서도 지적했듯이 미국이 주도하는 세계 질서에 한국이 우호적으로 참여한 결과라고 봐야 합니다.

한미 관계의 속내를 자세히 들여다보면 가장 중요한 축은 역시 미국의 세계 전략입니다. 어쩌면 당연한 얘기지요. 그렇다면 지금은 어떨까요?

지금까지 살펴본 대로 미국은 중국을 어떻게 다루어야 할지를 놓고 외교 정책의 방향성을 설정하고 있는 형국입니다. 오바마 대통령은 취임 초기부터 중국과 협력적 관계를 유지하면서 세계에 대한 미국의 영향력을 유지하는 정책을 펴왔다고 저는 평가합니다. 하지만 2013년 서니랜드에서 만난 시진핑 중국 주석은 '신형 대국 관계'를 공공연히 요구하며 미국의 신경을 건드렸고, 이후로도 '중국몽'을 강조하고 '세계로의 진출'을 도모하며 패권에 도전하는 모습으로 미국에 다가갔습니다. 미국이 세계 전략상 중국을 밀어붙여야 할 시기라고 판단했다면 가용할 수 있는 카드가 무엇이겠습니까?

박한진 그러니까 앞서 살펴본 잠재적 전쟁터로 거론한 경제적 현안이나 동중국해와 남중국해 등 영토 분쟁 등등이 미국과 중국의 전략적 충돌 지점에 놓인 핵심 이슈로 부각되는군요. 자연스레 최근 한반도를 뜨겁게 달구고 있는 사드 문제도 이런 관점에서 이해가 되겠군요.

이우탁 그렇습니다. 미국과 중국 사이에서 한반도는 숙명적으로 전선으로 비화되는 그런 시점으로 보입니다. 그 원초적 원인은 한반도의 지정학적 위치에서 찾아야 하겠지만 현대사적 흐름을 보면 분단을 해소하지 못한 것이 가장 큰 원인이라고 봅니다. 분단된 한반도, 남과 북이 여전히 냉전적 대결 구도에서 벗어나지 못한 우리의 현실, 그런 것을 말합니다.

박한진 한반도 문제로 접어드니 이 부장의 말씀이 길어지는군요. 저는 경제적 측면에도 북한 문제를 접목할 수 있다고 판단합니다.

이우탁 맞습니다. 경제를 키워드로 해서 보면 현재 세계에서 유일하게 미국 주도의 시장경제에서 벗어나 있는 북한을 침투하는 최대 무기는 경제라고 봐야 합니다. 북쪽으로는 압록강 건너 '중국의 시장경제', 남으로는 '개성공단'이라는 트로이 목마와 같은 자본이 북한을 흔들어 결국은 북한도 전 세계 시장경제의 일원이 되게 하는 겁니다.

그렇게 되면 굳이 정치적으로, 영토적으로 북한과 강제 통일하지 않고도 얼마든지 사실상 통합(경제 통일)되는 효과를 거둘 수 있다고 봅니다. 북한을 보다 더 견인하려면 개성공단과 같은 '특

268   PART 3

별구'가 나진선봉 등 북한의 최북단과 원산 등 중동부에 만들어지게 하면 좋겠다는 생각을 해봅니다.

이념적이고 정치적인 접근에서 벗어나 지경학적 관점에서 남북 관계에 접근한다면 남북의 통합은 새로운 차원으로 다가옵니다. 중국과 대만이 사실상 하나의 경제 체제에 묶인 것처럼, 남한의 기업이 북한 땅 곳곳에 진출해 북한의 노동자들을 대거 고용하는 것이 자연스럽게 다가오는 날, 사실상 남과 북은 통합되는 겁니다. 그리고 서로의 필요에 의해 정치적으로도 합치자는 결의를 하면 한반도 분단을 해소하는 역사적인 장면이 연출되는 것이죠. 번영된 통일 한국, 그것은 정치적 구호보다는 돈의 논리로 현실화될 것이라고 봅니다.

피할 수 없는 숙명적 존재, 북한

박한진 북한 얘기가 나와서 말인데 미국과의 관계에서 상수 변수로 존재하는 것이 북한, 특히 북핵 문제입니다. 이 부장은 이 문제 취재에 오랫동안 천착했다고 들었습니다. 중국까지 염두에 두면서 이 문제에 대해 진단해보는 것도 우리 대화의 결론에 도움이 될 듯합니다.

이우탁 분단된 한반도, 세계에서 유일한 냉전의 섬. 통일을 향해 나아가기보다 갈수록 이질성이 증폭되면서 대결 구도가 고착되는 현재의 남북 관계를 생각하면 답답한 마음을 금할 길이 없습니다. 우리 세대 내에 분단을 해소하고 새로운 한반도의 미래를 개척하는 것은 미국과 중국 사이에 낀 힘겨운 한국인의 운명을 보다 적극적으로 개척하고 발전의 길로 가기 위한 절체절명의 과제입니다. 너무나 많은 얘기를 해야 하기에 여기서는 미국과 중국 관계에서 북한 변수가 어떤 의미로 우리에게 작용하는지만 짚어보겠습니다.

저는 북한, 특히 북핵 문제는 우리가 활용하기에 따라 미국과 중국 사이에서 의미 있는 변수가 될 수 있다고 믿습니다.

한국의 외교 전선을 좁디좁은 한반도에서 국제사회의 흐름과 연결한 가장 큰 주제가 북한, 북핵 문제였습니다.

1990년대 초반 발발한 1차 핵 위기는 그 직전의 냉전 체제 붕괴와 함께 한국 외교 지평을 확대했습니다. 그 전까지 한국 외교는 미국을 축으로 한 자본주의 진영에 속해 있으면서, 국제사회의 주요 현안에 대해서는 굳이 주체적인 역할을 하지 않아도 큰 무리 없었습니다.

그러나 북한의 핵 개발 추구 사실을 포착한 미국은 국제 군축 비확산 문제를 한반도 문제와 결합합니다. 이산가족 상봉을 비롯한 인도주의적 사업과 남북 교류, 경제 협력 등 남북 관계의 현안에 집중해오던 한국 정부의 대북 과제는 북핵 문제를 고리로 군축 비확산 영역으로 외교 전선을 넓힌 것이죠.

1994년 가을 제네바 합의가 우여곡절 끝에 채택되고 북한에 경수로 2기를 지어주는 대형 사업이 추진됐을 때 한국이 '주도적 역할'을 하게 되었습니다. 외교부의 최대 양자 라인인 미주국 라인과 통일부 전문 인력, 심지어 한국전력과 핵물리학자 등 경제·전문 학자들이 결집한 경수로기획단은 확장된 한국 외교 안보 영역을 상징하는 기구라고 저는 평가합니다.

이른바 'HEU(고농축 우라늄) 파동'이 불거진 뒤 조지 부시 미 행정부와 김정일 북한 정권이 정면으로 대결한 2차 핵 위기 이후의 상황은 한반도 문제와 국제화를 극적으로 보여줍니다.

박한진 현대 중국의 설계자인 덩샤오핑에 의해 개혁·개방이 추진된 지 20여 년이 지난 시점에서 WTO에 가입한 중국은 미국 주도의 세계 경제 체제에 편입된 뒤 급속도로 국제사회에서 자국의 영역을 넓혀 나갔습니다. 이 즈음 돌출된 2차 핵 위기는 북한 핵 문제 해결에 중국이 적극적인 역할을 하게 된 결정적인 계기가 됐다고 봅니다.

이우탁 북핵 6자 회담이 중국 베이징에서 2003년 여름 처음 열렸고, 누가 특별히 지정하지도 않았는데 중국이 6자 회담 의장국으로 자리매김합니다.

1990년대 중반 1차 북핵 위기를 다룬 제네바 협상 때만 해도 북핵 문제를 처리하는 데 미국이 중국의 이해 정도는 몰라도 사전에 동의를 받을 필요는 없었습니다. 중국의 국력이 미국에 턱없이 못 미치는 수준이었기 때문입니다.

하지만 앞서도 말했듯 중국은 2001년 WTO 가입 이후 급성장했고, 적어도 동아시아에서만큼은 미국도 무시하지 못할 영향력을 확보한 2차 핵 위기 당시에는 중국의 동의나 참여 없이 북한 핵 문제를 해결할 수 없는 국면에 이릅니다. 어찌 보면 한반도 통일을 미국의 동의와 지원하에 이루려 했다면 90년대 말에 이른바 '북한 붕괴 시나리오'대로 진행했어야 한다고 생각합니다. 이제 중국 변수를 개입시키지 않은 북한(북핵) 문제 해결책은 있을 수 없는 시대가 되었습니다. 결국은 한반도의 미래를 결정하는 데 중국이 미국과 함께 결정적 역할을 하게 된 셈이죠.

박한진 이렇게 보면 6자 회담은 한반도 문제, 북한 핵 문제가 뒤엉켜 한 묶음이 된 상징적 공간입니다. 그 속성은 2005년 9월, 중국의 중추절(추석) 직후 채택된 9.19 공동 선언에 그대로 담겨 있습니다.

의장국 중국이 미국과 북한 사이에서 극적인 중재를 해서 성사시킨 외교적 성과인데, 핵심 내용을 보면 북한 핵 문제는 물론 북한과 미국, 북한과 일본의 관계 정상화도 주요 추진 과제로 담고 있습니다. 나아가 아예 한반도에서 정전 협정을 평화 협정으로 전환하는 것을 포함해 동북아 평화 체제 구축이라는 거대한 담론까지 담고 있습니다.

미·중의 새로운 전선, 사드 논란

이우탁 앞서 한중 관계와 한미 관계의 맥락을 죽 살펴본 것은 우리의 운명 때문입니다. 분단된 한반도를 언제까지 그대로 둘 것인지 이제 숙명의 고민을 할 때가 됐습니다. 그런 점에서 저는 '북한 변수' 또는 '북한 카드'에 대한 전략적 접근을 미국과 중국이라는 대형 화두에 접목하고 싶습니다. 그 대표적인 이슈가 바로 사드 문제입니다. 이 문제는 이 책이 출간된 이후에도 한동안 한반도를 흔들 큰 현안이 될 것입니다. 그래서 가급적 자세히 다루지 않으려 했지만 시의성 면에서 꼭 짚고 넘어가야 할 점은 지적해야겠다는 의무감에서 중요 대목만 담겠습니다.

분단을 해소하지 못한 한반도, 특히 국가 운명을 건 생존 카드로 핵 개발에 나선 북한의 존재는 미국과 중국의 전략 충돌의 전선에 한반도를 포함시키려 하고 있습니다. 이렇게 되면 한미 동맹은 미국의 입장에서 북한 뿐 아니라 중국을 견제하는 전선의 한 축으로 작동할 가능성을 배제할 수 없습니다. 미국과 중국의 전략적 판단은 한국인들이 원하는 방향으로만 결정되는 것이 아님을 뼈아프게 인정해야 합니다.

박한진 그렇습니다. 저는 사드에 대해 중국이 어떤 생각을 하고 있는지를 이야기했으면 합니다. 제 생각이 아니고 중국의 생각을 말입니다. 중국은 미국의 가공할 해군력이 중국 대륙에 가까이 오는 것을 아주 꺼리고 있습니다. 앞서도 지적했듯이 중국은 미국에 대해 반접근 영역 거부A2AD, Anti-Access and Area Denial 전략을 구사하고 있는데, 중국은 사드가 이 질서에 중대한 변화를 초래한다고 생각하는 것입니다.

사드는 미국 입장에서 중국을 확실하게 견제할 매우 유용한 수단입니다. 미국을 겨냥해 날아오는 탄도미사일을 고고도 상공에서 요격하기 위해 개발된 방어 체계인 사드는 전장이 짧은 한반도에는 적용하기 어려운 무기 체계로 평가돼왔습니다. 그러다 발사각을 크게 높인 노동미사일 발사를 명분으로 미국이 사드 한반도 배치를 추진하는 것으로 알려져 있는데 가장 문제가 되는 것이 사드 레이더 AN/TPY-2의 탐지 범위입니다. 이론적으로 보면 2000km까지 탐색할 수 있는데, 이렇게 되면 중국의 내륙 깊숙이 배치돼 있는 미사일 포대까지 모두 방어 범위에 포함되고, 사실상 미군이 그 지역까지 파악하게 되는 수단을 보유하는 셈입니다. 미군과 한국 사회 일각에서는 이 사드 레이더 탐지 범위를 종말 모드로 줄인 레이더만 도입할 경우 탐지 거리가 500~600km로 줄어들어 중국이 걱정할 필요가 없을 것이라는 생각이 있지만 중국은 이를 받아들이려 하지 않고 있습니다.

특히 사드의 운용을 주한 미군이 맡을 경우 한국군은 개입하기 어려운 구조입니다. 전시작전통제권도 미국에 있는 실정입니다. 중국은 사드의 한반도 배치를 한미 동맹의 반反중국 동맹화의 첫걸음으로 인식하고 있음을 현지에 가보면 어렵지 않게 알 수 있습니다.

이우탁 중국이 진정 두려워하는 것은 한국이 사드 배치로 미·일 간 MD 시스템에 동참하려는 것 아니냐, 바로 이겁니다.

실제로 사드는 미국의 단계별 미사일 방어 체계 가운데 두 번째 단계인 고고도 구간을 방어하는 핵심으로 평가됩니다. 대기권 밖, 대기권 진입 후 고고도, 그리고 저고도 3개 단계에서 중간을 의미합니다.

미사일 방어 체계, 그중에서도 레이더 장치는 냉전 시대부터 미국과 소련의 힘의 균형을 좌우하는 핵심 요소였습니다. 미국 역시 1983년 소련이 시베리아의 크라스노야르스크에 미사일 탐지용 레이더를 설치하자 미사일 방어 조약ABM을 위반했다면서 끝내 2002년 조약에서 탈퇴했습니다. 앞서 우리가 살펴본 대로 '상호확증파괴'의 개념에서 보면 힘의 균형을 깨는 위험한 행동이라는 것이 미국의 당시 논리입니다.

중국이 이번에 한반도 사드(X밴드 레이더) 배치에 극렬 반발하는 모습은 그 시절 미국을 연상케 합니다.

미국 국방부는 2010년 2월 〈탄도미사일 방어 심의 보고서〉를 공표한 적이 있습니다. 이를 보면 미국은 전 세계를 유럽과 중동, 아태 지역으로 구분하고 각 지역에 맞춤형 MD 체계를 구축하려 하고 있음을 알 수 있습니다.

러시아가 강력히 반발했던 유럽형 MD는 지난 2011년부터 2020년까지 4단계로 이루어지는데, 미국과 러시아는 이를 두고 첨예하게 대립하고 있습니다. 중동 지역 MD 추진 문제는 중동 정세의 대

혼란으로 크게 진척되지 않고 있습니다.

아태 지역 MD 구축에 대해서도 보고서는 4단계 추진 계획을 담고 있는데 이미 첫 단계로 일본에 X밴드 레이더 기지가 설치돼 있고, MD형 구축함 배치가 완성되었습니다. 2단계라고 할 수 있는 '우방·동맹국에 (탄도미사일) 요격 미사일 배분'과 연결되는 것이 한반도 사드 배치 문제라고 볼 수 있습니다. 물론 한국 국방부는 극력 부인하고 있습니다..

왕이 외교부장은 2016년 2월 12일 로이터 통신과의 인터뷰에서 대뜸 "항장무검, 의재패공項莊舞劍, 意在沛公(항장이 칼춤을 춘 뜻은 패공에게 있다)"이라는 말을 남깁니다. 항우가 유방을 초대해 베푼 연회에서 항우의 사촌 항장이 칼춤을 추는 척하면서 유방을 죽이려 했다는 유명한 고사를 인용하면서, 미국이 한국에 사드를 배치하려는 것은 결국 중국을 압박하려는 것이라고 단정했습니다. 왕부장은 특히 X밴드 레이더가 핵심이라고 강조했습니다. 미국과 한국이 아무리 북한 핵공격 방어용이라고 강조해도 중국이 볼 때에는 미국의 중국 견제가 숨겨진 목적이라는 것입니다.

실제로 한국과 미국이 사드 도입 방침을 공식 발표(2016년 7월 8일)하자, 왕이 부장은 다음 날 "그 어떤 변명도 설득력이 없다"고 일축했습니다. 그리고 그날 중국의《환구시보》는 중국의 5가지 대응 방안을 적시하기도 했습니다. 매우 구체적이고 강한 내용이어서 저는 큰 충격을 받았는데, 핵심을 보면 한국에 대한 무역 보복, 사드 배치를 추진한 정치인에 대한 입국 금지 등의 반격 조치를 담고 있습니다. 특히 대북 제재와 연계하자는 것, 러시아와 연합해 구체적 행동을 모색하자는 내용까지 담겼습니다. 한마디로 미국과 미국 진영에 가담한 한국에 중국의 '성난 대응'을 제대로 보여주자는 선동입니다.

그날 연합뉴스 베이징 특파원은 중국 누리꾼들의 반응을 적나라하게 보여줬습니다.

우선 《환구시보》 홈페이지에서 '사드를 배치하는 한국을 제재해야 한다고 보느냐'는 질문을 내걸자 응답자 90%(5만 4315표)가 '제재를 지지한다'는 입장을 표명했습니다. 한 누리꾼은 "(한국이) 한쪽으로는 중국을 이용해 돈을 벌고, 다른 한쪽으로는 칼을 들고 있다"는 반응을 보였습니다.

저희가 상하이에서 활동하던 때인 2005년, 중심가를 강타했던 반일 시위 당시 시위 군중이 외친 구호가 생생하게 들리는 듯하지 않나요?

"13억 중국인이 작은 일본小日本(쪽발이)을 밟아버리자." "우리가 일본 제품을 하루만 사지 않으면 일본 회사 1000개가 무너지고, 반년을 지속하면 일본인 절반이 일자리를 잃고, 1년을 지속하면 일본 경제가 망할 것이다."

당시 저는 상하이 와이탄 광장에서 취재 중이었는데, 순식간에 불어난 수만 명(심지어 어떤 때는 수십만 명)의 군중이 떼지어 다니면서 대로 변의 일식집이나 일본 기업 광고 등을 마구잡이로 부수는 장면을 보고 너무 큰 충격을 받았습니다. 한 일본 특파원은 시위 군중에 포위되자 "난 한국 기자입니다"라고 소리치며 제게 도움을 요청하기도 했습니다. 한국 총영사관 옆에 자리한 일본 총영사관은 시위대가 던진 돌과 페인트로 흉물이 되기도 했습니다. 일본 정부가 그 이후 수년간 그 피해 상황을 그대로 보존(?)하기도 했는데, 아직도 기억이 생생합니다.

박한진 그런 장면이 상하이뿐 아니라 광저우, 우한, 난징, 선전 등 80여 개 도시에서 발생했다고 하니 공산당이 지배하는 중국에서 그 뒤에 어떤 손이 도사리고 있는지 상상하기는 어렵지 않습니다.

한국 일각에서는 '중국 공갈론'으로 치부하기도 하지만 '중국의 꿈'을 주창하며 한껏 도발적으로 '중화주의'를 바탕으로 한 강대국의 길을 걷고 있는 시진핑 시대임을 감안하면 공갈에 그치지 않을 것으로 생각합니다. 우리에게는 2000년 마늘 파동의 아픈 기억도 있지 않습니까? 상하이의 반일 시위대의 맹목적 폭력성, 그 무서운 힘이 한국을 표적으로 한다고 생각해보십시오. 아찔합니다.

이우탁 심지어 중국군을 대변하는 《해방군보解放軍報》는 7월 29일자에서 "신중국 성립 초기 아무것도 없던 때에도 '항미원조抗美援朝' 전장에서 우수한 장비를 갖춘 유엔군과 싸워 이겼는데, 지금 중국 인민과 군대의 국가 안전 이익 수호 결심과 능력은 더 강하다"고까지 했습니다.

'항미원조'가 어떤 말입니까? 1950년부터 3년간 한반도에서 벌어진 전쟁抗美援朝戰爭을 규정하는 중국의 정서를 말하는 것입니다.

상하이 특파원으로 일할 때 장쑤성 당서기였던 리위안차오李源潮를 인터뷰한 일이 있습니다. 그때 그가 저한테 해준 말이 '항미원조'였습니다. 한반도 통일에 대해 물어보던 과정에서 "북한이 붕괴할 경우 중국은 어찌할 것이냐"고 물어보자 리 당서기는 "내 이름을 잘 보라. '源潮'란 말은 '援朝'란 의미에서 부모님이 지어준 이름"이라고 말하고는 말없이 웃었습니다. 한국전쟁이 발발한 해(1950년)에 태어나 '援朝'라는 의미의 이름을 안고 사는 그의 존재, 그것이 바로 순망치한의 중국과 북한의 관계를 상징적으로 보여준 것으로 기억합니다.

그는 시진핑 시대에 들어와 국가부주석이 된 인물입니다. 후진타오를 정점으로 했던 공청단 계열로, 시진핑의 권력 장악 이후 다소 어려운 처지에 몰렸지만, 리위안차오는 중국의 외교 정책을 결정하고 외교 전략을 짜는 최고위 기관인 공산당 중앙위원회 직속 기구 중앙외사영도소조에서 부조장을 맡아 한반도 정책도 사실상 총괄했습니다.

한국전쟁 종전 60년이 되는 2013년 7월 27일 리 부주석은 평양 인민광장에서 진행된 북한의 '전승절(정전협정 체결일) 열병식'을 김정은과 나란히 지켜봤습니다. 항미원조라는 말까지 등장하도록 한중 관계, 미·중 관계가 악화되는 현재의 상황은 분명 심각한 신호를 주고 있다고 봅니다.

시진핑 시대 외사영도소조에서 설정한 주변국 관계의 핵심 원리는 '친성혜용親誠惠容'인데, '서로 친하게 지내며 성의를 다하고, 혜택을 주고받으며 포용하며 지낸다'는 것입니다. 하지만 중국의 눈밖에 난 주변국은 이 원리를 적용받지 않습니다.

박한진 제가 최근 일본 아시아경제연구소에서 객원연구원으로 있으면서 일본 조야의 분위기를 살필 기회가 있었습니다. 일본 정부의 당국자들은 물론이고 학자들도 사드의 한국 배치를 한미 동맹의 진화, 나아가 일본까지 포함하는 한·미·일 군사 동맹의 변화된 모습으로 인식하고 있었습니다. 심지어 '아시아판 NATO'를 구축하는 출발점이라는 도발적인 주장도 있습니다. 말하자면 일본 열도에 한반도 남쪽의 한국, 대만, 필리핀, 그리고 동·남중국해를 거쳐 베트남, 인도 등을 잇는 것으로 그림이 그려집니다.

이우탁 미국의 중국 견제 전략이나 일본에서 거론되는 한·미·일 군사 동맹의 진화 등은 그들의 시각에서 설정한 한반도의 전략적 가치입니다. 우리의 판단과 선택과는 분명 맥락이 다릅니다. 사드 문제를 통해 자연스럽게 우리 대담의 결론이 이어지는군요.

프레너미 한국, 신독트린의 확립

박한진 사드를 통해 미국과 중국 사이에 낀 한국이 어떤 대응 전략을 구사해야 하는지를 실감 나게 살펴볼 수 있겠군요. 이 부장은 어떤 생각인지요?

이우탁 어떤 상황에서도 한국은 미국과 중국의 이익이 충돌하는 구조에 개입해선 안 됩니다.

한국이 견지해야 할 제1의 원칙은 당연한 얘기지만 '국익 우선'입니다. 한국의 생존과 번영에 과연 도움이 될지 여부를 냉철하게 판단해야 한다는 겁니다. 단순하게 말했지만 말처럼 쉬운 일이 아닙니다.

저희도 진단했지만 미국과 중국 관계에서 G2라는 용어가 어색할 정도로 아직은 중국이 미국과 어깨를 나란히 할 만한 국력이나 파워를 지니지 못했습니다. 이런 상황에서 한반도 분단 이후 유지해온 한미 동맹의 가치는 아무리 강조해도 지나치지 않습니다.

특히 미국이 소련과의 냉전 대결에서 승리해 세계 유일의 최강 대국이 된 이후 미국을 축으로 한 자본주의 진영에 속한 한국은 그 덕분에 오늘날 세계 10위권의 경제 대국으로 성장할 수 있었습니다.

물론 미국도 냉전 시절 한반도 남쪽을 사회주의 진영의 남하를 막기 위한 최전선으로 설정했습니다. 말하자면 자국의 세계 전략의 하부 구조로 한반도 전략을 구사한 것이지요.

박한진 앞에서도 지적했듯이 미국은 2차 세계대전 이후 소련의 세력을 막기 위해 유럽에서는 독일을, 아시아에서는 일본을 미국의 '핵심 이익'과 직결된 국가로 설정했습니다. 1950년 초 애치슨 라인Acheson line이라는 극동 방위선도 당시 일본을 지키기 위한 전략의 산물입니다. 남한이 이 방어선 밖으로 밀려난 것은, 당시 소련을 맹주로 한 사회주의 진영에 맞서 일본을 지키는 데 주력할 경우 미국 국력의 한계로 한국까지 지키기엔 역부족이었다고 판단했기 때문입니다. 이를 기화로 북한과 소련 등 공산 진영이 한국 전쟁을 일으키자 미국은 전쟁에 참가했습니다. 그리고 1953년 한미 상호방위조약을 맺어 안보 동맹을 지금껏 유지해온 것입니다.

오늘날 일본에도, 한국에도 미군이 주둔하고 있습니다. 하지만 여전히 미국 입장에서 전략적 가치는 분명 차이가 있다고 저는 생각합니다. 제가 워싱턴에 있었을 때 여러 싱크탱크에서 개최한 세미나 등에 가보면 일부 전문가들이 주한 미군의 주둔 여부에 대해 고민할 필요가 있다고 말하곤 했습니다. 하지만 어디에 가도 주일 미군의 철수를 거론하는 것을 본 적이 없습니다.

이 문제를 놓고 깊이 연구한 이춘근 교수가 쓴 글[10]을 보니 "주한 미군 유지를 강력히 주장하는 사람들은 한국 자체가 미국의 국가 안보를 위해 결정적으로 중요하다고 생각하지는 않았지만, 일본의 안보를 위해 한국은 결정적으로 중요하다고 생각했다. 즉 일본은 미국의 vital interest, 한국은 미국의 vital interest인 일본을 지키기 위한 파생된 이익derived interest이었다"라는 대목이 나옵니다. 미국의 입장에서 일본과 한국의 전략적 가치를 매우 적절하게 표현한 글이라고 생각합니다. 이 글을 읽고 워싱턴 조야에서 주한 미군 철수론이 나오는 근본 원인을 이해할 수 있었습니다.

이우탁 우리가 워싱턴의 한 카페에서 토론할 때 한 가지 기억에 남는 일이 있지 않았습니까? 바로 '린치핀linchpin'과 '코너스톤 cornerstone' 얘기입니다.

오바마 미국 대통령은 2012년 12월 대선에서 박근혜 후보의 당선이 확정된 뒤 밝힌 성명에서 한미 동맹을 린치핀에 비유했습니다. 그 이후 여러 차례 오바마 대통령, 클린턴 국무장관, 척 헤이글 Chuck Hagel 국방장관 등은 한미 동맹을 "한국은 동북아시아 평화와 안전의 린치핀"이라는 표현을 자주 구사했습니다.

당시 저는 워싱턴 주미 대사관 주요 인사들로부터 "외교 부문에서는 공동의 정책 목표를 이루기 위한 동반자에게만 이 표현을 쓴다"는 설명을 빈번하게 들었습니다. 과거 이런 표현은 일본에만 적용했었는데, 오바마 행정부 들어 한국에 이런 표현을 쓴 것은 매우 큰 의미가 있음을 정부 사람들은 강조하고 싶은 기색이었습니다. 그러면서 일본이 아주 예민하게 반응한다는 말도 덧붙였죠. 그즈음 미국 고위 당국자들은 일본을 거론할 때 '코너스톤'이라는 표현을 구사했던 기억이 생생합니다.

린치핀은 바퀴 축에 꽂는 핀을 말합니다. 코너스톤은 건물을 받치는 주춧돌을 가리키죠. 미국이 한국과 일본에 이 두 단어를 사용하는 것은 양국 모두 미국의 중요 동맹임을 의미한다고 있는 그대로 평가하면 되는데, 한국어 어감상 주춧돌보다 핵심 축이 더 중요한 의미로 해석된다는 사족을 단 것은 좀 지나친 아전인수가 아니었나 생각합니다.

어쩌면 미국이 한국을 일본에나 적용하던 표현을 쓸 만한 동맹 국으로 거론한 것은 역설적으로 '부상하는 중국'으로 인해 한국의 전략적 가치가 상승했기 때문입니다.

박한진 맞습니다. 미국이 보는 한국의 전략적 가치는 일본을 지키기 위한 파생적 이익이 될 수도 있고, 중국을 견제하기 위한 핵심적 이익으로 격상될 수도 있습니다.

미국의 시각과 판단은 우리가 간여할 수 없는 영역입니다. 다만 한미 동맹을 통해 우리가 담보한 국익에 대해서는 냉엄하게 분석하고 평가해야 한다고 생각합니다. 주한 미군이라는 강력한 억제력이 없었다면 반세기 넘는 세월 동안 얼마나 많은 젊은 인력이 일터가 아닌 최전선에 얽매여 있어야 했는지 생각해보세요. 미군 주둔으로 절감한 국방비를 경제 개발에 투입할 수 있었다는 것도 고려해야 합니다. 앞서도 언급했듯이 미국이라는 거대 시장, 국제 자본 시장이 있었기에 미국 진영에 가담한 한국은 그 짧은 시간에 급속한 경제 개발에 성공할 수 있었던 것입니다. 물론 다른 시각도 있을 수 있습니다.

이우탁 동의합니다. 저는 북한 정권이 김일성 시절부터 '생존 카드'로 핵 개발에 어마어마한 재원을 투입해온 과정을 《생존게임》이라는 졸고를 통해 살펴봤습니다. 그런데 재미있는 것은 1970년대 미국이 주한 미군 철수를 본격적으로 추진할 당시, 박정희 정부도 자주 국방을 기치로 내걸고 비밀리에 핵 개발을 추진했다는 것입니다.

기밀 해제된 당시 외교 문서를 보면 미국이 박정희 정권의 핵 개발을 막기 위해 동분서주한 내용이 자세히 나와 있습니다. 주변을 돌아보면 강대국이 즐비한 한반도에 사는 우리에게 생존 카드로 핵무기만 한 것이 없다는 절박감을 남북한이 거의 동시에 인식하고 핵 개발을 추진했던 것입니다. 다행스럽게도 미국에 의해 박정희 정권의 비밀 핵 개발 계획은 저지됐고, 대신 미국의 핵우산 보장과 함께 미국이 주도하는 국제 무역 질서에 편입되었습니다. 반면 북한은 80년대 말 소련의 붕괴로 공산권 시장의 구매력이 없어지고 소련과 중국의 지원을 받을 수 없게 되자 핵 개발에 더욱 매진하게 됩니다. 그 30년의 결과가 지금의 남북한의 엄청난 차이를 낳은 것이라고 저는 생각합니다. 어찌 보면 미국이라는 세계 최강대국 진영에 가담했기 때문에 우리는 오늘의 발전을 이끌어냈다고 할 수 있습니다.

결국 우리에게 도움이 된다면 국익을 도모할 수 있는 한 한미 동맹은 우리가 견지해야 할 핵심 이익의 영역에 해당됩니다.

미국이 본격적으로 중국을 견제하는 전략(아시아 중시)을 추진해나가는 상황에서 주한 미군이 철수하거나 한국과의 안보 동맹을 약화할 가능성은 작습니다. 세계 최강국, 미국이 한국을 필요로 하는 안보 동맹의 구조하에서 우리는 한민족의 중장기 목표를 분명히 설정하고 이를 달성하기 위해 고군분투해야 합니다. 미국은 미국의 이익을 지키기 위해 우리가 필요하지만 우리도 마찬가지입니다.

박한진 국익이라는 관점에서 분단의 해소가 어떻게 연결될 수 있는지에 대해서도 고민해봤으면 합니다.

남북 관계의 진정한 발전을 가로막는 가장 큰 제약 요소는 '북한 핵'입니다. 언제든 한민족의 생존을 파멸로 몰고 갈 핵무기가 북한 땅에 있는 한 대규모 사회간접자본SOC 투자 등 남북 경협 등은 제약을 받을 수밖에 없습니다. 따라서 우리는 단기적으로 북한의 비핵화를 목표로 삼아야 합니다. 이어서 중장기적으로는 분단을 반드시 극복해야 한다는 목표를 국민적 합의로 공유해야 합니다. 정권의 교체 여부와 상관없이 이는 반드시 연속성이 담보돼야 합니다.

북한과의 관계를 풀어나갈 방법론은 대화를 앞세우느냐, 압박을 중시하느냐에 따라 달라질 수 있지만, 비핵화를 이끌어내고 분단을 해소하는 방향이 되어야 합니다. 우리의 분단은 우리가 원해서 된 것이 아닙니다. 한민족이 힘이 없어 외세에 의해 운명이 좌우된 겁니다. 그러니 우리는 국력을 키워 반드시 분단된 한반도를 이어야 합니다.

이우탁 분단은 우리가 원해서 된 것이 아니라는 말씀이 뼈아픕니다. 이 대목에서 19세기 말 열강의 틈새에서 조선의 생존을 고심했던 지식인들이 애독했다는 《조선책략朝鮮策略》이 떠오르는군요. 이 책자는 1880년 일본에 사신으로 갔던 예조 참의 김홍집金弘集이 가지고 온 건데요, 1876년 체결된 강화도 조약의 뒤처리로 부심하던 그는 주일 청국 공사관 참찬관이었던 황준헌黃遵憲을 만납니다. 그들은 주로 남하 정책을 기치로 중국 동북 지역과 한반도로 접근해 오던 러시아 얘기를 많이 했습니다. 특히 당시 서양에서 많이 거론된 '세력 균형'에 대해 토론했다고 하는데, 김홍집 일행이 귀국할 즈음 황준헌이 건네준 책이 바로 《조선책략》입니다.

황준헌은 밀려드는 러시아를 방어하기 위해 조선은 '친중국親中國, 결일본結日本, 연미국聯美國'을 근간으로 하는 책략을 통해 자강을 도모해야 한다고 제안했습니다.

중국의 관점에 치우칠 수밖에 없는 황준헌은 조선이 중국과 친해야 하는 이유로, 중국이 물질이나 형국에서 러시아를 능가하고, 조선은 1000여 년 동안 중국의 번방藩邦으로 지내왔다는 점을 강조했습니다. 따라서 양국이 더욱 우호를 증대한다면 러시아가 중국이 무서워서도 감히 조선을 넘보지 못한다는 것인데, 고종은 이 지침을 향후 외교 방향을 정하는 데 많이 참고했다고 합니다. 어찌 보면 열강 사이에서 조선 나름의 이이제이以夷制夷 전법을 활용하려 했겠지만 결국 고종의 꿈은 실패했고, 조선은 '일본과 연결'돼 식민지로 전락했습니다. 러시아를 방어하겠다던 결기는 어디로 가고, 아내가 일본 자객들에게 처참하게 피살당하자 허둥지둥 러시아 공사관으로 피신한 고종입니다.

'세력 균형'이라는 도식적 대응에 매몰돼 진짜 국가의 목표가 되어야 할 자강을 하지 못한 결과는 이렇게 참혹합니다. 상대국의 선의에 기댔던 나라는 결국 주권을 지키지 못합니다. 가츠라 태프트 조약Katsura-Taft Secret Agreement으로 조선을 일본에 사실상 넘기는 데 동의한 나라가 미국이고, 한일합방 이후 서울에 있던 공사관을 철수하는 데 미국은 어떤 나라보다 잽쌌다는 역사적 사실에서 우리가 배울 점이 많을 것입니다.

박한진 《조선책략》은 철저히 '중국의 책략'입니다. 러시아가 동진 정책을 앞세워 중국을 위협하자 '러시아를 막는 방책'에 조선을 끌어들인 겁니다. 실제 당시 청의 변방이었던 서북면 신장위구르 지역을 두고 러시아와 분쟁하면서 청 조정은 애를 먹습니다. 러시아를 막는 데 일본과 미국을 끌어들인 것을 보면 당시 청의 국력도 외세 앞에 흔들리기는 마찬가지였습니다.

《조선책략》이 조선 땅에 들어간 이후 역사는 어떻습니까? 영국의 거문도 점령(1884년), 청일전쟁(1894년), 러일전쟁(1905년)이라는 강대국 간의 힘겨루기 과정을 거쳐 조선은 끝내 일본의 식민지가 되고 맙니다. 자주적 생존·발전 전략이 아닌, 다른 패권국의 책략에 휘둘린 결과가 어떤지 새삼 확인해주는 대목입니다.

개인은 물론이고 사회, 국가가 나아갈 길에 대한 분명한 좌표 설정이 얼마나 중요한지 알 수 있습니다. 《조선책략》이 유행하던 한 세기 전과 작금의 상황이 본질적으로 맥락을 같이하는 점이 적지 않습니다. 만일 현시점에 중국의 석학에게 '한국의 길'을 묻는다면 어떤 새로운 책략을 제시할까요? 《조선책략》을 들여올 때는 열강들에 대한 구체적인 연구와 분석이 매우 부족했습니다. 지금은 절대 그렇지 않습니다. 수많은 미국 전문가, 중국 전문가 들이 활동합니다. 그런 만큼 한 세기 전의 장님 같은 행보를 해서는 절대 안 됩니다. 그것이 우리 대담 목표이기도 합니다.

이우탁 '국익 우선'이라는 기치가 모든 것에 우선한다는 말이 결론처럼 와 닿습니다. 국력이 왜소하면 나라가 비참해지는 겁니다. 그렇기에 여우 같은 지혜가 외교에서 필요한 것입니다. 외교 현장에서 벌어지는 일을 잠시 살펴보겠습니다.

박근혜 대통령이 톈안먼天安門 광장 망루에 오른 일이 있습니다. 중국의 전승절 기념식(2015년 9월 3일) 때를 말합니다. 박 대통령은 서방 진영의 유일한 정상급 인사로, 시진핑 중국 국가주석과 블라디미르 푸틴 러시아 대통령과 함께 열병식을 관람했습니다.

지난 1954년 김일성 북한 주석이 마오쩌둥 주석과 주더朱德 인민해방군PLA 총사령관과 나란히 중국 건국 기념 열병식을 지켜보며 '항미원조'의 혈맹국임을 대내외에 과시한 지 60여 년 만에 그 자리를 박 대통령이 대신하게 됐다는 것은 많은 것을 말해줍니다. 북한에 어떤 메시지를 주겠습니까?

중국 인민해방군의 군사 퍼레이드를 박 대통령이 중국 국가주석과 함께 참관하는 것은 한국전쟁에서 우리에게 총부리를 겨눴던 적군의 존재를 과거가 아닌 오늘의 현실로, 그리고 미래의 관점에서 받아들인 겁니다. 존재론이 아닌, 시대의 흐름을 감안한 선택인 겁니다. 특히 우리의 중장기 목표인 한반도 비핵화와 통일을 위해 중국의 협력이 절실한 상황에서 중국에 확실한 메시지를 주려는 행보로 저는 판단했습니다.

물론 중국의 시진핑 주석과 나란히 서서 '군사굴기'의 열병식을 함께 보고 있는 박근혜 대통령을 보는 미국의 심기는 편하지는 않았을 겁니다. 실제 미국 국무부는 한국 측에 솔직한 속내를 전달했다는 것을 추후 전해 듣기도 했습니다.

당시 언론에서는 한국의 신외교, 신전략이라고 불렀는데요, 톈안먼 망루에 오르게 된 배경과 우리의 판단 근거 등을 미국 측에 충분히 설명하면서 우리의 국익을 도모하려 한 행보였다면 의미 있는 외교라고 평가합니다. 한미 안보 동맹에 어떠한 부정적 영향도 없을 것임을 강조해야 하고, 북한 비핵화를 위해 중국의 협조를 견인하고 북한에 '위협적 메시지'를 주기 위한 것이죠.

'핵 없는 한반도, 북한 핵 문제의 해결'이 단기-중기적 목표가 돼야 하고, '분단의 해소, 번영으로 나아갈 수 있는 평화통일'이 장기 목표가 돼야 합니다. 이에 따라 한국의 외교는 앞으로 이 기준에 도움이 되느냐 그렇지 않으냐를 기준으로 뚜벅뚜벅 나아가겠다고 내외에 각인하는 것이 급선무입니다.

사드 문제에도 적용해볼까요? 한국 생존에 결정적 지렛대 역할을 하는 한미 동맹 차원에서 사드 배치를 결정했음을 중국에 설명해야 합니다. "아무리 경제적으로 떼려야 뗄 수 없는 귀중한 파트너지만 우리의 생존을 담보하는 것은 한미 동맹이다. 미국이 북한 핵을 방어하기 위해 사드를 한반도 남쪽에 배치하기로 한 만큼 우리는 미국과 함께하는 것"이라는 논리를 중국에 전해야 합니다.

미국이 사드를 배치하기로 한 것은 북한의 핵 도발이 인내할 수 있는 선을 넘었기 때문이며, 추후 북핵 문제가 해결되면 사드는 남한에 배치할 필요가 없는 무기 체계임을 분명히 해야 합니다. 유명환 전 외교부 장관은 아주 적절한 설명을 했습니다.

북한이 4차 핵 실험을 하고 곧바로 장거리 미사일, 무수단을 발사하는 상황에서 한반도 남쪽에 미군을 주둔시킨 미국의 선택은 제한될 수밖에 없었다는 점을 활용하자는 겁니다. 패트리어트 미사일 체계로는 북핵과 미사일 대응에 한계가 있어 사드를 배치하기로 미군이 판단했다는 것은 사실입니다.

2014년 스캐퍼로티Curtis Scaparrotti 주한 미군 사령관은 주한 미군이 북한의 공격에 노출되는 것을 방어하기 위해 사드 문제를 본격 제기합니다. 미군이 사드를 배치하기로 한다면 한국은 상호방위조약과 한미주둔군협정SOFA 규정에 따라 사드 배치 부지를 제공하고 관련 비용을 분담하게 돼 있습니다.

중국 요구에 따라 사드 배치를 거부하는 것은 한미 동맹을 거부하는 겁니다. 주한 미군이 철수해도 좋다는 것으로도 연결됩니다.

사실 우리 현실에서 한미 동맹을 파기할 수 없다는 것을 중국도 잘 알지 않습니까? 이 논리는 사드 배치에 중국이 그렇게 반대하겠다면 우리가 아닌 미국과 협의하라는 대응도 가능해집니다. 미국과 중국은 충분히 전략적 현안을 다룰 외교적 채널이 있습니다.

이는 북한의 비핵화와 궁극적으로 한반도 통일을 결정하는 과정에서 중국의 역할이 결정적인 변수가 된 현실에서는 반드시 고려해야 하는 중요한 대목입니다. 행여 한국이 중국의 반대편에 섰다는 메시지가 강해질 경우, 북한 비핵화는 물론 한국 주도의 한반도 통일에 중국이 반대하고 나설 가능성을 차단하자는 겁니다.

이 과정에서 가장 중요한 것은 원칙의 일관성입니다. 주한 미군의 필요에 의해 사드가 배치되는 것인 만큼 미국과 중국의 협의가 선행되어야 한다는 원칙을 견지해야 합니다. 만일 한국인의 안위를 위해 사드가 절실하게 필요한 상황이라고 한다면 사드의 한반도 배치가 아닌 사드 도입론으로 전환됩니다. 미국의 무기 체계인 사드를 한국이 사들여 북핵 방어를 위해 투입하는 상황을 말합니다. 이 경우에는 한국과 중국이 직접 협의 채널을 가동해야겠죠. 사드 운영의 주체도 주한 미군이 아닌 한국군이 되는 겁니다.

박한진 사드 대응 면에서 한국과 미국을 분리해서 중국과 협상하자는 제안에 동의합니다. 사실 중국 내에서도 '한국을 응징하자'는 여론이 있긴 하지만, 일각에서는 한중 관계의 중요성을 역설적으로 강조한 흐름도 있었다는 것을 알아야 합니다.

앞서《환구시보》에서 격앙된 중국 누리꾼들의 격한 반응을 소개했지만, 다른 한편에서는 이번 사안을 냉정하게 바라봐야 한다는 신중론도 제기됐습니다.

왕이 외교부장은 "사드 배치는 반도(한반도)의 방어 수요를 훨씬 초월하는 것"이라고 반발하면서도 "우리는 한국 친구들朋友们이 사드 배치가 진정으로 한국의 안전, 반도의 평화 안정 실현, 반도의 핵 문제 해결에 유리하고 도움이 되는 것인가를 냉정하게 생각하기를 희망한다"고 말했습니다. '한국 친구들'이라는 표현은 사드에 반대하는 한국에 대한 애정과, 적대시하고 싶지 않다는 의지를 느끼게 합니다.

진찬룽金燦榮 중국 인민대 국제관계학원 부원장은 "중국은 한국에 벌칙을 줘야 하지만 중·한 관계가 너무 멀리 가서도 안 된다"고 지적했습니다. 미국과의 관계를 염두에 두고 한국을 어떻게 전략적으로 자리매김할지에 대한 중국의 고민을 엿볼 수 있습니다.

북한 핵과 미사일 위협이 오늘날 한국과 미국, 그리고 국제사회가 참을 수 있는 한계선을 넘게 된 과정에서 중국의 책임이랄까, 6자 회담 의장국으로서의 한계를 지적하는 것도 필요한 수순입니다.

이우탁 그렇습니다. 북한 핵 문제에 오래 천착해온 저로서는 2009년 5월 25일 북한의 2차 핵 실험을 매우 큰 의미로 받아들입니다. 2006년 10월 9일의 1차 핵 실험은 미국을 향해 9.19 공동 성명을 이행하고, 특히 김정일의 통치 자금이 묶여버린 방코델타아시아

BDA 제재를 해제하라는 으름장 성격이 짙었다고 봅니다. 실제로 1차 핵 실험 이후 북한과 미국의 협상은 급물살을 타 9.19 공동 성명을 이행할 1단계 도면인 '2.13 조치'가 2007년 도출됐고, 이에 따라 북한의 핵 동결 조치가 이행되기도 했습니다.

2008년 대선에서 '담대한 변화'를 주창한 민주당의 버락 오바마 후보가 당선되자 북·미 대타협이 이뤄질 것이라는 희망 섞인 전망이 봇물을 이루기도 했지요. 그러나 이 즈음부터 미국과 중국의 대결 기류는 더욱 확연해졌고, 그 결과 북한 핵에 대응하는 중국의 행보가 이전과 달라졌다고 평가합니다.

오바마 대통령이 '핵 없는 세상'을 주창하던 때에 맞춰 장거리 미사일을 발사했던 북한은 2009년 5월 25일 2차 핵 실험을 감행합니다. 6자 회담의 합의를 전면 거부하는 북한을 상대로 미국과 중국이 힘을 모아 북한을 강력 응징해야 했지만, 중국은 그해 10월 원자바오 총리를 평양에 보내 김정일을 만나게 합니다. 미국과의 경쟁을 최우선 과제로 상정한 중국에 북한은 다시 한 번 '전략적 중간 지대'로 중요성이 부각됐고, 그 결과 북한에 잘못된 시그널을 준 것입니다. 북핵과 한반도 문제를 분리한 중국의 전략으로 한국의 국익이 손상을 입었다는 논리를 전개해야 한다는 겁니다.

박한진 '국익 우선'의 원칙이라는 것도 국력이 이를 지킬 만한 규모가 돼야 지킬 수 있는 것입니다. 《조선책략》이 한때 조선 지식인들의 마음을 움직였지만 조선은 결국 열강의 먹잇감이 됐습니다.

자기 자신을 지킬 힘이 없으면 어떤 원칙이나 명분도 현실 세계에서는 가치가 없습니다.

미국과 중국이 싸우면서 대화하는 미묘한 국면에서 우리는 우리만의 역할을 잘 모색해야 합니다. 중국이 엄청난 시장을 보유한 지역 강대국으로 부상한 오늘날 한국은 물론이고 아세안 국가들, 심지어 유럽 국가들도 안보는 미국과 유대를 맺으면서 중국과는 경제 교류를 늘려나가려 하고 있습니다. 정경 분리 원칙에 입각해 아세안과 유럽 국가들과 한국이 협력해 양 강대국의 충돌을 완화하고 협력 구조를 강화할 외교 전략도 필요하다고 봅니다.

한국의 생존과 발전을 위해 '신외교 독트린'을 선언하고 그 기준에 따라 한국만의 행보를 할 수 있음을 중국을 향해, 그리고 미국을 향해서도 확실하게 울림 있는 메시지로 던져야 할 때입니다.

강대국 사이에 끼어 있는 한국이지만 역설적으로 한국만의 독특한 역할을 할 수 있다고 생각합니다. 한국의 생존 전략, 발전 전략의 핵심 요소입니다.

미국을 향해서는 '북한을 설득하는 데 중국만큼 영향력을 갖고 있는 나라도 없다. 그래서 중국 설득에 한국도 최선을 다하고 있다. 물론 미국도 중국과의 대화 채널을 갖고 있으나 역사적·지리적으로 동질성이 강한 우리가 설득하는 것이 더 효과적이다. 그러니 우리가 중국과의 관계를 강화하는 것은 중국에 경도되는 것이 아니고 북한 핵 문제 해결을 위한 불가피한 선택이다' 이런 논리를 동원해야 한다는 겁니다. 그런 명분으로 톈안먼 망루에 오르고, 사드 대응을 하는 겁니다. 북한의 핵 위협이 없으면 사드를 한반도에 들여놓을 필요가 없다, 만일 추후 한반도 비핵화의 실질적 진전이 이뤄진 상황에서도 미국이 사드 철수를 단행하지 않을 경우 한국은 미국을 설득할 것이다, 이렇게 중국에 말하는 겁니다.

뚜렷한 명분, 외교의 원칙 없이 그냥 양 강대국 사이를 '영혼 없이' 오가면 결국은 양쪽에서 외면당해 한국 외교의 설 자리가 그만큼 좁아질 것입니다.

이우탁 그런 관점에서 보니 프레너미 개념이 우리의 향후 행보에도 적용되는군요. 친구 같기도 하고 적 같기도 한 이중적 존재로서의 역할, 그런 점을 미국과 중국에 각인해야 합니다. 한국을 친구로 설정하려면 한국이 친구로 대할 수 있는 여건을 제공하라는 확실한 방정식을 항시적으로 견지해야 합니다.

"고래 싸움에 새우 등 터진다"는 속담이 있습니다. 우리가 새우라는 피해의식을 버리고 경쟁력 있는 '중강국中强國', 즉 돌고래처럼 움직이자는 얘기인데, 과거 워싱턴 대학에서 공부할 때부터 선배로 큰 가르침을 줬던 신기욱 스탠퍼드 교수가 저에게 전해준 적이 있습니다.

신 교수는 분단 극복과 남북 관계 방향을 결정하는 데 한국이 더 주도적인 역할을 해야 한다며 특유의 '돌고래론'을 주창했습니다. 한국형 페리 프로세스[11]를 추진해야 한다는 논리 속에 경제 발전과 민주화를 동시에 이루고 세계 10위권으로 성장한 한국이 미국과 중국이라는 두 고래를 효과적으로 설득해 우리의 운명을 주도적으로 개척하자는 이론이죠. 빠르고 영리하며 인기 있는 돌고래. 말처럼 쉽게 되진 않겠지만 미국과 중국 사이에서 생존, 또는 새로운 발전 전략을 모색하자는 주장에 상당한 일리가 있다고 봅니다.

문정인 교수는 '핀란드화라는 이름의 유령'이라는 칼럼(2014년 6월 9일 중앙일보)에서, 강대국 틈바구니에 낀 약소국이 생존을 담보하기 위해 택하는 유연한 생존 전략으로 '핀란드화 모델finlandization'을 개진한 적이 있습니다. 일각에서 핀란드가 1948년 소련과 우호협력원조조약을 체결한 후, 소련을 위협하는 어느 국가에도 자국 영토를 제공하지 않고 북대서양조약기구NATO에도 가입하지 않은 것을 두고 '소련에 대한 예속화'로 보는 시각에 대한 반론이었죠. 냉전 시기 소련과 핀란드의 관계를 빗댄 표현인데요, 강대국 인근에 있는 한 나라가 자주독립을 유지하며 대외 정책에서 이웃한 대국을 건드리지 않는 것을 뜻하는 논리입니다. 문 교수는 부상하는 중국을 마주하게 된 우리에게도 시사점이 적지 않다면서 "우리의 운명은 강대국의 전략적 선택이 아니라 우리 스스로의 단합과 대응 전략에 달려 있다는 것이야말로 냉전기 핀란드의 생존 전략이 한국에 주는 값진 교훈"이라고 강조했습니다.

참여정부 첫 외교장관을 지낸 윤영관 교수도 이 대목에서 지혜를 줍니다. 과거 서독이 미국과 소련을 상대로 펼친 외교 전략을 한반도에 적용하자는 제안입니다. 제2차 세계대전 이후 한국처럼 분단됐던 서독은 민첩한 외교 전략을 구사해 결국 독일 통일을 주도했습니다. 윤 교수에 따르면, 서독은 '서방 정책'과 '동방 정책'이라는 두 갈래의 외교 전략을 구사했습니다. 기독교민주당의 콘라드 아데나워Konrad Adenauer 중심으로 추구한 서방 정책은 민주주의와 서구적 가치를 존중하는 서방 국가와의 관계 심화를 기본 축으로 합니다. 미국을 겨냥한 것임을 알 수 있습니다.

사회민주당의 빌리 브란트Willy Brandt 중심으로 추구한 '동방 정책'은 동독의 실체를 인정하고 영토적 통일을 강조하기보다는 기능적 관점에서 하나 됨을 추진하면서, 동독뿐 아니라 그 배후의 소련을 포함한 동구권 국가와의 관계를 심화하는 전략입니다.

독일은 두 갈래의 정책을 상호 보완적으로 구사합니다. 결국 1990년 통일을 이뤄낸 것은 서방 정책으로는 미국을 비롯한 서방을 견인해냈고, 동방 정책으로는 동독의 서독 의존도를 심화하면서 소련과의 신뢰 관계를 강화함으로써 소련이 서독의 경제 지원을 대가로 독일 통일을 지지하게 했습니다.

윤영관 교수는 통일 및 한반도 평화 정착과 관련해 미국과 동맹을 유지하면서 관계를 튼튼하게 유지하고, 그 기반 위에서 이웃인 중국의 우려를 해소하는 중첩적인 외교를 펼쳐야 한다고 강조했습니다.

돌고래가 됐든, 서독 또는 핀란드 모델이 됐든 한국의 실정에 맞는 순발력 있고 경쟁력 있는 외교 전략을 구사해 우리가 목표로 하는 한반도 통일과 생존, 나아가 발전의 길로 향하자는 다양한 아이디어는 매우 바람직하다고 생각합니다.

말하자면 '프레너미 한국'의 위상을 분명히 하자는 겁니다. 국익을 위해서라면 언제든 친구이자 적이 될 수 있는 한국, 이를 통해 강대국 전략 게임에 무방비로 말려들지 않는 한국의 미래를 개척하자는 겁니다.

　문제는 어떤 전략을 수립했을 때 국민적 합의가 도출될 수 있느냐입니다. 사상과 지향이 다른 것을 인정하고 서로에게 상호 보완적인 존재가 되는 건강한 우리가 될 수 있느냐가 관건인 것입니다. 국민적 합의가 바탕이 되어야 미국도 중국도 효과적으로 설득할 수 있을 것입니다. 이 일을 해내기 위해서는 국가의 미래를 큰 틀에서 바라보고 새로운 독트린을 실천할 수 있는 지도자의 역할이 그 어느 때보다 중요합니다. 세계 최강대국 미국과 부상하는 강국 중국이 '세기의 만남'을 본격화하는 이때 한국의 미래를 현명하게 이끌 지도자들이 필요합니다. 분단을 극복하고 통일된 한반도가 주변국들의 패권 전략에 휘둘리지 않고 우리만의 번영된 미래를 개척해나가는 것, 그것은 오롯이 이 시대를 사는 우리의 책무입니다. 위대한 '한국의 꿈' 그것을 기대하며 대담을 마칩니다.

박한진

나는 지금까지 십수 권의 책을 썼지만 이번 대담집을 만드는 과정
이 가장 힘들었다. 그런 만큼 탈고를 한 이 시점은 가장 뿌듯한 순
간이다. 1980년대 석사 공부를 하며 정치경제학을 전공했지만 코
트라KOTRA 생활을 한 지난 20여 년 동안 나의 생활은 경제를 중
심으로 이루어졌다. 그런 이유로 2년 전에 나왔어야 할 이 책이
많이 늦어지고 말았다. 대담집을 만들자고 제안한 이우탁 부장과
틔움의 장인형 사장께 송구스러움이 크다.

  그런데 뜻밖의 일들이 벌어졌다. 책이 지연된 지난 2년 동안 미
국과 중국 관계가 이전과는 전혀 다른 차원으로 진입한 것이다.
지연된 만큼 공부도 많이 하고 관찰도 많이 했다.

  이 책의 개별적인 내용에 대해 동의하지 않는 독자들이 얼마든
지 있을 수 있다. 또한 오류가 있다면 순전히 저자의 책임이다. 다
만 독자들에게 뚜렷한 메시지를 전달할 수 있다면 그보다 더 큰
보람은 없으리라 생각한다. 바로 눈앞에서 벌어지는 현상을 두고
갑론을박하기보다는 변화와 융합의 관점에서 보자는 것이다.

이제 우리가 그만두어야 할 일들을 꼽아보자. 미국과 중국이라는 두 강대국을 동시에 관찰하고 상대해야 할 한국은 "미국과 중국 가운데 누가 이길 것인지" 내지는 "어느 쪽에 줄을 서야 하는지" 등의 논리에서 벗어나야 한다. 다양한 팩트를 모으고 분석하고 국익을 중심으로 생각해야만 우리나라의 미래가 보장될 것이다. 이념이 주입된 이분법적 논리는 금물이다. 그리고 미래를 내다보는 준비는 반드시 복수의 시나리오를 바탕으로 해야 한다.

나는 앞으로도 순수 경제보다는 정치와 경제, 그리고 국제 관계를 종합한 연구를 계속하려고 한다. 이를 위해 기꺼이 비단잉어 고이Koi가 되고 싶다. 고이는 어항에 두면 기껏 엄지손가락 남짓 크기까지 자라지만 연못에 넣으면 25센티미터까지 커진다. 강에 방류하면 1미터를 넘기는 대형 어류가 된다. 엄지손가락만 한 고이는 어항 속에서 세상은 편안하다고만 생각하지만, 외부 충격으로 어항이 깨지면 이유도 모른 채 죽고 만다. 강으로 간 고이는 거센 물살과 천적의 공격에 노출된 채 힘든 시간을 보내지만 변신을 거듭하며 활동 영역을 더욱 넓혀간다.

마지막으로 늘 가까이 두고 음미하는 글귀를 독자들과 공유하고자 한다.

"강자는 자기가 원하는 대로 하며, 약자는 자기가 반드시 해야 하는 일로 고통받는다." 고대 그리스 역사가 투키디데스의 말이다. 약자가 되지 않으려면 미국, 중국 모두와 관계를 잘 유지해야 한다는 교훈을 우리에게 던져준다.

이우탁

글을 맺으면서 새삼 돌아가신 민두기(1932~2000) 선생님 얘기를 하고 싶다. 꿈 많던 대학 시절에 '지대물박地大物博'의 중국을 배웠음은 앞서 밝혔다. 은근히 대학원에 진학해 가르침을 더 받고 싶었지만 그렇게 하지 못했다. 대신 선생께서 추천하신 미국에 가서 석사 공부를 하게 됐다. 공부를 그만두고 기자가 됐을 때, 그리고 회사에서 중국 상하이 특파원을 개설하기로 하고 첫 공모를 냈을 때 뒤도 돌아보지 않고 응모한 것도 중국을 현장에서 보고 싶었기 때문이다. 2003년 2월 상하이 특파원으로 부임했을 때 내가 '초대 특파원'이 아님을 알게 됐다. 윤봉길 의사에 대한 얘기를 추적하면서, 나라 잃은 조선인들이 상하이로 밀려 들어오던 그때 신언준 申彦俊(1904~1938년) 당시 《동아일보》 기자가 1929년부터 상해(남경 포함) 주재 특파원으로 일했음을 알게 됐다.

신언준 선배의 발자취를 취재하다 다시 자연스럽게 민두기 선생과 연결됐다. 《신언준 현대 중국 관계 논설선》이라는 책을 민 선생께서 2000년에 발간한 것이다. 말하자면 이 책은 민 선생의 유작이다. 민 선생의 저작답게 '고증의 절차'가 확연하게 느껴진다. 한 페이지 한 페이지 그득하게 담긴 주註를 보면서 민 선생의 향취를 느꼈다. 책의 맨 뒤에 발문을 실은 백영서 선생은 회고의 글에서, 민 선생께서 "잠시 동안이나마 살다 간 흔적이라도 남길 수 있게 해주신 하나님께 감사드리며 담담한 마음으로 이 출간 후기를 쓴다"고 전했다.

민 선생은 참으로 엄한 분이셨다. 그래서 어쩌면 동양사학과를 나온 사람들은 선생의 그늘에서 살아가는지도 모른다. 언젠가 후배 신경진(현《중앙일보》베이징 특파원)이 책을 내면서 자신을 소개하는 글에 "세계적인 석학 민두기 교수를 만났다… '민 총통' 아래서 담금질을 견뎠다"고 썼는데 그 표현에 나도 모르게 무릎을 쳤다. 엄격한 학풍을 감안하면 이번 글이 어울리지 않을 수도 있겠다. 하지만 민 선생께서도 말년에 '대중을 위한 글쓰기'에도 큰 포용력을 보여주셨다고 한다. 기자로서 더 많은 독자들이 쉽게 이해할 수 있는 글쓰기를 한다면 나름 가르침에 보답하는 것은 아닐까?

《상하이 견문록》,《생존게임, 북핵 6자회담 현장의 기록》에 이어 오랜만에 책을 내게 됐다. 상하이에서 만난 박한진 박사와 함께 작업하면서 정말 많이 배우고 느꼈다. 하루하루 숨가쁘게 돌아가는 서울 생활에 지쳐, 또 게으른 탓에 당초 예정보다 2년가량 늦게 결과물을 정리했는데, 홀가분하고 섭섭하다. 앞으로도 내공 있는 분들과 시대의 과제를 놓고, 진지한 토론을 거쳐 더 많은 분들이 공감할 수 있는 책을 낼 것을 약속한다.

PART 1

1 프레너미의 사전적 의미는 위키피디아 참조. (https://en.wikipedia.org/wiki/
Frenemy), 삼성과 애플의 프레너미 관계 비교·설명은 로이터(REUTERS) 기사 참
조. ("Insight: Apple and Samsung, frenemies for life", Feb. 10, 2013. (http://
www.reuters.com/article/net-us-apple-samsung-idUSBRE91901Q20130210)

2 Walter Winchell, Howz about calling the Russians our Frienemies?, Nevada State
Journal, May 19, 1953.

3 미국 인터넷 매체 허핑턴 포스트(The Huffington Post)는 시진핑 당시 중국 부
주석의 방미 즈음에 그가 곧 미국의 최대 프레너미(중국의 국가 주석)가 될 것이
라는 기사를 게재. (http://www.huffingtonpost.com/2012/02/13/xi-jinping-los-
angeles_n_1274788.html)

4 U.S. to Host Xi Jinping, China's Leader-In-Waiting. (http://www.wsj.com/video/
us-to-host-xi-jinping-china-leader-in-waiting/B6B0E7D7-1A51-43ED-
9ACD-9C837DD1EAAE.html)

5 《타임(TIME)》지 출신의 저널리스트 마이클 크라울리(Michael Crowley)는 '오바마의
No.1 프레너미(Obama's frenemy No.1)'라는 제목의 미·중 관련 칼럼을《폴리티
코(Politico)》에 실었다. 그는 미·중 관계를 "중국은 없어도 (우리가) 살 수 없고 있어
도 (우리가) 살 수 없는 존재(China: Can't live with it, can't live without it)"라고 절
묘하게 표현. (http://www.politico.eu/article/obamas-frenemy-no-1-china-us-
relationahip-jinping/)

6 로웰 디트머(Lowell Dittmer)가 정립한 국제 관계 이론이며, 3자가 이루는 삼각관
계를 분석하는 틀로 널리 활용된다. 학계에서는 이 이론을 이용해 냉전 후 미·중·인
도 관계, 북·미·중 관계, 남한·북한·미국 관계, 러·중·인도 관계 등을 분석하고 있다.

7 칼 슈미트(Carl Schmitt)의 친구와 적의 구분법(the friend-enemy distinction)은 다
음 자료 참조http://www.phil.vt.edu/HTML/events/Fall2005_gradconf/matusek.
pdf

8 http://www.cicir.ac.cn/UploadFile/files/20100422195425906.pdf 참조. 프레드 버
그스텐의 관점은 다음 글 참조. C. Fred Bergsten, "A New Foreign Economic Policy

for the United States", in C. Fred Bergsten and the Institute for International Economics, The United States and the World Economy: Foreign Economic Policy for the Next Decade, Washington: Institute for International Economics, 2005, p.22. 버그스텐이 언급한 네 개의 두 나라 관계는 미-EU 관계, 미-중 관계, 미-일 관계, 미-사우디아라비아 관계 등이다. 윌리엄 페섹은 미국의 저명한 중국 경제 전문가인 도널드 스트라스자임(Donald Straszheim)의 견해를 인용해, 가장 중요한 글로벌 경제 관계는 미국과 중국 관계라고 규정했다. William Pesek, "China + U.S. = G-2, the New World Economic Order", http://www.sddt.com/News/article. cfm?SourceCode=20060922fj&_t=China+US+G2+the+new+world+economic+o rder#.V6BxTi_r19A 참조.

9 http://www.imf.org/external/pubs/ft/weo/2014/01/

10 중국의 성장과 발전은 세계 각국에 전 방위적으로 큰 영향과 충격을 주고 있다. 이와 관련된 상세한 내용은 다음 자료 참조. Stephen G. Brooks and William C. Wohlforth, "The Once and Future Superpower-Why China Won't Overtake the United States", Foreign Affairs, Volume 95, Number 3 (May/June 2016), 约翰·普伦德, 中国以空前方式影响世界经济, 英国金融时报, 2015.12.24. (http://www.ftchinese.com/story/001065439), 劳伦斯·萨默斯,美国应充分理解中国崛起的现实, 英国金融时报, 2015.11.11. (http://www.ftchinese.com/story/001064745), Gee Hee Hong, Jaewoo Lee, Wei Liao, and Dulani Seneviratne, "China and Asia in Global Trade Slowdown", IMF Working Paper, WP/16/105, May 2016. (http://www.imf.org/external/pubs/cat/longres.aspx?sk=43925.0), Massoud Hayoun, "What China's Talking About Today: Is American Citizenship Still Desirable?", the Atlantic, May 7, 2012. (http://www.theatlantic.com/international/archive/2012/03/what-chinas-talking-about-today-is-american-citizenship-still-desirable/254070/), Special Report 中国経済の全体像を解説する－中国を代表する経済学者胡鞍鋼教授に聞く, RIETI 独立行政法人経済産業研究所 (http://www.rieti.go.jp/jp/special/special_report/089.html?id=nl)

11 The Military Balance 2016 (https://www.iiss.org/en/militarybalanceblog/blogsections/2016-629e/february-f0ed/milbal-2016-advertorial-f277)

12 Global Agenda, World Economic Forum Annual Meeting 2015, The New Global Context (http://www3.weforum.org/docs/WEF_AM15_Report.pdf)

13 Global Agenda, World Economic Forum Annual Meeting 2014, The Reshaping of the World: Consequences for Society, Politics and Business (http://www3. weforum.org/docs/AM14/WEF_AM14_Public_Report.pdf)

14 Gideon Rachman, Get ready, the indispensable Americans are pulling back, Financial Times, January 23, 2014. (http://www.atlanticcouncil.org/blogs/ natosource/get-ready-the-indispensable-americans-are-pulling-back)

15 [플레너리 세션1] "미국의 귀환?", 아산정책연구원, 2015년 4월(http://en. asaninst.org/contents/forums/%ED%94%8C%EB%A0%88 %EB%84%88%EB%A6%AC-%EC%84%B8%EC%85%98-1- %EB%AF%B8%EA%B5%AD%EC%9D%98-%EA%B7%80%ED%99%98/)

16 https://www.whitehouse.gov/the-press-office/2014/05/28/remarks- president-united-states-military-academy-commencement-ceremony

17 http://big5.xinhuanet.com/gate/big5/news.xinhuanet.com/video/2014- 05/30/c_126566064.htm

18 http://www.state.gov/r/pa/prs/dpb/2014/05/226885.htm#JAPAN

19 http://news.xinhuanet.com/2014-06/13/c_1111138516.htm

20 힐러리 클린턴 전 미국 국무장관의 태평양 시대론에 대해서는 미 국무부 홈 페이지에 게재된 2011년 11월 10일 하와이 호놀룰루 동서센터(East-West Center)에서의 담화 참조. America's Pacific Century. (http://www.state.gov/ secretary/20092013clinton/rm/2011/11/176999.htm)

21 프리덤하우스의 세계 자유도 평가는 아래 사이트에서 입체적으로 비교해볼 수 있음. https://freedomhouse.org/report/freedom-world/freedom-world-2016

22 Wendy Sherman, William Burns, Douglas H. Paal, Wendy Sherman on Northeast Asia, Carnegie Endowment for International Peace, Washington, DC, February 27, 2015. (http://carnegieendowment.org/2015/02/27/wendy-sherman-on- northeast-asia/i2sw)

23 유신모, "미국의 아시아 전략이 흔들리는 이유", 경향신문, 2015.3.3.

24 국가 간 특히 미국과 중국 간 갈등과 충돌 가능성, 전략적 억지력과 전략적 보장에 대해서는 다음과 같은 권위 있는 자료들을 참고함. James Steinberg and Michael E. O'hanlon, "Strategic Reassurance and Resolve: U.S.-China Relations in the Twenty-first Century, Princeton University Press, 2014. Tim Marshall, "Prisoners

of Geography: Ten Maps That Tell You Everything You Need To Know About Global Politics", Elliott & Thompson, 9 July 2015. Robert Kagan, "The World America Made", Vintage Books, January 29, 2013. Avery Goldstein, "Deterrence and Security in the 21st Century: China, Britain, France and the Enduring Legacy of the Nuclear Revolution, Stanford Univ. Press, 2000. Lawrence Freeman, The Evolution of Nuclear Strategy, St. Martin's Press, 1981. 한편 제8차 미 · 중 전략 · 경제대화를 통해 확인된 미국과 중국 두 나라의 복잡한 속내는 "China-United States relations, Aerial chicken-A rocky patch could get rockier", The Economist, June 11-17, 2016에 간결하게 잘 요약돼 있음. 이 대화에 대한 중국 측의 전반적인 시각 과 평가, 그리고 중 · 미 양국의 구체적인 합의 사항(비록 일부 영역의 합의에 그치지 않았지만)에 대해서는 http://news.xinhuanet.com/2016-06/08/c_1119007842. htm 참조.

25 http://www.ftchinese.com/story/001056267

26 田中宇, "米国と対等になる中国"(2016.6.4.), 田中宇の国際ニュース解説 (http://tanakanews.com)

27 남중국해에서의 중국의 전략적 포지션에 대한 추가 정보는 다음 참조. David A. Welch, "China's Curious South China Sea Negotiation Policy - What would China expect to achieve with bilateral negotiations on maritime disputes?", The Diplomat, 2016.6.24.
(http://thediplomat.com/2016/06/chinas-curious-south-china-sea-negotiation-policy/)

28 중국이 합법적인 방식으로 미국의 군사 기술을 획득하려는 방법에 대해서는 다음 참조. David Choi, "Here's how China is 'legally' acquiring US military secrets", Business Insider. (http://www.businessinsider.sg/china-acquiring-military-secrets-2016-6/#.V2zifMvr19B)

29 중국의 부상에 맞서 미국이 선택할 수 있는 전략 시나리오에 대해서는 다음 참조. Hugh White, "The China Choice: Why America Should Share Power", Black Inc., Melbourne, Australia, June 26, 2013

PART 2

1 빅 퀘스천의 일반적 개념에 대해서는 다음 자료 참조. 김대식, 《김대식의 빅퀘스천-우리 시대의 31가지 위대한 질문》, 동아시아, 2014.12.3.

2 중국이 앞으로 더욱 강해지더라도 미국 방식의 리더십을 따라갈 수는 없을 것이라는 논지에 대해서는 다음 글 참조. "China cannot follow America's route to world leadership", Financial Times, 2014.5.26. (http://www.sino-us.com/12/China-cannot-follow-America-s-route-to-world-leadership.html)

3 미국과 중국의 관점적 차이에 대해 기드온 래치먼은 알기 쉽게 설명하고 있다. 吉迪恩·拉赫曼, 中美之间的五大观念差异, FT中文网, 2015.9.30. (http://www.ftchinese.com/story/001064214) 이와는 반대로 미국과 중국은 서로 닮아가며 커지는 갈등도 있다. (https://www.foreignaffairs.com/articles/united-states/2013-08-12/why-convergence-breeds-conflict)

4 World Economic League Table 2015, CEBR. (https://www.cebr.com/reports/world-economic-league-table-2015/) 참조

5 Global Competitiveness Report (https://www.weforum.org/reports/global-competitiveness-report-2014-2015), IMD World Competitiveness Ranking 2016 (http://www.imd.org/wcc/news-wcy-ranking/)

6 https://en.wikipedia.org/wiki/Power 참조

7 http://www.correlatesofwar.org/ 참조

8 중국판 '먼로 독트린'의 서막… "아시아서 美 밀어내려 할 것", 동아일보, 2013.11.30. (http://news.donga.com/3/all/20131130/59238022/1)

9 박한진, "[MT시평] 차이나 '톱도그' 시나리오", 머니투데이, 2014.1.14. (http://www.mt.co.kr/view/mtview.php?type=1&no=2014010608391302164&outlink=1) 참조

10 2014년 3월 하순 시작된 시진핑의 유럽 방문에 대한 기획 특집 참조 (http://news.ifeng.com/mainland/special/xijinpingfangou/)

11 중국의 대국 외교에 대해서는 다음 글 참조. 中国的"大国外交", 中国青年报, 2014.4.3.

12 주 2_와 동일

13 국제정치학계의 대부인 한스 모겐소는 기존 강대국과 신흥 강대국이 부딪히면 반드시 충돌이 일어나며 기존 강대국은 신흥 강대국을 절대 이길 수 없다는 입장을 견지

했다.

14 http://thehundredyearmarathon.com 참조

15 황위찬 박사의 중국 연구 분석은 다음 참조.
(http://carnegietsinghua.org/experts/?fa=542&type=analysis)

16 중국의 노동생산성 추이는 다음 자료 참조.
http://data.worldbank.org/indicator/ER.GDP.FWTL.M3.KD?locations=CN
http://www.ey.com/Publication/vwLUAssets/China_productivity_imperative_
en/$FILE/China-Productivity-Imperative_en.pdf

17 "中共党员数量再创新高　超英法人口总数", 多維新聞(dwnews.com)
2016.6.30.
(http://china.dwnews.com/news/2016-06-30/59750041.html)

PART 3_____

1 에릭 브린욜프슨 · 앤드루 매카피, 《기계와의 경쟁》(정지훈 · 류현정 옮김, 원저:
Erik Brynjolfsson & Andrew McAfee(2011), Race Against The Machine: How
the Digital Revolution is Accelerating Innovation, Driving Productivity, and
Irreversibly Transforming Employment and the Economy, NY : Digital Frontier
Press), 서울, 틔움(2013)

2 George Zachmann, "The oil-price slump: crisis symptom or fuel for growth?",
January 11, 2016. (http://bruegel.org/2016/01/the-oil-price-slump-crisis-
symptom-or-fuel-for-growth/). Marek Dabrowski, "The impact of the oil-price
shock on net oil exporters", November 24, 2015 (http://bruegel.org/2015/11/
the-impact-of-the-oil-price-shock-on-net-oil-exporters/) 참조

3 https://en.wikipedia.org/wiki/Flying_geese_paradigm 참조

4 Graham Allison, Lee Kuan Yew: The Grand Master's Insights on China, the
United States, and the World, MIT Press, February 1, 2013

5 中国与全球化智库（CCG）主任 王辉耀, 中国与全球化智库Center for China
Globalization, 简称CCG, 是中国领先的国际化智库。CCG致力于中国的全球化战略`人
才国际化和企业国际化等领域的研究，目前拥有全职智库研究和专业人员近百人。
중국의 권위 있는 싱크탱크인 중국과 세계화 연구센터(Center for China &

Globalization, CCG) 자료 참조.

(http://www.ftchinese.com/story/001068247#s=d)

6 Ankit Panda, "Post-Brexit, What Are the Geopolitical and Economic Consequences for Asia? - The United Kingdom has voted to leave the European Union. How will that affect Asia?", The Diplomat, 2016.6.25. (http://thediplomat. com/2016/06/post-brexit-what-are-the-geopolitical-and-economic-consequences-for-asia/)

7 싱가포르국립대학 법학원 부원장 왕장위(王江雨), "脫欧 : 中英自由貿易协定的良机", 2016.6.27. http://www.ftchinese.com/story/001068175 참조

8 김찬석, "[도청도설] '마오펑'", 국제신문, 2014.6.30.

9 한상완, "한국 경제의 對중국 의존도 현황과 시사점", 경제주평 14-48(통권 619호), 현대경제연구원, 2014.12.5.

10 이춘근, "G2는 없다! 오직 'G1' 미국이 있을 뿐", 미래한국, 2015.5.11.

11 페리 프로세스는 미국 민주당 클린턴(Bill Clinton) 정부 시절 대북조정관인 윌리엄 페리(William Perry)의 포괄적 북한 비핵화 해결 방안을 담은 보고서다. 미국의 개입 정책, 한국의 햇볕 정책, 북한의 생존 전략을 절충한 방안으로, 1999년 10월에 작성됐으나 2000년 여야 교체를 통해 공화당 부시 정부가 등장하면서 포기되었다.

영원한 친구도 영원한 적도 없는 국제 관계

프레너미

[한국의 신좌표 : 미국인가 중국인가]

지은이   박한진 | 이우탁

이 책의 편집과 교정은 양은희가, 인쇄는 꽃피는청춘 임형준이, 제본은
은정제책사 양익환이, 종이 공급은 대현지류의 이병로가 진행해 주셨습
니다. 이 책의 성공적인 발행을 위해 애써주신 다른 모든 분들께도 감사
드립니다. 틔움출판의 발행인은 장인형입니다.

초판 1쇄 인쇄 2016년 8월 26일
초판 1쇄 발행 2016년 9월 9일

펴낸 곳   틔움출판
출판등록   제313-2010-141호
주소   서울특별시 마포구 월드컵북로4길 77, 353
전화   02-6409-9585
팩스   0505-508-0248
홈페이지 .   www.tiumbooks.com

ISBN 978-89-98171-28-5 03340

「이 도서의 국립중앙도서관 출판예정도서목록(CIP)은 서지정보유통
지원시스템 홈페이지(http://seoji.nl.go.kr)와 국가자료공동목록시스템
(http://www.nl.go.kr/kolisnet)에서 이용하실 수 있습니다.(CIP제어번호:
CIP2016020512)」